Reinheitsvorschriften im griechischen Kult

von

Theodor Wächter

Gießen 1910
Verlag von Alfred Töpelmann (vormals J. Ricker)

Religionsgeschichtliche
Versuche und Vorarbeiten
begründet von
Albrecht Dieterich und Richard Wünsch
herausgegeben von
Richard Wünsch und Ludwig Deubner
in Königsberg i. Pr.
IX. Band 1. Heft

Die Einleitung und § 1—7 wurden unter dem Titel „*Reinheitsvorschriften im griechischen Kult. Erster Teil*" als Dissertation von Tübingen 1910 veröffentlicht.

Herrn Professor Rudolf Herzog in Basel, auf dessen Anregung hin die vorliegende Abhandlung verfaßt wurde, möchte ich auch an dieser Stelle für seine unermüdliche Unterstützung und seinen wertvollen Rat bei der Abfassung dieser Arbeit meinen herzlichen Dank aussprechen. Ebenso bin ich den Herren Professoren Wilhelm Schmid in Tübingen, Ludwig Deubner und Richard Wünsch in Königsberg, für viele wichtige Hinweise und ihre freundliche Unterstützung bei der Korrektur zu großem Dank verpflichtet.

Ein ursprünglich in der vorliegenden Abhandlung enthaltenes Kapitel über Verunreinigung durch geschlechtlichen Verkehr habe ich nach Vereinbarung mit Herrn Dr. phil. Eugen Fehrle in Heidelberg gestrichen, der denselben Stoff in seiner Arbeit über die kultische Keuschheit im Altertum (Religionsgeschichtliche Versuche und Vorarbeiten VI) ausführlich behandelt. Auch Herrn Dr. Fehrle habe ich für einige wertvolle Mitteilungen zu danken.

Das Inhaltsverzeichnis befindet sich am
Schlusse des Buches auf S. 144.

Einleitung

Die kultischen Reinheitsvorschriften der Griechen zerfallen in ἁγνεῖαι und καθαρμοί[1]. Die ἁγνεῖαι bestimmen, daß

---

[1] S. Rudolf Herzog, Archiv für Religionswissenschaft X (1907) 400 ff. Über die Bedeutung des Wortes ἁγνεία und verwandter Wörter s. Salomon Reinach *Cultes mythes et religions* II (1906) 34, und besonders Eugen Fehrle, Die kultische Keuschheit im Altertum, Diss. Heidelberg 1908 S. 42 ff. — Es ist nicht richtig, wenn Fehrle S. 46 sagt: „Die Bedeutung Sühnung, religiöse Reinigung kommt auch dem Wort ἁγνεία zu." ἁγνεία heißt „Reinheit" und „das Sich-rein-halten". Letztere Bedeutung hat es auch in den von Fehrle angeführten Stellen. In der Bedeutung von „Reinigung" könnte ἁγνεία nur an einer einzigen Stelle gebraucht zu sein scheinen: in einer kilikischen Inschrift, W. Dittenberger *Orientis Graeci inscriptiones selectae* n. 573 aus später Zeit (*Augusti aetate utique non multo recentior*): ἔδοξε τοῖς ἑταίροις καὶ Σαββατισταῖς θεοῦ [εὑν]οίαι Σαββατιστοῦ συνηγμένοις· τὴν ἐπιγραφὴν χαράξαντας μηδένα ἄκυρον ποιῆσαι. τῶι δὲ ποιήσαντι ἔστω⟨ι⟩ ἁγνεία. (*immo levissima est anacoluthia, cum praecipiatur, ut sodalitas titulum inscribendum curet neve cuiquam sodalium eum tollere liceat. qui id quod enuntiato proxime superiore vetitum est, tamen fecerit, caerimoniis solennibus expiandus est* Dittenberger.) Aber auch hier muß ἁγνεία nicht mit Reinigung übersetzt werden; um eine Verunreinigung handelt es sich hier ja gar nicht, man erwartet vielmehr die Androhung einer Strafe, die in Fasten oder Ähnlichem bestanden haben mag. Über ἁγνεύειν „fasten" s. Walter Otto, Priester und Tempel im hellenist. Ägypten I (Leipzig 1905) 25 Anm. 3. — In späterer Zeit kann dann ἁγνεία ganz allgemein für das Amtieren eines Priesters gebraucht werden (das Bindeglied sind dabei wohl die vom Priester bei dieser Gelegenheit zu beachtenden Reinheitsvorschriften), ja im Dekret von Kanopos (Dittenberger *Or. Gr. inscr.* n. 56 v. 32) scheint ἁγνεία die Bedeutung von Sportel zu haben. Der Bedeutungswechsel wäre so zu erklären, daß die Priester für das Amtieren (ἁγνεύειν)

und wovon man sich vor oder während kultischer Betätigung rein halten müsse; die καθαρμοί geben die im Falle einer Verunreinigung nötigen Reinigungen an. Eine Bearbeitung der ersteren soll im folgenden versucht werden.

Der Stoff ist geordnet[1] nach den verschiedenen Arten von Verunreinigung. Innerhalb der einzelnen Abschnitte ist die Ordnung nach Kulten durchgeführt. Das eigentlich kultische Material ist von den anderen zur Vergleichung und Erklärung angeführten Zeugnissen gesondert. Die in größerem Umfang beigezogenen analogen Gebräuche anderer (zumeist antiker) Völker sind im allgemeinen in den Anmerkungen beigegeben.

Eine genügende Behandlung der griechischen Reinheitsvorschriften existiert bis jetzt nicht. Das Buch von Johannes Lomeier *Epimenides sive de veterum gentilium lustrationibus syntagma, Zutphaniae* 1681 (zweite Auflage 1700) ist abgesehen davon, daß es gänzlich veraltet ist, vor allem für die ἁγνεῖαι nicht ausreichend. Dasselbe gilt für den Artikel *Lustratio* von A. Bouché-Leclercq bei Daremberg-Saglio-Pottier *Dictionnaire des antiquités* III (Paris 1904) 1405 ff.

Im folgenden seien einige allgemeine Bemerkungen über den Ursprung der Reinheitsvorstellungen u. a. vorangestellt[2]. Es ist längst erwiesen und allgemein anerkannt, daß die Reinheitsvorstellungen in der Furcht vor gefährlicher Wirkung dämonischer Mächte wurzeln. Alles was mit geschlechtlichem Verkehr, mit Geburt, Tod usw. zusammenhängt, ist unrein deshalb, weil bei solchen Gelegenheiten schädliche Dämonen beteiligt gedacht werden; diese heften sich an den Menschen, sie „sitzen materiell an und in ihm", und darin besteht die

---

eine besondere Vergütung erhielten, s. W. Otto aaO. 28. — Über die entsprechenden römischen Ausdrücke (castus ἁγνός. castus, castimonia, castitas ἁγνεία. caerimoniae καθαρμοί) s. die betreffenden Artikel im *Thesaurus Linguae Latinae* und Pauly-Wissowa, Realencycl. der class. Altertumswissenschaft s. v. *castus*. Vgl. unten S. 10 Anm. 2.

[1] S. auch das Inhaltsverzeichnis.
[2] Vgl. bes. Erwin Rohde, Psyche[4] II 71 ff.; Wilhelm Wundt, Völkerpsychologie II 2 (Leipzig 1906) 300 ff.; Fehrle, Kult. Keuschheit, Diss. Heidelb. 1908, 34 ff.; 42 ff.

Verunreinigung[1]. Porph. de phil. ex or. haur. S. 148 Wolff:
Ἐξελαυνόντων τῶν ἱερέων τούτους (sc. τοὺς πονηροὺς δαίμονας)
διὰ τοῦ δοῦναι πνεῦμα ἤτοι αἷμα ζῴων καὶ διὰ τῆς τοῦ ἀέρος
πληγῆς, ἵνα τούτων ἀπελθόντων παρουσία τοῦ θεοῦ γένηται.
καὶ οἶκος δὲ πᾶς μεστός, καὶ διὰ τοῦτο προκαθαίρουσι καὶ ἀπο-
βάλλουσι τούτους, ὅταν θεὸν κατακαλῶσι. καὶ τὰ σώματα τοίνυν
μεστὰ ἀπὸ τούτων· καὶ γὰρ μάλιστα ταῖς ποιαῖς τροφαῖς χαίρουσι. σιτουμένων γὰρ ἡμῶν προσίασι καὶ προσιζάνουσι τῷ
σώματι, καὶ διὰ τοῦτο αἱ ἁγνεῖαι, οὐ διὰ τοὺς θεοὺς προηγου-
μένως, ἀλλ' ἵν' οὗτοι ἀποστῶσι. μάλιστα δ' αἵματι χαίρουσι καὶ
ἀκαθαρσίαις καὶ ἀπολαύουσι τούτων εἰσδύνοντες τοῖς χρωμένοις[2].
Die Fernhaltung von dämonischer Befleckung ist ursprünglich
ἁγνεία; Reinigung andererseits ist die Beseitigung bereits ein-
getretener schädlicher dämonischer Einwirkungen[3].

Eng verwandt mit dem Begriff der Unreinheit ist der
der Heiligkeit. Beide gehen zurück auf den gemeinsamen
Begriff des Tabu[4]. Ursprünglich sieht sich der Mensch über-
irdischen Kräften, Dämonen, gegenüber, deren geheimnisvolles
Wirken er fürchtet. Alles, was mit ihnen zusammenhängt,
kann ihm gefährlich werden, er meidet es, es ist tabu. Allmählich entwickeln sich nun aus einem Teil dieser Dämonen

---

[1] S. Albrecht Dieterich, Eine Mithrasliturgie² (Leipzig 1910) 98 ff.

[2] Dämonen (ἀκάθαρτοι δαίμονες) als Ursache der Verunreinigung besonders deutlich auch Schol. Aeschin. c. Timarch. XXIII 724 Reiske.

[3] Vgl. außer den in den vorhergehenden Anm. Genannten: Gustav An-
rich, Das antike Mysterienwesen (Göttingen 1894) 15; Paul Stengel, Die
griechischen Kultusaltertümer² (Handbuch der klassischen Altertums-
wissenschaft hrsg. von Iw. v. Müller V 3, München 1898) 139; ders. im
Hermes XLI (1906) 241; Friedrich Schwally, Semitische Kriegsaltertümer
(Leipz. 1901) 88; J. E. Harrison *Prolegomena to the study of Greek religion*²
(Cambridge 1908) 161; J. G. Frazer zu Paus. II 7, 7; Kahle, Arch. f.
Rel.-Wiss. XII (1909) 145 f. — Der dämonische Charakter der Verunreinigung
tritt besonders deutlich hervor auch in der parsischen Religion, E. B. Tylor,
Die Anfänge der Kultur (1873) II 440; P. D. Chantepie de la Saussaye,
Lehrb. der Relgesch.³ (1905) II 208; C. v. Orelli, Allgem. Relgesch.
(1899) 535; 557.

[4] Über das Tabu s. W. Robertson Smith, Die Religion der Semiten,
Deutsch von Stübe (Freiburg i. B. 1899) 110 ff.; Fr. Cumont *Les relig.
orient.* 145; Reinach *Cultes mythes et rel.* I 1 ff.; II 18 ff.; Wundt, Völkerpsych. II 2, 300 ff. Vgl. H. Schurtz, Speiseverbote 46 Anm. 72.

die höheren Götter, die dem Menschen hilfreich sind, die er ehrt. Auf dieser höheren Stufe ist tabu „heilig". Daneben wirken aber auch noch die niederen schädlichen Dämonen, und so ist tabu gleichzeitig „unrein"[1]. Von hier aus erklärt sich auch die deutliche Entwicklung innerhalb der griechischen Religionsgeschichte, daß die Reinheits- und Reinigungsvorschriften, die ursprünglich nur *utilitatis causa*, zum Schutz der Menschen gegeben sind, sich zu einem Gebot der Götter, zur Respektierung ihrer Heiligkeit, umwandeln. So gehen denn zwei Arten von Kathartik nebeneinander her: erstens die Reinhaltung und Reinigung für den Verkehr mit den Göttern, als göttliches Gebot, d. h. die kultische Reinheit ($εὐσέβεια$), zweitens die private Kathartik, besonders durch Orphiker, Orpheotelesten, Katharten ausgeübte, für das gewöhnliche Leben, zum Schutz vor dämonischen Einflüssen, mit viel zahlreicheren und strengeren Vorschriften ($δεισιδαιμονία$ [2]). Aus der kultischen Kathartik entwickelt sich dann als höchste Stufe die moralische Verinnerlichung der Reinheit, die namentlich als Reaktion gegen den übertreibenden Unfug der privaten Kathartik (der $δεισιδαιμονία$) erstarkt. Diese letzte Entwicklung geht jedoch nur sehr langsam vor sich; die Philosophen haben zwar schon früh die Reinheit als symbolisch, als moralische Reinheit ausgelegt[3], aber ihre Lehren drangen nicht durch. Im Kult findet sich die Forderung moralischer Reinheit erst in ganz später Zeit und vereinzelt. Von Haus aus aber kommt der Kathartik ein sittliches Moment (Schuldgefühl usw.) nicht zu[4].

---

[1] Darauf beruht die öfters begegnende Vermischung der Begriffe heilig und unrein, s. z. B. Luc. de dea Syr. 54; Plut. qu. conv. IV 5; Reinach aaO. II 34.

[2] Vgl. Herzog, Arch. f. Rel.-Wiss. X (1907) 408 Anm. 1.

[3] S. z. B. Plat. leg. IV 716 E. Vgl. J. Bernays, Theophr. über Frömmigkeit 76.

[4] Rohde, Ps.⁴ II 71 f.; 75 Anm.; Stengel, Gr. Kultusalt.² 139; Prott-Ziehen *Leges Graecorum sacrae e titulis collectae* II 1 (*Leges Graeciae et insularum* von Ziehen, Leipzig 1906) 364: ich zitiere im folgenden den ersten Band als Prott *fasti sacri*, den zweiten Band als Ziehen *Leges sacrae*; Fehrle aaO. 35. Bestritten wird dies in neuerer Zeit, soviel mir bekannt ist, nur noch von Wobbermin, Relgesch. Stud. (Berlin 1896) 21.

Die Behauptung von Stengel[1], daß der homerischen Zeit jede Art von Kathartik fremd sei, ist m. E. nicht zutreffend: die Kathartik ist nicht erst in nachhomerischer Zeit in Griechenland aufgekommen, sondern geht auf weit frühere Zeiten zurück, sie ist „urältestes Besitztum"[2]. Tatsächlich kommen Reinigungen bei Homer vor[3]; daß dies nur selten, in „leichten Andeutungen"[4] der Fall ist, mag seinen Grund darin haben, daß die Kathartik in der aristokratischen und rationalistischen homerischen Gesellschaft zurücktrat[5].

---

[1] Hermes XLI (1906) 241. Ebenso J. Harrison *Proleg.*[2] 25.

[2] S. Rohde, Ps.[4] II 71 Anm. 1, und bes. M. P. Nilsson, Griech. Feste (Leipz. 1906) 98 f. Vgl. O. Gruppe, Griech. Mythologie und Religionsgeschichte (Handbuch der klass. Altertumswiss. V 2) 893. Daß die Kathartik in vorhomerischer Zeit vorhanden gewesen sein könne, gibt Stengel, Gr. Kultusalt.[2] 139, zu.

[3] K. Fr. Nägelsbach, Die nachhom. Theologie (Nürnberg 1857) 356; Nilsson, Gr. F. 98 f. (Ob der Mörder für unrein galt, ist nicht sicher, s. Nägelsbach aaO.; Philippi, Areopag u. Epheten 6 Anm.; Rohde, Ps.[4] I 271. Anders Nilsson, Gr. F. 99 Anm. 1.)   [4] Rohde, Ps.[4] II 71.

[5] Nilsson, Gr. Feste 99. Vgl. auch Ziehen, Burs. Jahresber. 140 (1908) 50 (bei der Besprechung der οὐλόχυται): „Zweitens aber kann ich die prinzipielle Grundlage Stengels, wonach der homerischen Zeit kathartische Gebräuche der Art, wie ich sie unter den οὐλόχυται verstehe, fremd seien, nicht für stichhaltig halten; sie beruht auf einer Gleichsetzung von homerischer Dichtung und homerischer Zeit, die nicht mehr aufrecht erhalten werden kann".

§ 1. Vorschriften über die Reinheit im allgemeinen.

Forderung der Reinheit beim Betreten eines Heiligtums

Heilige Bezirke und Tempel mußten als den Göttern geweiht und von ihnen bewohnt vor jeder Verunreinigung geschützt werden [1]. Sie lagen deshalb oft abseits von den menschlichen Wohnungen und waren von ihrer Umgebung durch Mauern oder wenigstens Grenzsteine [2] abgesondert. Auch Abgrenzung durch einen um das Heiligtum gespannten Faden (Wollfaden) oder durch Seile ist mehrfach erwähnt [3]. Manche Tempel und τεμένη waren, wohl um sie vor Verunreinigung möglichst zu bewahren, nur den Priestern zugänglich; es gab sogar solche, die überhaupt von niemand betreten werden durften [4].

Die heiligen Bezirke waren profaner Benützung meist verschlossen [5]. Ziehen *L. s. n.* 66 (Grenzstein vom Heiligtum des Amphiaraos in Oropos, 4. Jh. v. Chr.): Ὅρος· μὴ τοιχοδομεῖν ἐντὸς τῶν ὅρων ἰδιώτην. Eine Inschrift vom Heiligtum des

---

[1] S. Stengel, Kultusalt.[2] 18f.; 22; Schömann-Lipsius, Gr. Altert.[4] II 201; 204.   [2] S. z. B. Ziehen *Leg. sacr.* n. 66.
[3] S. Georg Hock, Griech. Weihegebräuche (Würzburg 1905) 24. Es sollte dadurch den Geistern und Gespenstern der Zugang verwehrt werden, Hock aaO. 26, vgl. 12. Vgl. auch das περισχοινίζειν der attischen Ekklesia.
[4] Die Beispiele sind gesammelt bei Schömann-Lipsius, Gr. Alt.[4] II 212f Vgl. Stengel b. Pauly-Wissowa, Realenz. s. v. ἄβατον und ἄδυτον.
[5] S. bes. Hock, Gr. Weihegebr. 24. Ausnahmen bei Schömann-Lipsius, Gr. Alt.[4] II 201.

Apollon Lykeios in Argos verbietet, innerhalb des heiligen
Bezirkes ein ἐργαστήριον zu errichten, Ziehen *L. s.* n. 51 v. 5.
Eine ähnliche Vorschrift bestand für die terra sacra Cirrhaea
bei Delphi, Ziehen *L. s.* n. 75 v. 24 (380 v. Chr.): Μηδὲ μύλαν
ἐνεῖμεν μηδὲ ὅλμον. Vgl. auch Thuc. II 17, 1: Bei der Übersiedlung der auf dem Land wohnenden Athener in die Stadt
konnten nur wenige von ihnen Wohnungen finden. Οἱ δὲ
πολλοὶ τά τε ἐρῆμα τῆς πόλεως ᾤκησαν καὶ τὰ ἱερὰ καὶ τὰ
ἡρῷα πάντα πλὴν τῆς ἀκροπόλεως[1] καὶ τοῦ Ἐλευσινίου καὶ εἴ
τι ἄλλο βεβαίως κλῃστὸν ἦν· τό τε Πελαργικὸν καλούμενον τὸ
ὑπὸ τὴν ἀκρόπολιν, ὃ καὶ ἐπάρατόν τε ἦν μὴ οἰκεῖν καί τι καὶ
Πυθικοῦ μαντείου ἀκροτελεύτιον τοιόνδε διεκώλυε, λέγον ὡς ʽτὸ
Πελαργικὸν ἀργὸν ἄμεινονʼ, ὅμως ὑπὸ τῆς παραχρῆμα ἀνάγκης
ἐξῳκήθη. Vgl. E. Curtius, Gesammelte Abhandlungen (Berlin
1894) I 438 f.

Von einem Unreinen durfte ein Heiligtum nicht betreten
werden. Wer sich eine Verunreinigung zugezogen hatte, mußte
sich vor dem Besuch eines Tempels reinigen. Am Eingang
der Heiligtümer standen Gefäße mit Wasser (περιρραντήρια),
aus denen sich jeder Besucher zu besprengen hatte; denn man
konnte sich auch unbewußt Verunreinigungen zuziehen. Auch
Waschungen und sogar Reinigungsopfer[2] waren für das Betreten mancher Heiligtümer vorgeschrieben, ohne daß eine
besondere Verunreinigung stattgefunden hätte. Tafeln, die
diese Bestimmungen enthielten, waren am Eingang der Heiligtümer angebracht. Bei besonderen Gelegenheiten (Festen usw.)
wurden die Besucher auch durch κήρυγμα auf die Notwendigkeit der Reinheit aufmerksam gemacht, s. u. S. 9 f. Vgl.
Porph. de abst. II 27.

Ἁγνεία beim Betreten der Heiligtümer findet
sich:

Ziehen *L. s.* n. 123, Inschrift von Astypalaia (ca.
300 v. Chr.): [Ε]ς τὸ ἱερὸν μὴ ἐσέρπεν ὅστις μὴ ἁγνός ἐστι.

Ziehen *L. s.* n. 49 v. 2 f., vom Heiligtum des Μὴν Τύραννος
in Sunion (2. Jh. n. Chr.): Καὶ [μηθένα] ἀκάθαρτον προσάγειν.

---

[1] Als des höchsten Nationalheiligtums, s. den Kommentar von Classen-Steup[4].   [2] S. z. B. Ziehen *L. s.* n. 75 v. 34; Eurip. Ion v. 220 ff.

Ziehen *L. s.* n. 55 v. 5ff., aus Gythion: Μοῖραι δὲ ἥπε νόμος ποστάτο („dem heiligen Bezirke aber soll man wie es recht ist sich nähern").

E. Miller *Rev. arch.* 1883 II 181ff., A. Wilhelm, Arch.-epigr. Mitt. XX (1897) 83, Inschrift von einem Asklepios-heiligtum in Ptolemais (Menshieh) in Ägypten, v. 1f.: Τοὺς δὲ εἰσιόντας εἰς τ[ὸ ἱερὸν] ἀγνεύειν κατὰ ὑποκ[είμενα].

Hippocr. de morb. sacr. 594 Kühn (Wilamowitz, Gr. Leseb. I 273): Αὐτοί τε ὅρους τοῖσι θεοῖσι τῶν ἱρῶν καὶ τῶν τεμενέων ἀποδείκνυμεν, ὅπως ἂν μηδεὶς ὑπερβαίνῃ ἢν μὴ ἁγνεύῃ, εἰσιόντες τε περιρραινόμεθα οὐχ ὡς μιαινόμενοι, ἀλλ᾽ εἴ τι καὶ πρότερον ἔχοιμεν μύσος, τοῦτο ἀφαγνιούμενοι.

Luc. de sacr. 13: Καὶ τὸ πρόγραμμά φησι, μὴ παριέναι εἴσω περιρραντηρίων, ὅστις μὴ καθαρός ἐστι τὰς χεῖρας.

Vgl. Philostr. v. Ap. 202, 5 Kayser: Παρῄει δὲ καὶ ἐς τὰ ἱερὰ ὑπὸ τοῦ καθαρὸς εἶναι. W. M. Ramsay *Cities and bishopr. of Phryg.* (1895) I 151, n. 48 (phrygische Inschrift): Verunreinigung eines heiligen Bezirkes durch den Eintritt eines Unreinen: [Ἀπφία(?) Αὐρ]ηλίου Ἀπολλ[ωνί]ου δὶ τὸ ἡμαρτηκείνει ἐπεὶ τῷ χωρίῳ ἰσετύχει καὶ διῆλθα τὴν κώμη· β´, ἀνάγνα λησμονῆσα παρῄμη εἰς τὴν κώμη· παραγέλλω μηδεὶς καταφρεινήσει τῶ θεῶ, ἐπεὶ ἕξει τὴν σ[τ]ίλην ἐξοπράρει[ον] (= ἐξενπλάριον. *the woman who erected this monument was extremely illiterate*)[1].

In späterer Zeit wird neben körperlicher ἁγνεία vereinzelt auch moralische Reinheit gefordert:

Ziehen *L. s.* n. 91 v. 9ff., Inschrift aus Delos (*prioribus temporibus Romanis*): [Παρ]ιέναι εἰς τὸ ἱε[ρὸν τοῦ] Διὸς τοῦ Κυνθίου καὶ τῆς Ἀθηνᾶς τῆς Κυνθί[ας χε]ρσὶν καὶ ψυχῇ καθα[ρᾷ].

Ziehen *L. s.* n. 148 v. 2ff., Inschrift aus Delos (2. Jahrhundert n. Chr.): Ἀφ᾽ ὧν χρ[ὴ] πα(ρ)ίν[α]ι αἰσίως (εἰ)ς τὸ ἱε[ρ]όν· πρῶτον μὲν καὶ τὸ μέ(γ)ιστον· χεῖρας καὶ γνώμην καθαροὺς καὶ ὑγιε[ῖς] ὑπάρχοντας καὶ μηδὲν αὐτοῖς δεινὸν συνειδότας.

---

[1] Vgl. auch das orphische κήρυγμα: θύρας δ᾽ ἐπίθεσθε βέβηλοι, z. B. Luc. de sacr. 14. (Weitere Belege bei Lobeck *Aglaopham.* 450ff.) A. Dieterich, *Mithrasliturgie* 4 Zeile 18: ἐπεὶ μέλλω κατοπτεύειν ... τὸν ἀθάνατον Αἰῶνα ... ἁγίοις ἁγιασθεὶς ἁγιάσμασι.

Callim. h. in Ap. v. 2: Ἑκὰς ἑκὰς ὅστις ἀλιτρός[1].
Vgl. die berühmte Tempelinschrift von Epidauros (Verse eines Dichters, keine kultische Vorschrift! Ziehen L. s. 364 f.): Ἁγνὸν χρὴ ναοῖο θυώδεος ἐντὸς ἰόντα | ἔμμεναι· ἁγνεία δ' ἐστὶ φρονεῖν ὅσια, Porph. de abst. II 19; Clem. Al. strom. V 1, 13, 3. Rhea epigramm aus Phaistos, v. 4f.: Πάντες δ' εὐσεβίες τε καὶ εὐγλώθοι πάριθ' ἁγνοὶ | ἔνθεον ἐς Μεγάλας Ματρὸς ναόν, E. Maaß, Orpheus 309 f. Anthol. Pal. XIV n. 71: (Χρησμὸς τῆς Πυθίας.) ἁγνὸς πρὸς τέμενος καθαρόν, ξένε, δαίμονος ἔρχου | ψυχήν, νυμφαίου νάματος ἁψάμενος· | ὡς ἀγαθοῖς κεῖται βαιὴ λιβάς· ἄνδρα δὲ φαῦλον | οὐδ' ἂν ὁ πᾶς νίψαι νάμασιν ὠκεανός. Anthol. Pal. XIV n. 74: (Χρησμὸς τῆς Πυθίας.) ἱρὰ θεῶν ἀγαθοῖς ἀναπέπταται, οὐδὲ καθαρμῶν | χρειώ· τῆς ἀρετῆς ἥψατο οὐδὲν ἄγος. | ὅστις δ' οὐλοὸς ἦτορ, ἀπόστιχε· οὔποτε γὰρ σὴν | ψυχὴν ἐκνίψει σῶμα διαινόμενον. G. Wolff, Philol. XVII 551 f., Orakel aus einer Wiener Handschrift: Ἁγνὰς χεῖρας ἔχων καὶ νοῦν καὶ γλῶτταν ἀληθῆ | εἴσιθι, μὴ λουτροῖς, ἀλλὰ νόῳ καθαρός. | ἀρκεῖ γάρ θ' ὁσίοις ῥανὶς ὕδατος· ἄνδρα δὲ φαῦλον | οὐδ' ἂν ὁ πᾶς λοῦσαι χεύμασιν ὠκεανός.

Philostr. v. Ap. I 10: Δοκεῖ μοι, ἔφη, ὦ ἱερεῦ, τὸν ἄνθρωπον τοῦτον μὴ προσδέχεσθαι τῷ ἱερῷ[2], μιαρὸς[3] γάρ τις ἥκει. . . . (11) ὃν δ' ἂν κατεστιγμένον ἴδωσι (sc. οἱ θεοὶ) καὶ διεφθορότα, καταλείπουσι τῇ δίκῃ, τοσοῦτον αὐτοῖς ἐπιμηνίσαντες, ὅσον ἐτόλμησαν καὶ ἱερὰ ἐσφοιτᾶν μὴ καθαροὶ ὄντες. Daß von den Besuchern dieses Heiligtums tatsächlich moralische Reinheit verlangt wurde, kann daraus natürlich nicht geschlossen werden.

Moralische Reinheit wird auch im eleusinischen Mysterienkult (und auch hier wohl erst in späterer Zeit) gefordert. Origen. c. Cels. III 59: Οἱ μὲν γὰρ εἰς τὰς ἄλλας τελετὰς καλοῦντες προκηρύττουσι τάδε· ὅστις χεῖρας καθαρὸς καὶ φωνὴν συνετός, καὶ αὖθις ἕτεροι· ὅστις ἁγνὸς ἀπὸ παντὸς μύσους καὶ ὅτῳ ἡ ψυχὴ οὐδὲν σύνοιδε κακὸν καὶ ὅτῳ εὖ καὶ δικαίως βεβίωται. Liban. Κορ. λογ. 356 Z. 9 ff. (ed. Reiske, Band IV): Οὗτοι γὰρ τά τ' ἄλλα καθαροῖς εἶναι τοῖς μύσταις

---

[1] Vgl. Lobeck Agl. 17 Anm. d.
[2] Des Asklepios in Aigai in Kilikien.
[3] In moralischer Beziehung.

ἐν κοινῷ προαγορεύουσιν, οἷον τὰς χεῖρας, τὴν ψυχήν, τὴν φωνὴν
Ἕλληνας εἶναι. Lamprid. Alex. Sever. XVIII 2: *Quem ad
modum in Eleusiniis sacris dicitur, ut nemo ingrediatur, nisi
qui se innocentem novit.* Auf eleusinische Mysterien bezieht sich wohl auch Aristoph. ran. 354 f.: Εὐφημεῖν χρὴ
κἀξίστασθαι τοῖς ἡμετέροισι χοροῖσιν | ὅστις ἄπειρος τοιῶνδε
λόγων ἢ γνώμῃ [1] μὴ καθαρεύει.

Über die umständlichen Reinigungen bei der Einweihung
der Mysten s. z. B. Stengel, Gr. Kultusalt.[2] 160 f.; A. Dieterich,
Rhein. Mus. N. F. XLVIII 275 ff.

Vgl. noch einen *νόμος ἐρανιστῶν* aus Alopeke,
Ziehen *L. s.* n. 47: [Μη]δενὶ ἐξέστω ἰσ[ιέν]αι (ἰς) |τὴν σεμνοτά-
[τ]ην σύνοδον τῶν ἐρα(ν)ιστῶν π(ερὶ)ν ἂν δοκιμασθῇ εἴ ἐστι ἁ[γν]ὸς
καὶ εὐσεβὴς καὶ ἀ(γαθ)ό(ς) [2].

---

[1] Doch ist vielleicht richtiger mit Plutarch *γλώσσῃ* zu schreiben, s.
Ziehen *L. s.* 364 Anm. 4.

[2] Vgl. die Iobakcheninschrift aus Athen, Dittenberger *Syll.*[2] n. 737 v. 32 ff.
— Für die Reinheit beim Tempeleintritt im römischen Kult vgl. z. B.
Gell. noct. Att. IV 9, 9: *Templa quidem ac delubra . . ., quae non volgo
ac temere, sed cum castitate caerimoniaque adeuntur.* Serv. Aen. I 329:
Cui (dem Apollo) *laurum ideo sacratam, quia haec arbor suffimentis purgationibusque adhibeatur, ut ostendatur, nullum templum eius nisi purum
ingredi debere.* Cic. de leg. II § 19: *Ad divos adeunto caste.* § 24: *Caste
iubet lex adire ad deos, animo videlicet, in quo sunt omnia. nec tollit
castimoniam corporis, sed hoc opportet intellegi, quom multum animus
corpori praestet observeturque, ut casta corpora adhibeantur, multo esse in
animis id servandum magis. nam illud vel aspersione aquae vel dierum
numero tollitur; animi labes nec diuturnitate evanescere nec amnibus ullis
elui potest.* Plin. pan. 3: *. . . gratioremque existimari, qui delubris eorum
(sc. deorum) puram castamque mentem, quam qui meditatum carmen intulerit.* Pers. sat. II 73 ff.: *Compositum ius fasque animo sanctosque recessus | mentis et incoctum generoso pectus honesto : | haec cedo ut admoveam templis, et farre litabo.* CIL VIII n. 2584, Inschr. vom Äskulaptempel in Lambäsis (Numidien): *Bonus intra, melior exi.* S. auch Blaydes zu
Aristoph. ran. 354. Vgl. noch insbesondere das Wort *delubrum* (zu *deluere*
„abwaschen"). Für jüdischen Kult s. II. Sam. XII 20; Jerem. XXXVI 5
(vgl. dazu Smith, Rel. d. Sem. 123 Anm. 197); *Oxyrh. pap.* V n. 840 v. 7 ff. (Berl.
Phil. Woch. XXVIII 1908, 195 f.), ein Blatt eines aus dem 2. Jh. stammenden
Evangeliums: Καὶ παραλαβὼν αὐτοὺς εἰσήγαγεν εἰς αὐτὸ τὸ ἁγνευτήριον καὶ
περιεπάτει ἐν τῷ ἱερῷ καὶ προσε[λ]θὼν Φαρισαῖός τις ἀρχιερεὺς Λευ[εὶς?] τὸ
ὄνομα συνέτυχεν αὐτοῖς καὶ ε[ἶ]πεν τῷ σωτῆρι· τίς ἐπέτρεψέν σοι πατ[εῖν τοῦτο

Reinheit ist überhaupt bei allen heiligen Handlungen nötig[1]. So reinigt sich der Bote, der zu einem Opfer nach der Schlacht bei Plataiai von Delphi reines Feuer holt, bevor er zum Altar des Apollon tritt, Plut. Aristid. 20. Ebenso reinigte man sich vor Festen, s. z. B. Dittenberger *Syll.*[2] n. 879 v. 20; Plut. amat. narr. 1; Paus. IX 20, 4; Usener, Sitzungsber. d. Wiener Ak., phil.-hist. Kl., III 59. Vor dem Gebet nahm man eine Waschung mindestens der Hände vor[2]. Eine Bestimmung über die Reinheit beim Gebet scheint auch eine Inschrift von einem eleusinischen Heiligtum enthalten zu haben, Ziehen *L. s.* n. 5 v. 12[3].

Reinheit beim Opfer

Hom. Il. Z 266 f.: Χερσὶ δ' ἀνίπτοισιν Διὶ λείβειν αἴθοπα οἶνον | ἄζομαι. Ähnlich Hesiod. op. 724.

Hesiod. op. 336 f.: Κὰδ δύναμιν δ' ἔρδειν ἱερ' ἀθανάτοισι θεοῖσιν | ἁγνῶς καὶ καθαρῶς.

Lys. VI 51: Ἁγνεύοντες θύομεν καὶ προσευχόμεθα.

Eurip. Or. 1602 ff., Menelaos (ironisch zu Orestes): Εὖ γοῦν θίγοις ἂν χερνίβων. Or.: τί δὴ γὰρ οὔ; | M.: καὶ σφάγια πρὸ

τὸ ἁγνευτήριον καὶ ἰδεῖν [ταῦ]τα τὰ ἅγια σκεύη μήτε λουσα[μ]έν[ῳ], μ[ή]τε μὴν τῶν μαθητῶν σου τοὺς π[όδας βα]πτισθέντων; ἀλλὰ μεμολυ[σμένος] ἐπάτησας τοῦτο τὸ ἱερὸν τ[όπον ὄν]τα καθαρόν, ὃν οὐδεὶς ἄ[λλος εἰ μὴ] λουσάμενος καὶ ἀλλά[ξας τὰ ἐνδύ]ματα πατεῖ, οὐδὲ ὁ[ρᾶν τολμᾷ ταῦτα] τὰ ἅγια σκεύη. καὶ σ[τὰς εὐθέως ὁ σωτὴρ] ο[ὖν τ]οῖς μαθηταῖ[ς ἀπεκρίθη αὐτῷ]· σὺ οὖν ἐνταῦθα ὢν ἐν τῷ ἱερῷ καθαρεύεις; λέγει αὐτῷ ἐκεῖνος· καθαρεύω· ἐλουσάμην γὰρ ἐν τῇ λίμνῃ τοῦ Δαυεὶδ καὶ δι' ἑτέρας κλίμακος κατελθὼν δι' ἑτέρας ἀ[ν]ῆλθον, καὶ λευκὰ ἐνδύματα ἐνεδυσάμην καὶ καθαρά, καὶ τότε ἦλθον καὶ προσέβλεψα τούτοις τοῖς ἁγίοις σκεύεσιν. Inschriften von christlichen Kapellen, *IG* III n. 404, vom Hymettos: Αὕτη ἡ πύλη τοῦ [κ]υ[ρί]ου, δ[ίκαιοι] (εἰ)σελεύσοντ(αι) ἐν αὐτῇ. Fast wörtlich gleichlautend sind christliche Inschr. aus Syrien, *CIG* IV n. 8930—34. Le Bas *Voyage arch.* II 3 n. 1960. 1995. 2413a. 2570a. Vgl. noch eine ähnliche Inschrift aus Phrygien, *CIG* n. 8935: [Λούσασ]θε, καθαροὶ γένεσθαι, [ἀφ]έλεται τὰς πονηρί[ας ἀ]πὸ τῶν ψυχῶν ὑμῶν.

[1] Ebenso bei Zauberhandlungen s. bes. A. Abt, Die Apologie des Apul. v. Mad., Relgesch. Vers. u. Vorarb. IV 2, 37.

[2] S. Stengel, Kultusalt.[2] 73. Vgl. auch Aristeas 305 f. Wendland.

[3] Über Reinheit beim Gebet im römischen Kult s. G. Appel *De Romanorum precationibus*, Relgesch. Vers. u. Vorarb. VII 2, 184 ff.

δορὸς καταβάλοις. Or.: σὺ δ᾽ ἂν καλῶς; | M.: ἁγνὸς γάρ εἰμι χεῖρας. Or.: ἀλλ᾽ οὐ τὰς φρένας.

Porph. de abst. II 19: Δεῖ τοίνυν καθηραμένους τὸ ἦθος ἰέναι θύσοντας ... νῦν δὲ ἐσθῆτα μὲν λαμπρὰν περὶ σῶμα μὴ καθαρὸν ἀμφιεσαμένοις οὐκ ἀρκεῖν νομίζουσιν πρὸς τὸ τῶν θυσιῶν ἁγνόν· ὅταν δὲ τὸ σῶμα μετὰ τῆς ἐσθῆτός τινες λαμπρυνάμενοι μὴ καθαρὰν κακῶν τὴν ψυχὴν ἔχοντες ἴωσιν πρὸς τὰς θυσίας, οὐδὲν διαφέρειν νομίζουσιν. Vgl. Clem. Al., strom. IV 22, 141 f.[1]

Vor dem Opfer pflegte man die Hände oder den ganzen Leib zu waschen[2]. Es kam auch vor, daß man vor dem eigentlichen Opfer noch ein besonderes Reinigungsopfer (Schwein) darbrachte[3]. Durch die Frage des κῆρυξ vor dem Opfer sollten Unreine ferngehalten werden[4]. Die Teilnehmer trugen reine, weiße Kleider[5] und setzten sich zum Zeichen der Reinheit Kränze auf[4]. Reinigende Bedeutung hat auch das Besprengen der Anwesenden, des Altares und des Opfertieres aus dem χέρνιβον[4];[6]. Das Flötenspiel hatte vielleicht den Zweck, böse Dämonen zu vertreiben[7], ebenso das ὀλολύζειν[4] und das Anzünden des Feuers vor dem Opfer[4];[8].

Die Opfertiere müssen von bester Beschaffenheit[9] und ebenfalls rein sein[10].

---

[1] Vgl. Liv. XLV 5, 4: *Cum omnis praefatio sacrorum eos, quibus non sint purae manus, sacris arceat.*

[2] S. z. B. Hom. Il. Z. 266 u. Schol. (Dind. Band III und V). Aeschyl. Pers. v. 204.

[3] Prott *Fasti sacr.* n. 5 v. 31; n. 6 v. 12. Vgl. Nilsson, Griech. Feste 19; 22.

[4] Stengel, Kultusalt.² 98 ff. Ders. im Hermes XLI (1906) 231.

[5] S. u. S. 16 ff.

[6] Neuerdings (Herm. XLIV 1909, 370 ff.) hat Stengel nachzuweisen versucht, daß das in historischer Zeit übliche reinigende Besprengen aus dem Gebrauch des Wassers zur Spende hervorgegangen sei.

[7] Stengel, Hermes XLI 232 Anm. 1. — Die Furcht vor bösen Dämonen beim Opfer besonders bei den Indern, Chantepie de la Saussaye, Relgesch.³ II 35; Oldenberg, Rel. d. Veda 271 f.; 337.

[8] Vgl. Oldenberg, R. d. V. 337.

[9] S. Stengel, Kultusalt.² 107. — Dieselbe Bestimmung war z. B. bei den Babyloniern in Geltung, Chantepie de la Saussaye, Relgesch.³ I 320.

[10] Ebenso im römischen Kult, Wissowa, Rel. d. Röm. 351. — Über

Ziehen *L. s.* n. 82 v. 1 (Inschrift von einem Heiligtum des Zeus Akraios am pagasäischen Meerbusen, 1. Jh. n. Chr.): [Παριστάναι τὰ θύμα]τα λευκὰ ὁλόκληρα [καθαρά].

Ziehen *L. s.* n. 58 v. 70 (Mysterieninschrift von Andania; ca. 90 v. Chr.): Παριστάτω τὰ θύματα εὐίερα καθαρὰ ὁλόκλαρα. Vgl. Eurip. Iph. Taur. 1035 ff., Iphig. zu Orestes, der geopfert werden soll: Ὡς οὐ θέμις σε λέξομεν θύειν θεᾷ ... οὐ καθαρὸν ὄντα, τὸ δ᾽ ὅσιον δώσω φόνῳ. Vgl. v. 1163.

Plut. de def. orac. 49: Δεῖ γὰρ τὸ θύσιμον τῷ τε σώματι καὶ τῇ ψυχῇ καθαρὸν εἶναι καὶ ἀσινὲς καὶ ἀδιάφθορον.

Die Reinigung des Tieres vor dem Opfer geschieht durch Besprengen mit Wasser (s. ob. S. 12) und durch Bestreuen mit οὐλαί[1].

Natürlich muß auch das Opfergerät rein sein. So reinigt Achilleus, bevor er Zeus eine Spende darbringt, den Becher, Il. Π 228.

Vor allem von den Priestern, die täglich sich im Heiligtum aufhielten und heilige Handlungen verrichteten, wurde Reinheit gefordert; sie hatten sich vor Verunreinigungen ganz besonders zu hüten. Den für die Laien gegebenen Vorschriften waren die Priester gewiß überall mindestens in gleich hohem Grade unterworfen; in vielen Fällen galten für sie strengere Bestimmungen.

Aeschin. c. Tim. 188: Καὶ ὡς ἔοικεν ὁ αὐτὸς οὗτος ἀνὴρ ἱερωσύνην μὲν οὐδενὸς θεῶν κληρώσεται, ὡς οὐκ ὢν ἐκ τῶν νόμων καθαρὸς τὸ σῶμα.

Plat. leg. VI 759 C: Δοκιμάζειν δὲ τὸν λαγχάνοντα πρῶτον μὲν ὁλόκληρον καὶ γνήσιον, ἔπειτα ὡς ὅτι μάλιστα ἐκ καθαρευουσῶν οἰκήσεων, φόνου δὲ ἁγνὸν καὶ πάντων τῶν περὶ τὰ τοιαῦτα εἰς τὰ θεῖα ἁμαρτανομένων αὐτὸν καὶ πατέρα καὶ μητέρα κατὰ ταὐτὰ βεβιωκότας.

---

die Farbe der Opfertiere s. Stengel *Quaest. sacr.*, Progr. Berlin 1879, 12f. Ziehen *L. s.* 366 zu n. 149; vgl. S. 246 zu n. 82.

[1] S. Stengel, Kultusalt.[2] 99; Hock, Gr. Weihegebr. 91f.; Ziehen, Burs. Jahresber. 140 (1908) 48ff. Nach Stengel, Hermes XLIV (1909) 374f., hat sich die reinigende Eigenschaft der οὐλόχυται erst später entwickelt; ursprünglich waren sie ein Opfer.

Phrynich. frg. 15 (S. 723 Nauck [2]): Ἃ δ᾽ ἀναγν᾽ ἐσθ᾽ ἱερεῦσιν καθαρεύειν φράσομεν.

Eurip. Iph. Taur. 1226 f.: Ἐκποδὼν δ᾽ αὐδῶ πολίταις τοῦδ᾽ ἔχειν μιάσματος, | εἴ τις ἢ ναῶν πυλωρὸς χεῖρας ἁγνεύει θεοῖς.

Eurip. Ion. 55 von Ion: Ἐν δ᾽ ἀνακτόροις | θεοῦ καταζῇ δεῦρ᾽ ἀεὶ σεμνὸν βίον.

Porph. de abst. II 3: Οὐδὲ γὰρ ἐν τῷ πόλεως βίῳ τὰ αὐτὰ οἱ νομοθέται τοῖς τε ἰδιώταις καὶ τοῖς ἱερεῦσιν ἀφώρισαντο πρακτέα, ἀλλ᾽ ἔστιν ἐν οἷς συγχωρήσαντες τοῖς πολλοῖς τὰ κατὰ τὴν τροφὴν καὶ τὸν ἄλλον βίον, τοὺς ἱερέας χρῆσθαι τοῖς αὐτοῖς διεκώλυσαν.

Paus. VIII 13, 1 von dem Priester und der Priesterin der **Artemis Hymnia in Orchomenos**: Τούτοις οὐ μόνον τὰ ἐς τὰς μίξεις ἀλλὰ καὶ ἐς τὰ ἄλλα ἁγιστεύειν καθέστηκε τὸν χρόνον τοῦ βίου πάντα, καὶ οὔτε λουτρὰ οὔτε δίαιτα λοιπὴ κατὰ τὰ αὐτά σφισι καθὰ καὶ τοῖς πολλοῖς ἐστιν, οὐδὲ ἐς οἰκίαν παρίασιν ἀνδρὸς ἰδιώτου. Ähnliche Bestimmungen, berichtet Pausanias weiter, hätten für die Priester der **Artemis in Ephesos** bestanden. Vgl. Paus. X 34, 8 vom Priester der **Athena Kranaia in Elateia**: Ἱερᾶται δὲ ἔτη συνεχῆ πέντε, ἐν οἷς τήν τε ἄλλην δίαιταν ἔχει παρὰ τῇ θεῷ καὶ λουτρὰ αἱ ἀσάμινθοι κατὰ τρόπον εἰσὶν αὐτῷ τὸν ἀρχαῖον.

Epict. III 21, 16: Οὐκ ἐσθῆτα ἔχεις ἣν δεῖ τὸν **ἱεροφάντην** (sc. τὸν Ἐλευσίνιον) . . ., οὐχ ἥγνευκας ὡς ἐκεῖνος.

Über die Kleidung der Priester s. u. S. 18, über die Forderung körperlicher Vollkommenheit s. Stengel, Kultusalt.[2] 35 [1].

---

[1] Über die Vorschriften für Priester im einzelnen s. die betreffenden Abschnitte in den einzelnen Kapiteln. — Auch für die **römischen Priester** bestanden ähnliche Bestimmungen (am bekanntesten sind die strengen Vorschriften, denen der Flamen Dialis unterworfen war), R. Peter *Quaest. pont.*, Diss. Straßburg 1886, 37 ff.; G. Wissowa, Religion u. Kultus der Römer (Handb. der klass. Altertumswiss. V 4, München 1902) 421; 435. — Über **ägyptische Priester** s. Herod. II 37; Porph. de abst. IV 6; Erman, Äg. Rel. 74; Otto, Priester u. Temp. im hell. Äg. II 167 f. **Israelitische Priester**: Levit. 21. Vgl. Schürer, Gesch. d. jüd. Volkes[3] II 283. **Babylonische Priester**: Chantepie de la Saussaye, Relgesch.[3] I 319; O. Weber, Die Literatur der Babyl. u. Assyr. (Der alte Orient, Ergänzungsband II) 185. **Brahmanen**: Orelli, Relgesch. 437. Andere *priestly taboos* bei J. G. Frazer *The gold. bough*[2] I (1900) 233 ff.; 297 ff.

§ 2. Kleidung

Nicht nur der Körper muß beim Gottesdienst rein sein, sondern auch die Kleidung, an der das μίασμα ebenfalls haftend gedacht wird [1].

Hom. Od. δ 750 ff. (Eurykleia zu Penelope): Ἀλλ᾽ ὑδρηναμένη, καθαρὰ χροῒ εἵμαθ᾽ ἑλοῦσα, | εἰς ὑπερῷ᾽ ἀναβᾶσα σὺν ἀμφιπόλοισι γυναιξὶν | εὔχε᾽ Ἀθηναίῃ κούρῃ Διὸς αἰγιόχοιο. Vgl. v. 759 ff.; ρ 48 ff.

Poll. on. I 25: Δεῖ δὲ προσιέναι πρὸς τοὺς θεοὺς καθηράμενον ... ὑπὸ νεουργῷ στολῇ, ὑπὸ νεοπλυνεῖ ἐσθῆτι.

Porph. de abst. II 19 s. ob. S. 12.

Ramsay *Cities and bishopr.* I 152, n. 52 (phrygische Inschrift): Ἀντωνία Ἀντωνίου Ἀπόλλωνι θεῷ Βοζηνῷ διὰ τὸ ἀναβεβη[κέ]ναι με ἐπὶ τὸν χόρον [2] ἐν ῥυπαρῷ ἐπενδύτῃ, κολασθεῖσα δὲ ἐξωμολογησάμην κὲ ἀνέθηκα εὐλογίαν ὅτι ἐγενόμην ὁλό[κλ]ηρος.

Auch unter den symbola Pythagorea findet sich die Vorschrift, Iambl. vit. Pyth. 153: Εἰς ἱερὸν εἰσιέναι καθαρὸν ἱμάτιον ἔχοντα καὶ ἐν ᾧ μὴ ἐγκεκοίμηταί τις [3]. Vgl. Diog. La. VIII 19; Iambl. v. P. 100 (s. u. S. 17).

In vielen Fällen ist für das Betreten der Tempel und

---

[1] S. z. B. u. S. 27; 37; 43; 50; 68 f. Vgl. auch die Sitte der Creekindianer in Nordamerika, die bei einem großen jährlichen Reinigungsfest die alten verunreinigten Kleider vernichten, s. Fredrich, Ath. Mitt. 1906, 75.   [2] i. e. τὸ χωρίον (Ramsay).

[3] Im Schlaf ist man dämonischer Verunreinigung besonders ausgesetzt, s. Böhm *Symb. Pyth.*, Diss. Berlin 1905, 9. Darauf geht vielleicht auch die pythagoreische Sitte, unter Leinwand zu schlafen, zurück, Philostr., v. Ap. VIII 7, 309 Kayser (s. u. S. 29). — Auch im römischen Kult wurde Reinheit der Kleidung gefordert: Tibull. II 1, 13 f.: *Pura cum veste venite* | *et manibus puris sumite fontis aquam.* Serv. Aen. XII 169: *Inpolluta et pura dicitur vestis, qua festis diebus uti consueverant sacra celebraturi*; vgl. IV 683. Appel *De Roman. precat.* 186. Ebenso bei den Juden: Genes. XXXV 2; Exod. XIX 10; II. Sam. XII 20; Oxyrh. pap. V n. 840 (s. oben S. 10 Anm. 2). Vgl. K. Marti, Gesch. d. isr. Rel.[4] (Straßburg 1903) 31. Vgl. auch den christlichen Hymnos des Methodius, Abh. d. k. bair. Akad. XVII (1886), philos.-philol. Kl. 511: Ἦλθον ἀσπίλοις | ἐν εἵμασιν ὅπως φθάσω κἀγὼ πανολβίων | θαλάμων εἴσω σὺν σοὶ μολεῖν.

zur Vornahme von gottesdienstlichen Handlungen weiße Kleidung vorgeschrieben; farbige Kleider galten als unrein [1].

Plat. leg. XII 956 A: *Χρώματα λευκὰ πρέποντ᾽ ἂν θεοῖς εἴη καὶ ἄλλοθι καὶ ἐν ὑφῇ· βάμματα δὲ μὴ προσφέρειν.*

Aeschin. c. Ctes. 77: *Στεφανωσάμενος καὶ λευκὴν ἐσθῆτα λαβὼν ἐβουθύτει.* Vgl. Plut. cons. ad Ap. 33 S. 119 C.

Porph. de abst. II 45: . . . *ἱερωμένου τῇ νοερᾷ θυσίᾳ καὶ μετὰ λευκῆς ἐσθῆτος καὶ καθαρᾶς τῷ ὄντι τῆς ψυχικῆς ἀπαθείας.*

Clem. Alex. str. IV 22, 141, 4: *Ταύτῃ τοι λελουμένους φασὶ δεῖν ἐπὶ τὰς ἱεροποιίας καὶ τὰς εὐχὰς ἰέναι, καθαροὺς καὶ λαμπρούς.*

Luc. Nigr. 14: *Ἐν τῷ ἀγῶνι τῶν Παναθηναίων· ληφθέντα μὲν γάρ τινα τῶν πολιτῶν ἄγεσθαι παρὰ τὸν ἀγωνοθέτην, ὅτι βαπτὸν ἔχων ἱμάτιον ἐθεώρει.*

Ziehen *L. s.* n. 91 v. 9 ff. (Inschrift aus Delos; *prioribus temporibus Romanis*): *[Παρ]ιέναι εἰς τὸ ἱε[ρὸν τοῦ] Διὸς τοῦ Κυνθίου καὶ τῆς Ἀθηνᾶς τῆς Κυνθί[ας χε]ρσὶν καὶ ψυχῇ καθα[ρᾷ, ἔ]χοντας ἐσθῆτα λευκήν.*

Dittenberger *Syll.*[2] n. 790, v. 38 ff., Inschrift vom Orakel des Apollon Koropaios (1. Jh. v. Chr.): *Καθήσθ[ω]σαν δὲ οἱ προγεγραμμένοι ἐν τῶι ἱερῶι κοσμίως ἐν ἐσθῆσιν λαμπραῖς.*

Fränkel, Inschr. v. Pergamon, n. 264 (aus der Kaiserzeit), Vorschriften für Inkubationen im Asklepieion: *[Εἰσπορευέσθ]ω . . . [χιτῶ]νι λευκῶι.*

Ebenso sind die Besucher des Orakels des Trophonios in Lebadeia *λευκῇ ἐσθῆτι ἐσταλμένοι,* Philostr. v. Ap. VIII 19, 335 Kays.

Hiller v. Gärtringen, Inschr. v. Priene n. 205 (vom heiligen Haus an der Westtorstraße (Alexanderheiligtum? 3. Jh. v. Chr.?): *Εἰσιέναι εἰς [τὸ] ἱερὸν ἁγνὸν ἐ[ν] ἐσθῆτι λευκῆι.*

Sil. Ital. III 23 f. (vom Herakleskult in Gades [2]): *Nec discolor ulli ante aras cultus.*

---

[1] Vermutlich, weil die weiße Farbe, an der jede Verunreinigung besonders augenfällig ist, als die reinste empfunden wurde. Oder galt sie als dämonenvertreibend, und wurden deshalb die Toten in weiße Gewänder gehüllt (s. S. 44 Anm. 2)? Vgl. die „weißgekleideten, sorgsam gegen alle Befleckung geschützten" Leichenträger der Perser, Chantepie de la Saussaye, Relgesch.[3] II 220.

[2] Vielleicht ein semitischer Kult s. u. S. 19 Anm. 4. Vgl. Smith, Relig. d. Sem. 290.

Ziehen *L. s.* n. 58 v. 15f., Mysterieninschrift von Andania (Demeter und Persephone; ca. 90 v. Chr.): Οἱ τελούμενοι τὰ μυστήρια ἀνυπόδετοι ἔστωσαν καὶ ἐχόντω τὸν εἱματισμὸν λευκόν.

Ziehen *L.* s. n. 63, Inschrift von Lykosura (3. Jh. v. Chr.): Μὴ ἐξέστω παρέρπην ἔχοντας ἐν τὸ ἱερὸν τᾶς Δεσποίνας ... μηδὲ πορφυρέ[ο]ν εἱματισμὸν μηδὲ ἀν[θι]νὸν μηδὲ [μέλα]να.

Ephem. arch. 1908, 95, Inschrift aus Patrai (veröff. von Chatzis): [— — — Δα]ματρίοις τὰς γ[υ]ν[αῖ]κες μήτε... ἔχεν ... μηδὲ λωπίον ποικίλον, μήτε πορφυρέαν, ... εἰ δέ κα παρβάλληται, τὸ ἱερὸν καθαράσθω ὡς παρσεβέουσα[1].

Der Zagreusmyste des Euripides (frg. 472) sagt von sich: Πάλλευκα δ᾽ ἔχων εἵματα ... Und so wird auch in der Mithrasliturgie der Gott in weißen Kleidern gedacht, ed. Dieterich 14: Ὄψει ... κατερχόμενον θεὸν ... ἐν χιτῶνι λευκῷ.

Apul. met. XI 9 von einem Isisfest in Korinth: Mulieres candido splendentes amicimine.

Vgl. noch die Vorschrift der Katharten, Hippocr. de morb. s. S. 589 Kühn: Ἱμάτιόν τε μέλαν μὴ ἔχειν (θανατῶδες γὰρ τὸ μέλαν), und die pythagoreische Sitte, Diog. Laert. VIII 19: Στολῇ δ᾽ αὐτῷ (sc. τῷ Πυθαγόρᾳ) λευκῇ, καθαρᾷ. (VIII 35: Καὶ τὸ μὲν λευκὸν τῆς τἀγαθοῦ φύσεως, τὸ δὲ μέλαν τοῦ κακοῦ). Jambl. v. P. 100: Ἐσθῆτι δὲ χρῆσθαι λευκῇ καὶ καθαρᾷ, ὡσαύτως δὲ καὶ στρώμασι λευκοῖς τε καὶ καθαροῖς· εἶναι δὲ τὰ στρώματα ἱμάτια λινᾶ· κωδίοις γὰρ οὐ χρῆσθαι[2].

---

[1] Diese Inschrift verbietet auch (v. 7) ebenso wie diejenige von Andania (v. 22) den Gebrauch von Schminke.

[2] Über weiße Kleidung im römischen Kult s. Ovid. fast. I 70 Anm. ed. H. Peter (Leipz. 1874); Wissowa, Rel. d. Röm. 245; 246 Anm. 1. Weiße Kleider an der römischen Geburtstagsfeier (wegen der Anwesenheit des Genius), W. Schmidt, Geburtstag im Altertum, Relgesch. Vers. u. Vorarb. VII 1, S. 25; 27. Über weiße Kleidung beim Zauber s. Abt, Apol. d. Apul. 167 Anm. 5; 172; 189. — Vgl. noch Daniel VII 9 (Kautzsch): „Ich schaute in einem fort, bis Thronsessel hingestellt wurden und ein Hochbetagter sich niederließ; sein Gewand war weißglänzend wie Schnee"; Apocal. III 4; *Oxyrh. pap.* V n. 840 (s. ob. S. 10 Anm. 2). Method. aaO. (ob. 15 Anm. 2): Ἄνωθεν παρθένοι βοῆς | ἐγερσίνεκρος ἦχος ἦλθε νυμφίῳ λέγων | πασσυδὶ ὑπαντάνειν λευκαῖσιν ἐν στολαῖς. E. v. Hesse-Wartegg, China u. Japan² (Leipzig 1900) 602: Die japanischen Pilger, die zu der Göttin Konohamasaku ya hime auf den Gipfel des Fuji-yama wallfahrteten, waren mit weißen Jacken, Beinkleidern und Socken bekleidet.

Die Priester hatten natürlich besonders streng auf die Reinheit ihrer Kleidung zu achten [1], die in der Regel von weißer Farbe gewesen zu sein scheint [2].

Plut. Aristid. 21 vom Totenopfer: *Ἐπὶ πᾶσι δὲ τῶν Πλαταιέων ὁ ἄρχων, ᾧ τὸν ἄλλον χρόνον οὔτε σιδήρου θιγεῖν ἔξεστιν οὐδ᾽ ἑτέραν ἐσθῆτα πλὴν λευκῆς ἀναλαβεῖν, τότε χιτῶνα φοινικοῦν ἐνδεδυκώς.*

Fränkel, Perg. Inschr. n. 40 (ca. 200 v. Chr.): Der Priester des Zeus *φορείτω [χ]λαμύδα λευκὴν καὶ στέφανον ἐλάας μετὰ ταινιδίου φοινικοῦ* [3].

Athen. V 215 C vom Priester des Herakles in Tarsos: *Πορφυροῦν μὲν μεσόλευκον χιτῶνα ἐνδεδυκώς, χλαμύδα δὲ ἐφεστρίδα περιβεβλημένος πολυτελῆ καὶ ὑποδούμενος λευκὰς Λακωνικάς.*

Appian. b. c. V 11 (Antonius bei Kleopatra in Ägypten): *Καὶ ὑπόδημα ἦν αὐτῷ λευκὸν Ἀττικόν, ὃ καὶ Ἀθηναίων ἔχουσιν ἱερεῖς καὶ Ἀλεξανδρέων, καὶ καλοῦσι φαικάσιον.*

Ziehen L. s. n. 58 v. 19 (Inschrift von Andania, ca. 90 v. Chr.): *Αἱ δὲ ἱεραὶ αἱ μὲν γυναῖκες καλάσηριν ἢ ὑπόδυμα μὴ ἔχον σκιάς* [4]; v. 23: *Δίφρους δὲ ἐχόντω αἱ ἱεραὶ εὐσύϊνους στρογγύλους καὶ ἐπ᾽ [αὐ]τῶν ποτικεφάλαια ἢ σπῖραν λευκά, μὴ ἔχοντα μήτε σκιὰν μήτε πορφύραν* [5].

---

[1] Über die römischen Priester s. Verg. Aen. XII 169 ff.: *Puraque in veste sacerdos | saetigeri fetum suis intonsamque bidentem | attulit admovitque pecus flagrantibus aris.* Vgl. Serv. zu dieser Stelle. Fest. 249 Müll.: *Pura vestimenta sacerdotes populi Romani ad sacrificium habere solent.* Flav. Vopisc. Aur. 19: *Agite igitur, pontifices, qua puri, qua mundi, qua sancti, qua vestitu animisque sacris commodi, templum ascendite.* — Vgl. über die Brahmanen Orelli, Relgesch. 436.

[2] Ausnahmen s. Schömann-Lipsius, Gr. Alt.[4] II 445 f.

[3] Zur Verbindung von weiß und rot in der Kleidung vgl. Dieterich, Mithrasliturgie 10 Z. 28: *Ὄψει θεὸν ... ἐν χιτῶνι λευκῷ καὶ χλαμύδι κοκκίνῃ*, und die römische trabea (s. bes. Samter, Philol. LVI 394 ff.; Familienfeste 54; Daremberg-Saglio *Dict.* III 1411). Die israelitischen Priester trugen einen roten Gürtel über dem weißen Gewand, Schürer, Gesch. d. jüd. Volkes[3] II 281. — Rote und ebenso rot und weiße Fäden galten als übelabwehrend, s. Hock, Gr. Weihegebr. 97; 118. Vgl. Abt, Apol. d. Apul. 74 Anm. 3. — Rot und weiß sind die heiligen Farben der Japaner, Chantepie de la Saussaye, Relgesch.[2] I 87. — Über die in der römischen Priesterkleidung als „lustrales Symbol" mehrfach verwendete Purpurfarbe s. Samter, Familienf. 40.

[4] „Einen bunten Saum oder Besatz".

[5] Vgl. den *albus galerus* des Flamen Dialis, Gell. n. Att. X 15, 32;

Im Dienst der Demeter und in verwandten Kulten waren auch Kleider mit eingewebten Blumen[1] (ἀν-θινά) verboten.

Ziehen *L. s.* n. 90 (vgl. Crönert, Gött. gel. Anz. 1908 I 1028f.), Inschrift von Delos (2. Jh. v. Chr.): Ἀπ' οἴνου μὴ προσιέναι μηδὲ ἐν ἀνθινοῖς.

Ziehen *L. s.* n. 63, Inschrift von Lykosura (3. Jh. v. Chr.), v. 1 ff.: Μὴ ἐξέστω παρέρπην ἔχοντας ἐν τὸ ἱερὸν τᾶς Δεσ-ποίνας . . . μηδὲ πορφυρέ[ο]ν εἱματισμὸν μηδὲ ἀν[θι]νόν . . . (v. 11) μηδὲ ἄνθεα παρφέρην.

Vgl. Schol. Soph. Oid. Kol. 681: Αὖθις γοῦν τὰς θεὰς ἀν-θινοῖς μὴ κεχρῆσθαι, ἀλλὰ καὶ ταῖς Θεσμοφοριαζούσαις τὴν τῶν ἀνθινῶν στεφάνων ἀπειρῆσθαι χρῆσιν. Schol. 684: τοῖς γὰρ ἀνθινοῖς οὐ πάνυ φασὶν ἥδεσθαι τὴν Δήμητρα[2].

Der Stoff der Kleidung scheint in den griechischen Kulten im allgemeinen nicht vorgeschrieben gewesen zu sein. Doch ist eine solche Bestimmung enthalten in der Mysterieninschrift von Andania (ca. 90 v. Chr.), Ziehen *L. s.* n. 58, v. 17: Αἱ μὲν ἰδιώτιες ἐχόντω χιτῶνα λίνεον. Ebenso erfahren wir von dem das Orakel des Trophonios in Lebadeia Befragenden: Ἔρχεται πρὸς τὸ μαντεῖον χιτῶνα ἐνδεδυκὼς λινοῦν, Paus. IX 39, 8. Vgl. Luc. dial. mort. III 2: Εἰ μὴ ἐς Λεβά-δειαν γὰρ παρέλθω καὶ ἐσταλμένος ταῖς ὀθόναις γελοίως μᾶζαν ἐν ταῖν χεροῖν ἔχων ἐσερπύσω; Max. Tyr. diss. XIV 2: Ἐν Τροφωνίου γε μήν . . . ὁ δεόμενος συγγενέσθαι τῷ δαιμονίῳ ἐνσκευασάμενος ὀθόνῃ ποδήρει καὶ φοινικίδι . . . εἰσδύεται[3].

Auch die Priester des Herakles in Gades trugen leinene Gewänder, Sil. It. III 24: *velantur corpora lino*[4].

Fest. 10 Müll. — Über die weiße Kleidung der japanischen Priester s. K. F. Neumann b. Ersch u. Gruber, Allg. Enz. d. Wiss. u. Künste II 14 S. 376 s. v. 'Japan'.

[1] Oder allgemeiner: Ornamenten, s. Mau b. Pauly-Wissowa s. v. ἀνθινά. Vgl. Christ-Schmid, Gesch. d. griech. Litt.⁵ II, 1 (München 1909) 65 Anm. 3.

[2] Vgl. Diod. Sic. XXXVI 13, der es als eine ungewöhnliche Tracht bezeichnet, wenn der phrygische Priester Battakes eine στολὴ ἀνθινή trägt.

[3] Vgl. Deubner *De incub.* (Leipz. 1900) 25.

[4] Hier ist die Sitte vielleicht von den Phöniziern übernommen, deren heilige Kleidung auch aus Leinwand bestand, s. Smith, Rel. d. Sem. 118. Vgl. u. S. 61 Anm. 1.

Strab. XV 1 § 58, 712 C.: *Διονυσιακὸν δὲ καὶ τὸ σινδονοφορεῖν.*

Ausschließlich wurde die Leinwand für gottesdienstliche Zwecke von den **Ägyptern** benützt, die die vom Tier stammende Wolle für unrein hielten. Von ihnen sollen nach Herod. II 81 die **Orphiker** und **Pythagoreer** diese Sitte übernommen haben: *Οὐ μέντοι ἔς γε τὰ ἱρὰ ἐσφέρεται εἰρίνεα οὐδὲ συγκαταθάπτεταί σφι*[1] (von den Ägyptern)· *οὐ γὰρ ὅσιον. ὁμολογέουσι δὲ ταῦτα τοῖσι Ὀρφικοῖσι καλεομένοισι καὶ Βακχικοῖσι, ἐοῦσι δὲ Αἰγυπτίοισι καὶ Πυθαγορείοισι. οὐδὲ γὰρ τούτων τῶν ὀργίων μετέχοντα ὅσιόν ἐστι ἐν εἰρινέοισι εἵμασι θαφθῆναι.* Apul. apol. 56: *Quippe lana, segnissimi corporis excrementum, pecori detracta iam inde Orphei et Pythagorae scitis profanus vestitus est.* Philostr. v. Ap. VIII 7 (S. 307 Kays.) von **Pythagoras**: *Ἑλλήνων δὲ πρῶτος ἐπέμιξεν Αἰγυπτίοις . . . ἐσθῆτά τε, ἣν ἀπὸ θνησειδίων οἱ πολλοὶ φοροῦσιν, οὐ καθαρὰν εἶναι φήσας λίνον ἠμπίσχετο.* VIII 7, 309 K.: *λίνον . . . καθαρὸν μὲν Ἰνδοῖς δοκεῖ, καθαρὸν δὲ Αἰγυπτίοις, ἐμοὶ δὲ καὶ Πυθαγόρᾳ διὰ τοῦτο σχῆμα γέγονε διαλεγομένοις, εὐχομένοις, θύουσι. καθαρὸν δὲ καὶ τὸ ἐννυχεύειν ὑπ' αὐτῷ*[2]. Vgl. Philostr. v. Ap. I 8; Jambl. v. P. 100 (s. ob. S. 17)[3].

---

[1] Der Tote soll möglichst rein in die Gesellschaft der Götter kommen, Erman, Äg. Rel. 96 (s. u. S. 44 Anm. 2). Vgl. Rohde, Ps.[4] II 126, Anm. 1.

[2] Vgl. ob. S. 15 Anm. 3.

[3] Weitere Zeugnisse für den **ägyptischen Brauch**: Herod. II 37 von den ägyptischen Priestern: *Ἐσθῆτα δὲ φορέουσι οἱ ἱρέες λινέην μούνην . . . ἄλλην δέ σφι ἐσθῆτα οὐκ ἔξεστι λαβεῖν.* Plut. de Is. et Os. IV 352 C: *Τὰς τρίχας οἱ ἱερεῖς ἀποτίθενται καὶ λινᾶς ἐσθῆτας φοροῦσιν. . . . οἱ δὲ τῶν μὲν ἐρίων ὥσπερ τῶν κρεῶν, σεβομένους τὸ πρόβατον, ἀπέχεσθαι λέγουσι.* Über die *σινδονοφόροι* im **delischen Isiskult** s. A. Rusch *De Serap. et Is.*, Diss. Berlin 1906, 57. Tibull. I 3, 29 f.: *Ut mea votivas persolvens Delia voces | ante sacras lino tecta fores sedeat* (vom Isistempel). Apul. met. XI 24 vom **Isismysten**: *Mane factum est et perfectis sollemnibus processi duodecim sacratus stolis. . . . byssina quidem sed floride depicta veste conspicuus.* Hierat. Papyr. aus d. Kgl. Mus. z. Berl. I n. 52—55: Gewänder der Priester des **Amon** und der **Mut** aus weißem, grünem, rotem Leinen. Apul. met. II 28: *Zatchlas adest Aegyptius, propheta primarius, . . . et cum dicto iuvenem quempiam linteis amiculis iniectum . . . producit in medium.* Dieterich, **Mithraslit.** 12 Z. 16: *Ταῦτα εἰπὼν ὄψει . . . ἐρχομένους ἐκ τοῦ βάθους ἑπτὰ παρθένους ἐν βυσσίνοις. . . .* (Z. 27) *προέρχονται δὲ καὶ ἕτεροι ἑπτὰ*

In vereinzelten Fällen begegnen wir dem Verbot, bei gottesdienstlichen Handlungen Ringe zu tragen. Es hängt dies ebenso wie die Bestimmungen, den Gürtel und die Schuhe abzulegen und die Haare aufgelöst zu tragen (s. u. S. 22 ff.) mit der bindenden, hindernden Kraft dieser Gegenstände zusammen [1].

Fränkel, Inschr. v. Perg. n. 264 v. 10 (aus der Kaiserzeit): (Bei Inkubationen im Asklepieion) [μήτε δακτ]ύλιον.

Ziehen L. s. n. 63, Inschrift von Lykosura (3. Jh. v. Chr.): Μὴ ἐξέστω παρέρπην ἔχοντας ἐν τὸ ἱερὸν τᾶς Δεσποίνας ... μηδὲ δακτύλιον.

Vgl. die pythagoreische Bestimmung, Jambl. protr. XXI κβ´: Δακτύλιον μὴ φόρει [2].

θεοὶ ... ἐν περιζώμασιν λινοῖς. — Über die aus weißer Leinwand bestehende Dienstkleidung der israelitischen Priesters. Schürer, Gesch. d. jüd. Volkes [3] II 281. — Joseph. bell. Jud. II 129 von den Essenern: Ζωσάμενοι σκεπάσμασι λινοῖς. — Pap. Leid. J. 395, III 10 (ed. Dieterich, Abrax. 179): Σὺ δὲ ἐν λινοῖς ἴσθι καθαροῖς ἐστεμμένος ἐλαίνῳ στεφάνῳ ποιήσας τὸν πέτασον οὕτως· λαβὼν σινδόνα καθαρὰν κτλ. VII 45, 191 Diet.: Ποίησον ἱπποπόταμον ... καὶ στόλισον αὐτὸν λίνῳ καθαρῷ. XXIII 30, 203 f. Diet.: Θὲς ἐπὶ τριπόδου καθαροῦ περιβεβλημένον ὀθωνίῳ κτλ. Ueber andere Zeugnisse für den Gebrauch der Leinwand im Zauber s. Deubner De incub. 25. — Vgl. noch Kropatscheck De amul. ap. ant. usu, Diss. Münster 1907, 25; 70; A. Abt, Apol. d. Apul. 163 Anm. 9; 214 f.; Daniel X 5: „Und als ich meine Augen emporhob und schaute, da war vor mir ein Mann, gekleidet in leinene Gewänder."

[1] S. W. Kroll, Antiker Abergl. 20. Böhm Symb. Pyth., Diss. Berlin 1905, 29. Nilsson, Gr. Feste 345. — Deshalb wohl dürfen Orestes und Pylades den Tempel nicht gefesselt betreten, Eurip. Iph. Taur. 468: Μέθετε τῶν ξένων χέρας, ὡς ὄντες ἱεροὶ μηκέτ᾽ ὦσι δέσμιοι Vgl. dazu Gell. n. Att. X 15, 8: Vinctum, si aedes eius (sc. Flaminis Dialis) introierit, solvi necessum est; (ähnl. Plut. qu. Rom. 111, 290 C; Serv. Aen. II 57). In diesen Zusammenhang gehört auch die Vorschrift der μάγοι bei Hippocr. de morb. sacr. 589 K.: Μηδὲ πόδα ἐπὶ ποδὶ ἔχειν, μηδὲ χεῖρα ἐπὶ χειρί. Anderes bei Kroll aaO.

[2] Römische Parallelen: Ovid. Fast. IV 659: (beim Besuch des Orakels des Faunus) Nec digitis anulus ullus inest. Gell. n. Att. X 15, 6 vom Flamen Dialis: Item anulo uti nisi pervio cassoque fas non est. Fest. 82 M.: Ne anulum quidem gerere ei (sc. Flam. D.) licebat solidum. — Denselben Grund hat auch die weitere für den Flamen D. geltende Bestimmung, Gell. X 15, 9: Nodum in apice neque in cinctu neque in alia parte ullum habet (vgl. Fest. 82 M.), ebenso die von Serv. Aen. IV 518

Verbote des Tragens von Gürteln:
Fränkel, Inschr. v. Perg. n. 264 v. 10 vom Asklepieion (aus der Kaiserzeit): [Μήτε δακτ]ύλιον μήτε ζώνην.
Sil. Ital. III 26 (Heraklesdienst in Gades): *Discinctis mos tura dare*[1].

Vorschriften, das Haar aufgelöst zu tragen.
Athen. XII 525 C von den Samiern: Τὴν ἑορτὴν ἄγοντες τῶν Ἡραίων ἐβάδιζον κατεκτενισμένοι τὰς κόμας ἐπὶ τὸ μετάφρενον καὶ τοὺς ὤμους· τὸ δὲ νόμιμον τοῦτο μαρτυρεῖσθαι καὶ ὑπὸ παροιμίας τῆσδε· βαδίζειν εἰς Ἡραῖον ἐμπεπλεγμένον.
Callim. h. in Dem. 124, von den Teilnehmerinnen an der Kalathosprozession in Alexandreia: Ὡς δ᾽ ἀπεδίλωτοι καὶ ἀνάμπυκες ἄστυ πατεῦμες, | ὣς πόδας, ὣς κεφαλὰς παναπηρέας ἔξομες αἰεί.
Ziehen *L. s.* n. 63 v. 9 f. (3. Jh. v. Chr.), Eintritt in das Heiligtum der Despoina in Lykosura: Μηδὲ τὰς [τρί]χας ἀμπεπλεγμένας.
Ziehen *L. s.* n. 58 v. 22 (ca. 90 v. Chr.), von den ἱεραί in Andania: Μηδὲ ἀνάδεμα μηδὲ τὰς τρίχας ἀνπεπλεγμένας[2].

überlieferte Sitte: *Ad Iunonis Lucinae sacra non licet accedere nisi solutis nodis.* Vielleicht ist so auch die Vorschrift zu erklären, daß der **Flamen Dialis** den Efeu weder berühren noch nennen darf, s. u. in dem Abschnitt 'Efeu'.

[1] Vgl. Verg. Aen. IV 518: Dido bei einem magischen Opfer *in veste recincta.* Dazu Servius: *Quia in sacris nihil solet esse religatum. ... sane Flaminicae non licebat, ... supra genu succinctam esse.* Sueton. div. Aug. 100, 4: *Reliquias* (des Augustus) *legerunt primores equestris ordinis tunicati et discincti.* Vgl. auch den Zaubergebrauch, Plin. n. h. XVII 266: *Contra urucas ambiri* (sc. *iubent*) *arbores singulas a muliere incitati mensis (initiante menses,* Casp. Barth zu Stat. Theb. VI 217), *nudis pedibus, recincta.* Ähnl. Plin. XXVIII 78; Colum. de re rust. X 361; Pallad. I 35, 3.

[2] Vgl. Tibull. I 3, 29 ff.; *Ut mea ... Delia ... | bisque die resoluta comas tibi dicere laudes | insignis turba debeat in Pharia* (vom Isisdienst). Ovid. fast. III 257 f.: *Si qua tamen gravida est, resoluto crine precetur, | ut solvat partus molliter illa suos* (Juno Lucina). Appel *De Roman. prec.* 203. Vgl. auch die aufgelösten Haare des das Ungeziefer bezaubernden Weibes, Plin. XXVIII 78; Colum. de re rust. X 361; XI 3, 64; Pallad. I 35, 3. — „In Minangkabau (Indonesien) lassen die Weiber bei dem Pflanzen ihre Haare lose über die Schultern herabhängen, damit der Reis einen langen Stengel erhalte" (!), Juynboll, Arch. f. Rel.-Wiss. VII (1904) 495.

Häufiger ist die Bestimmung, bei Kulthandlungen die Schuhe abzulegen.

Eurip. Ion 220, Chor der Athenerinnen vor dem Apollonheiligtum in Delphi: θέμις γυάλων ὑπερβῆναι λευκῷ ποδὶ θριγκόν.

Ziehen *L. s.* n. 91 v. 9 ff. (Inschr. von Delos; *prioribus temporibus Romanis*): [Παρ]ιέναι εἰς τὸ ἱε[ρὸν τοῦ] Διὸς τοῦ Κυνθίου καὶ τῆς Ἀθηνᾶς τῆς Κυνθί[ας] ... [ἀνυ]ποδέτους.

Plut. de sera num. vind. XII 557 D, von den lokrischen Jungfrauen in Troia: Αἳ καὶ ἀναμπέχονοι γυμνοῖς ποσὶν ... σαίρεσκον Ἀθηναίης περὶ βωμὸν νόσψι κρηδέμνοιο.

Ziehen *L. s.* n. 117 v. 17 (Inschrift von Eresos; 2. Jh. v. Chr.) [1]: [Μη]δὲ εἰς τὸν ναῦον εἰσφέρην ... μηδὲ ὑπόδεσιν μηδὲ ἄλλο δέρμα μηδέν.

Sil. It. III 28: (Im Tempel des Herakles in Gades) *pes nudus*.

Ziehen *L. s.* n. 145 v. 25 (Heiligtum der Alektrona in Ialysos auf Rhodos; 3. Jh. v. Chr.): Μηδὲ ὑποδήματα ἐσφερέτω.

Solin. XI 8: *Aedem numinis* (der Britomartis auf Kreta) *praeterquam nudus vestigia nullus licito ingreditur*.

Callim. h. in Dem. 124 ff., von den Teilnehmerinnen an der Kalathosprozession, s. ob. S. 22.

Ziehen *L. s.* n. 63 (Inschrift von Lykosura; 3. Jh. v. Chr.): Μὴ ἐξέστω παρέρπην ἔχοντας ἐν τὸ ἱερὸν τᾶς Δεσποίνας ... μηδὲ ὑποδήματα.

Ziehen *L. s.* n. 58 v. 15 (Inschrift von Andania; ca. 90 v. Chr.): Οἱ τελούμενοι τὰ μυστήρια ἀνυπόδετοι ἔστωσαν.

Vgl. Jambl. v. Pyth. 85: Θύειν χρὴ ἀνυπόδητον καὶ πρὸς τὰ ἱερὰ προσιέναι. Protr. XXI γ΄: Ἀνυπόδητος θῆε καὶ προσκύνει. Philostr. v. Ap. I 8 (von der pythagoreischen Lebensweise des Apollonios): Ἀνυποδησίαν τε ποιεῖται κόσμημα [2].

Vgl. auch u. S. 55; 57 f.; 61.

---

[1] Nach Kretschmer von einem Apollontempel, nach Ziehen von einem Heiligtum der Themis, s. Ziehen *L. s.* S. 304 f.

[2] Im römischen Kult scheint die Entblößung der Füße ganz allgemein üblich gewesen zu sein, Varr. b. Non. VII 478 M. (ed. Lindsay p. 767): *Varro Pseudulo Apolline*, περὶ θεῶν διαγνώσεως: *quod in eius dei templa calceati introeunt; nam in oppido quoque est aedes Apollinis*,

Das Gebot der kultischen Barfüßigkeit gehört, wie schon oben erwähnt, seinem Ursprung nach in denselben Zusammenhang wie die im vorhergehenden besprochenen Vorschriften [1]. Es liegt nahe, in dem mit Bändern am Fuß befestigten Schuh bindende, hindernde Kräfte zu vermuten [2]. Auf dasselbe kommt es hinaus, wenn man die Barfüßigkeit als Ersatz für ursprüngliche **Nacktheit** ansieht [3]; denn diese erklärt sich aus der Furcht vor der hemmenden Wirkung des Gewandes [4].

---

adque ibi hercules, ut introeat, nemo se excalciatur. Vgl. Prudent. $\pi.\ \sigma\tau\epsilon\varphi.$ X 154 f. (Festzug zur lavatio des Kultbildes der **Magna Mater** in Rom): *Nudare plantas ante carpentum scio proceres togatos matris Idaeae sacris.* Sueton. div. Aug. 100, 4: *Reliquias* (des Augustus) *legerunt primores equestris ordinis tunicati et discincti pedibusque nudis ac Mausoleo condiderunt.* Verg. Aen. IV 518: (Dido beim magischen Opfer) *Unum* (!) *exuta pedem vinclis.* Vgl. auch u. S. 58 Anm. 2; 61 Anm. 1. — Ueber Entblößung der Füße beim Gebet s. Appel *De Rom. prec.* 203. — Die gleichen **semitischen** Vorstellungen s. Exod. III 5; Jos. V 15; Act. VII 33; Smith, Rel. d. Sem. 118; Marti, Gesch. d. isr. Rel.⁴ 31. — Ueber die Barfüßigkeit der **kimbrischen Priesterinnen** s. P. Herrmann, Deutsche Mythol. (Leipzig 1898) 422. Vgl. auch Sartori, Zeitschr. d. Vereins f. Volkskunde IV (1894) 178: „Den alten Bannforst 'Kammerforst' bei Trier durfte niemand mit 'gesteppten Leimeln' (genagelten Schuhen) betreten: Grimm, D. M.⁴ III 80". **Moderne Parallelen** s. Weinhold, Abh. d. Berl. Ak. 1896, 4 f.; Hepding, Attis, Rel.gesch. Vers. u. Vorarb. I 174 Anm. 3.

[1] Nicht zufällig ist es daher in manchen der angeführten Zeugnisse mit einer oder mehreren dieser Bestimmungen zusammengestellt. — Gruppe, Gr. Mythol. 912 leitet die kultische Barfüßigkeit aus der Entblößung der Füße bei Trauer ab.   [2] S. Böhm *Symb. Pyth.*, Diss. Berl. 1905, 9.

[3] Weinhold, Abh. d. Berl. Ak. d. W. 1896, 5; Dümmler, Philol. LVI 6; Samter, Beitr. z. alt. Gesch. u. gr.-röm. Alt.-Kunde (Festschr. f. Hirschfeld) 244; Nilsson, Gr. Feste 345. Vgl. P. Herrmann, Deutsche Mythol. 422. Über Nacktheit im Kult s. bes. Deubner *De incub.* 24.

[4] S. Kroll, Antik. Abergl. 21. Andere Erklärungen bei Weinhold aaO.: Der Mensch muß sich „der vom Verkehr mit dem Irdischen befleckten Hüllen vor dem Göttlichen entledigen". Vgl. A. Abt, Apol. des Apul. 172 Anm. 1. — Smith, Rel. d. Sem. 116: Die Kleider werden durch den Gebrauch im Kult heilig und können im gewöhnlichen Leben nicht mehr verwendet werden. S. auch Wuttke, Deutsch. Volksabergl.³ 183. W. A. Müller, Nacktheit und Entblößung in der altor. u. ält. gr. Kunst, Diss. Leipz. 1906, 7. Barfüßigkeit und Nacktheit ist auch bei Zaubergebräuchen manchmal üblich. Vgl. das barfüßig das Ungeziefer vertreibende Weib, Plin. n. h. XVII 266; XXVIII 78; Colum. X 358; XI 364; Pallad. I 35, 3. Nacktheit beim Zauber z. B. Plin. XXVI 93; vgl. Deubner *De incub.* 24; Herrmann, Dtsch. Myth. 422; Dümmler, Philol. LIII 206.

§ 3. Geburt

Die Wöchnerin galt als unrein. Sie ist verunreinigt durch die um sie beschäftigten Dämonen. Ihre Fernhaltung bezweckt die von Athen. IX 370 C berichtete athenische Sitte: Ἀθήνῃσι δὲ καὶ ταῖς τετοκυίαις κράμβη παρεσκευάζετο ὥς τι ἀντιφάρμακον εἰς τροφήν[1]. Um das μίασμα zu entfernen, muß sich die Wöchnerin einer Reinigung unterziehen. So ist Rhea nach der Geburt des Zeus reinigungsbedürftig, Callim. h. I v. 15 ff.: Ἔνθα σ᾽ ἐπεὶ μήτηρ μεγάλων ἀπεθήκατο κόλπων, | αὐτίκα δίζητο ῥόον ὕδατος, ᾧ κε τόκοιο | λύματα χυτλώσαιτο, τεὸν δ᾽ ἐνὶ χρῶτα λοέσσαι. Vgl. Paus. VIII 41, 2 vom Lymax bei Phigalia: Γενέσθαι δὲ τοὔνομά φασι τῷ ποταμῷ καθαρσίων τῶν Ῥέας ἕνεκα. ὡς γὰρ δὴ τεκοῦσαν τὸν Δία ἐκάθηραν ἐπὶ ταῖς ὠδῖσιν αἱ Νύμφαι[2], τὰ καθάρματα ἐς τοῦτον ἐμβάλλουσι τὸν ποταμόν· ὠνόμαζον δὲ ἄρα οἱ ἀρχαῖοι αὐτὰ λύματα.

Nur nach erfolgter Reinigung und zwar erst nach Verlauf einer bestimmten Zahl von Tagen darf die Wöchnerin ein Heiligtum betreten, s. u. S. 29 ff.; 33 f. Die Reinigung geschah für gewöhnlich durch Waschen (s. S. 29 ff.; vereinzelt ist auch Salbung mit Öl vorgeschrieben, Ziehen n. 148, s. u. S. 30). Außerdem scheinen nach dem Wochenbett Reinigungsopfer dargebracht worden zu sein. Ein solches sieht Schömann-Lipsius, Gr. Alt.⁴ II 255 mit Recht in dem bei Plut. qu. Rom. 52 erwähnten Brauch: Ἀργείους δὲ Σωκράτης φησὶ τῇ Εἰλιονείᾳ κύνα[3] θύειν διὰ τὴν ῥαστώνην τῆς λοχείας. Vgl. auch Hesych. s. v. Γενετυλλίς· γυναικεῖα θεὸς πεποιημένον τοῦ ὀνόματος παρὰ τὰς γενέσεις, ἐοικυῖα τῇ Ἑκάτῃ. διὸ καὶ ταύτῃ κύνας προετίθεσαν.

---

[1] Vgl. Welcker, Kl. Schr. III 198. Ueber eine ähnliche Verwendung der κράμβη s. Athen IX 370B. Andere zur Abwehr der Dämonen angewandte Mittel s. u. 27 Anm. 3; 28; 31 Anm. 1.

[2] In reinigender Eigenschaft begegnen die Nymphen sonst nicht, dagegen oft als Pflegerinnen von Kindern, s. Gruppe, Gr. Mythol. ind. I s. v. Nymphen S. 1830, 2. Spalte. Vgl. auch Sallust. de diis et mundo IV, Frg. ph. Gr. ed. Mullach III 33: Αἱ δὲ Νύμφαι γενέσεως ἔφοροι.

[3] Hunde werden bei Reinigungen viel verwendet, s. z. B. Nilsson, Gr. F. 405.

Als besonders stark verunreinigend scheint da und dort die **Fehlgeburt** angesehen worden zu sein, was deutlich daraus hervorgeht, daß eine solche Wöchnerin länger als gewöhnlich vom Tempel ausgeschlossen war (s. u. S. 29 ff.). Es erklärt sich dies leicht daraus, daß zu der Befleckung durch die Geburt noch eine solche durch Totes hinzukommt.

Unrein war auch das **neugeborene Kind** und die **bei der Geburt anwesenden Personen** bis zur Reinigung an den ἀμφιδρόμια[1], die einige Tage[2] nach der Geburt gefeiert wurden. Den ausführlichsten Bericht darüber gibt Schol. Plat. Theaet. 160 E: Ἀμφιδρόμια· ἡμέρα πέμπτη τοῖς βρέφεσιν ἐκ γενέσεως, οὕτω κληθεῖσα, παρ' ὅσον ἐν ταύτῃ καθαίρουσι τὰς χεῖρας αἱ συνεφαψάμεναι τῆς μαιώσεως[3], καὶ τὸ βρέφος περὶ τὴν ἑστίαν φέρουσι τρέχουσαι κύκλῳ. In früherer Zeit lief man nackt um den Herd, Hesych. s. v. δρομιάμφιον ἦμαρ· ἀμφιδρόμια· ἔστι δὲ ἡμερῶν ἑπτὰ ἀπὸ τῆς γεννήσεως, ἐν ᾗ τὸ βρέφος

---

[1] Über die Bedeutung der Amphidromien s. bes. E. Samter, Familienf. 61 ff. Iw. v. Müller, Gr. Privatalt.[2] (Handb. d. kl. Altertumswiss. IV 1, 2, München (1893) 160 f.; Reinach *Cultes, mythes et rel.* I 137 ff.; Nilsson, Gr. F. 115 f.; Gruppe, Berl. Phil. Wochenschr. XXVI (1906) 1135 ff.; ders. in Burs. Jahresber. 137 (1908) 343; Deubner in Hastings' *Dictionary of Ethics and Religion* II 648 s. v. *Birth*. — Eine bildliche Darstellung der Amphidromien zeigt vielleicht ein Terrakottenrelief des britischen Museums, Panofka, Bilder antiken Leb., Taf. I 1: „Umlauf mit dem neugeborenen Kinde in einer geflochtenen Korbwiege um den Altar". (*Mais ... on ne voit ni feu ni foyer*, Daremberg-Saglio *Dict.* I 238 s. v. *Amphidromia*.)

[2] Soviel aus den erhaltenen späten Zeugnissen geschlossen werden kann, wurde der Reinigungsakt ursprünglich am 5. Tag vorgenommen (Schol. Plat. Theaet 160 E.; Suid. s. v. ἀμφιδρόμια; Apost. cent. II 56; Par. Gr. ed. Leutsch II 278; Plaut. Trucul. 420 f., wenn die Stelle, wie Marquardt-Mau, Privatl. d. Röm.[2] I 83 Anm. 7 vermutet, griechischen Ritus wiedergibt. Das hier genannte Opfer ist auch bezeugt bei Bekker *Anecd. Gr.* 207, 16 s. v. Ἀμφιδρόμια. Den 5. Tag scheint auch Harpocr. s. v. ἀμφ. im Auge zu haben). Am 7. oder 10. Tag folgte dann die Namengebung (z. B. Harpocr. s. v. ἑβδομευομένον). Später wurden beide Feiern vereinigt und teils am 5., teils am 7. (Hesych. s. v. ἀμφιδρόμια und δρομιάμφιον ἦμαρ), teils am 10. Tag (Schol. Aristoph. Lys. 757) abgehalten. Vgl. Iw. Müller, Gr. Privatalt.[2] 160 f.; Stengel b. Pauly-Wissowa, Realenc. I S. 1901 s. v. Amphidromia.

[3] An den Amphidromien geschieht nach den überlieferten Zeugnissen die zeremonielle Reinigung der συνεφαψάμεναι τῆς μαιώσεως, nicht, wie Stengel, Gr. Kultusalt.[2] 148 annimmt, sogleich nach der Geburt.

βαστάζοντες περὶ τὴν ἑστίαν γυμνοὶ τρέχουσιν[1]. Das reinigende Element ist das Feuer[2]. Auf einen Reinigungsakt ist vielleicht auch die Bemerkung des Ioh. Lyd. de mens. IV 65 (Wünsch) zu beziehen: ... ὅτι μυρσίνη ἐπιτηδεία τοῖς βρέφεσίν ἐστι, ῥώννυσι γὰρ τὰ σώματα τῶν ἀρτιγενῶν. Die ursprüngliche Bedeutung des Brauches ist hier wie in so vielen anderen Fällen vergessen. Über die Reinigung des Kindes im λίκνον s. Samter, Familienf. 99f.; Pringsheim, Eleus. Kult, Diss. Bonn 1905, 36; A. Dieterich, Mutter Erde (Leipz. 1905) 101f.[3].

Dann ist überhaupt alles, was mit der Wöchnerin in Berührung gekommen ist, unrein. Der Brauch, ihre Kleider einer Gottheit zu weihen (der Iphigeneia in Brauron, Eurip. Iph. Taur. 1462ff.; der Artemis Brauronia auf der Akropolis in Athen, IG II 751ff.; vgl. *Anthol. Pal.* VI 270ff.), hat ursprünglich den Zweck, die verunreinigten und dadurch gefährlichen Kleidungsstücke zu beseitigen[4].

Über die bei der Geburt beschäftigten Personen ist schon gesprochen.

Vor der Berührung mit einer Wöchnerin fürchtet sich natürlich ganz besonders der δεισιδαίμων, Theophr. char. XVI § 9: Οὔτ' ἐπὶ λεχὼ ἐλθεῖν ἐθελῆσαι, ἀλλὰ τὸ μὴ μιαίνεσθαι συμφέρον

---

[1] Vgl. Samter, Familienf. 60 und das ob. S. 24 über die Nacktheit Gesagte.

[2] Vgl. Rohde, Ps.⁴ II 72 Anm. 1. — Das Feuer wurde bei der Geburt als Schutz gegen die Dämonen bei vielen Völkern angewandt, s. Oldenberg, Rel. d. Veda 337 f.; Liebrecht, Zur Volkskunde 31; Samter, Neue Jahrb. f. d. klass. Alt. 1905, I 36. — Über den Gebrauch der kathartisch-apotropäischen Fackel bei der Geburt s. Vassits, Die Fackel in Kultus u. Kunst d. Gr., Diss. München 1900, 74. Sichere Zeugnisse für ihre Verwendung sind mir nicht bekannt; s. aber P. Baur, Philol. Suppl. VIII 471 über die Fackel der Eileithyia. (Anders Gruppe, Gr. Mythol. 859 Anm. 3.)

[3] Vgl. auch Deubner in Hastings' *Dict.* aaO. — Über mancherlei Mittel, böse Geister vom Kinde fernzuhalten, s. Iw. Müller, Gr. Privatalt.² 160 Anm. 3. Vgl. Wachsmuth, Das alte Griechenland im neuen (Bonn 1864) 75ff.

[4] Vgl. Gruppe, Gr. Myth. 1272 Anm. 7, und die ähnlichen Gebräuche bei Menstruation und Krankheit, s. u. S. 37; 43. — Daß der Gedanke, daß das betr. Heiligtum dadurch verunreinigt werden könne, dabei nicht zum Ausdruck kommt, darf nicht auffallen; es ist dies eine der häufig begegnenden Inkonsequenzen.

αὐτῷ φῆσαι εἶναι. Vgl. noch die pythagoreische Forderung, Diog. Laert. VIII 33: Τὴν δ' ἁγνείαν εἶναι ... διὰ τοῦ καθαρεύειν ἀπό τε κήδους καὶ λεχοῦς καὶ μιάσματος παντός.

Die Bestimmungen beim Tempeleintritt für solche, die sich durch die Berührung mit einer Wöchnerin verunreinigt haben, s. u. S. 29 ff.

Auch das Haus, in dem sich eine Wöchnerin befindet, ist verunreinigt, und wer es betritt, wird unrein. Schol. Theocr. II 11 erzählt von der von Hera verfolgten Ἄγγελος: Τηνικαῦτα μὲν τὸ πρῶτον εἰς γυναικὸς τετοκυίας οἶκον καταφυγεῖν, ἐκεῖθεν δὲ πρὸς ἄνδρας νεκρὸν φέροντας. ὅθεν τὴν μὲν Ἥραν ἀποστῆναι, τὸν δὲ Δία τοὺς Καβίρους [1] κελεῦσαι ἀναλαβόντας καθᾶραι αὐτήν· ἐκείνους δὲ ἐπὶ τὴν Ἀχερουσίαν λίμνην ἀπαγαγόντας ἁγνίσαι. Ein Wöchnerinnenhaus gilt für der Reinigung bedürftig [2]. Solche kathartische resp. apotropäische (später allerdings als solche nicht mehr erkannte) Gebräuche berichtet Hesych. s. v. στέφανον ἐκφέρειν· ἔθος ἦν, ὁπότε παιδίον ἄρρεν γένοιτο παρὰ Ἀττικοῖς, στέφανον ἐλαίας [3] τιθέναι πρὸ τῶν θυρῶν. ἐπὶ δὲ τῶν θηλειῶν ἔρια [3] διὰ τὴν ταλασίαν. Einen στέφανος πρόσθε τῶν θυρῶν erwähnt auch Ephipp. frg. 3 Kock (b. Athen. IX 370 C) [4]. Ein anderes Mittel bezeugt Phot. s. v. ῥάμνος; er sagt von der πίττα: Ἀμίαντος γὰρ αὕτη· διὸ καὶ ἐν τοῖς γενέσεσι τῶν παιδίων χρίουσι τὰς οἰκίας εἰς ἀπέλασιν τῶν δαιμόνων [5].

---

[1] Bemerkenswert ist, daß hier die Kabiren die Reinigung vornehmen. Dies ist verständlich, wenn man bedenkt, daß gerade im samothrakischen Kult Reinigungen eine große Rolle spielen, s. Roscher, Myth. Lex. II 2531; Gruppe, Gr. Mythol. 230. Vgl. Hesych. s. v. κοίης (s. u. S. 75).

[2] Vgl. Rohde, Ps.⁴ II 72 Anm. 1.

[3] Zur Verwendung der ἐλαία und des ἔριον vgl. Rohde aaO.; Diels, Sib. Bl. 120; Samter, Familienf. 35; 37 ff.; 44; 80 ff.; Abt, Apol. d. Apul. 70 f.

[4] Vgl. den analogen römischen Brauch, Iuven. sat. IX 85 f.: *Foribus suspende coronas:* | *iam pater es.*

[5] Die Wirkung dämonischer Gewalten tritt deutlich auch hervor bei Varr. b. Augustin. de civ. d. VI 9: *Mulieri fetae post partum tres deos custodes commemorat adhiberi, ne Silvanus deus per noctem ingrediatur et vexet.* Vgl. S. 25; 31 Anm. 1. A. Dieterich, Mutter Erde 57; A. Wuttke, Deutsch. Volksabergl.³ 378 f.

Vorschriften für den Besuch der Heiligtümer

Eurip. Iph. Taur. 381 ff. von Artemis: Ἥτις βροτῶν μὲν ἤν τις ἅψηται φόνου | ἢ καὶ λοχείας ἢ νεκροῦ θίγῃ χεροῖν[1], | βωμῶν ἀπείργει, μυσαρὸν ὡς ἡγουμένη.
Der Stoiker Chrysippos tadelt bei Plut. de stoic. repugn. XXII 1044 F: Ὅτι καὶ τὸ μητράσιν ἢ ἀδελφαῖς ἢ θυγατράσιν συγγενέσθαι καὶ τὸ φαγεῖν τι καὶ προελθεῖν ἀπὸ λεχοῦς ἢ θανάτου πρὸς ἱερὸν ἀλόγως διαβέβληται.

Vom Besucher des Tempels der Athena Nikephoros in Pergamon wird verlangt, Dittenberger Syll.[2] n. 566 (2. Jh. v. Chr.), er solle rein den Tempel betreten, (v. 7) ἀπὸ . . . τεκούσης γυναικὸς δευτεραῖος.

Ziehen L. s. n. 117 v. 5 ff., Inschrift aus Eresos auf Lesbos (2. Jh. v. Chr.): [Ἀπὸ δὲ —]άτω ἀμέραις δέκα· αὔταν δὲ [τὰν τετό]κοισαν ἀμέραις τεσσαράκοντα· [ἀπὸ δὲ —]τω ἀμέραις τρεῖς· αὔταν δὲ [τὰν τ]ετόκοισαν ἀμέραις δέκα (sc. λοεσσαμέναν). Paton und Kretschmer denken hier an verschiedene Fristen für Knaben und Mädchen, ähnlich wie in den jüdischen Bestimmungen Lev. XII 2 ff.[2] (bei der Geburt eines Knaben 40 Tage, bei der eines Mädchens 80); *sed et eius modi praecepto angustias lacunae repugnare ipsi concedunt neque omnino in Graeca lege tale discrimen placet.* (Ziehen aaO. 305 Anm. 18.) Immerhin könnte man hierher die Ansicht des Hippokrates über die Lochien ziehen, de nat. pueri, ed. Kühn 392 f.: Καὶ γὰρ ἡ κάθαρσις γίνεται τῇσι γυναιξὶ μετὰ τὸν τόκον ὡς ἐπὶ τὸ πολύ, ἐπὶ μὲν τῇ κούρῃ ἡμέρῃσι τεσσαράκοντα καὶ δύο· οὕτως ἡ χρονιωτάτη τελείη. ... ἐπὶ δὲ τῷ κούρῳ ἡ κάθαρσις γίνεται ἡμέρῃσι τριήκοντα. Doch ist die wahrscheinlichste Deutung die, daß es sich v. 5f. um die Fehlgeburt[3], v. 7f. um die normale Geburt handelt (Ziehen). In beiden Fällen ist unterschieden zwischen der Verunreinigung durch Berührung und der Unreinheit der Wöchnerin selbst.

---

[1] ἢ καὶ bis χεροῖν ist von Badham und Nauck gestrichen; aber s. Schöne-Köchly-Bruhn zu dieser Stelle.

[2] Vgl. Ev. Luc. II 22; E. Nestle, Mittwochsbeilage der 'Deutschen Reichspost' v. 20. Okt. 1909, S. 4, 1. Spalte.   [3] Vgl. ob. S. 26.

Die Frist von 40 Tagen bei der Fehlgeburt findet sich auch in einer Inschrift vom Heiligtum des *Μὴν Τύραννος* bei Sunion, Ziehen *L. s.* n. 49 v. 7 (2. Jh. n. Chr.): Καὶ ἀπὸ φθορᾶς [1] ἡμερῶν τετταράκοντα (sc. λουσαμένους κατακέφαλα).

Ebenso in einer Inschrift aus Lindos, Ziehen *L. s.* n. 148 v. 12 (2. Jh. v. Chr.): Ἀπὸ φθορεί[ων] ἧμε. μ΄ (sc. περιρανα-μένους καὶ πρότερον χρεισαμένους ἐλαίῳ).

Die ägyptische Inschrift vom Asklepiosheiligtum in Ptolemais (Menshieh), E. Miller *Rev. arch.* 1883 II 181 ff.; A. Wilhelm, Arch.-epigr. Mitteil. XX (1897) 83 f., scheint verschiedene Fristen zu bestimmen für die τετοκυῖα καὶ τρέφουσα (v. 6 u. 11) und für den ἐκτρωσμός (v. 5 u. 10), für letzteren anscheinend auch 40 Tage: (v. 10) ἀπ᾽ ἐκτρωσμοῦ μ.

Eine 40 tägige Unreinheit für die Wöchnerin auch nach einer normalen Geburt bezeugt Censor. de die nat. XI 7 [2]: *Quare in Graecia dies habent quadragensimos insignes. Namque praegnans ante diem quadragensimum non prodit in fanum, et post partum quadraginta diebus pleraeque fetae graviores sunt*

---

[1] Über diese Bedeutung von φθορά s. Maass, Orpheus 311 Anm. 37; 267 Anm. 41. Vgl. S. Reinach *Cultes m. et r.* III 272 ff.; S. Wide, Arch. f. Rel.-Wiss. XII (1909) 225 ff.; J. Ilberg ebenda XIII (1910) 1 ff.

[2] So ist diese Stelle, soviel ich sehe, überall, wo sie behandelt ist, aufgefaßt (s. z. B. Iw. Müller, Griech. Privataltert.² 160 Anm. 4): Die Wöchnerin (*praegnans*) ist 40 Tage lang kultisch unrein; der Satz *et post partum — sine periculo sunt* wäre die Erklärung dafür. Immerhin sei aber darauf hingewiesen, daß *praegnans* sonst nur in der Bedeutung 'schwanger' bezeugt ist; die Stelle würde dann besagen: Die Zahl 40 spielt eine besondere Rolle: erstens ist die Frau in den ersten 40 Tagen der Schwangerschaft kultisch unrein; zweitens (*post partum*!) ist die Wöchnerin 40 Tage lang kränklich (Lochien); drittens sind auch die Kinder solange in besonderer Gefahr. Eine Erklärung dafür aber, daß die Schwangere gerade in den ersten 40 Tagen unrein sein soll, kann ich nicht finden. Vgl. auch Wünsch, Jahrb. für klass. Phil. Suppl. XXVII 21, und die folgende Anm. — Erst während der Korrektur kommt mir W. H. Roschers Abhandlung über die Tessarakontaden (Ber. d. sächs. Ges. d. Wiss. phil.-hist. Kl. LXI (1909) 2. Heft) zu Gesicht, wo S. 28 ff. die Censorinusstelle ausführlich behandelt ist. Hier auch der Grund für die Unreinheit während der ersten 40 Tage der Schwangerschaft: weil nach dem Volksglauben „die καθάρσεις der Schwangeren auch nach erfolgter Empfängnis noch 40 Tage lang fortdauern" (Aristot. hist. an. VII 3, 2 S. 583 a 25 ff.).

nec sanguinem interdum continent, et parvoli ferme per hos morbidi sine risu nec sine periculo sunt. Ob quam causam cum is dies praeteriit, diem festum solent agitare, quod tempus appellant τεσσαρακοσταῖον.

Ziehen *L. s.* n. 63 v. 11 f. (3. Jh. v. Chr.), Kult der Despoina in Lykosura: Μηδὲ μύεσθαι κύενσαν [1] μηδὲ θηλαζομέναν.

Vom eleusinischen Kult sagt Porph. de abst. IV 16: Ἐπ᾽ ἴσης μεμίανται τό τε λεχοῦς ἅψασθαι καὶ τὸ θνησειδίων.

Im Kreterfragment des Euripides, Berl. Klass. texte V 2, 77 (Nauck *Tr. Gr. Frg.*[2] n. 472) bekennt der Διὸς Ἰδαίου μύστης καὶ νυκτιπόλου Ζαγρέως βούτης: φεύγω γένεσίν τε βροτῶν κτλ.

Nach dem bisher Gesagten ist es selbstverständlich, daß ein Heiligtum durch eine in ihm stattfindende Geburt verunreinigt wird.

Eine Inschrift von der Akropolis in Athen gibt ein diesbezügliches Gesetz, *Eph. arch.* 1884, 167/8 v. 10 f.: Ἐπεὶ

---

[1] Auch die Schwangere ist unrein, weil sie von bösen Dämonen umgeben ist. So ist Eurip. Iph. Taur. 1226 ff. zu verstehen: Ἐκποδὼν δ᾽ αὐδῶ πολίταις τοῦδ᾽ ἔχειν μιάσματος, | εἴ τις ... τόκοις βαρύνεται: Die Frau ist während der Schwangerschaft ganz besonders leicht schädlichen dämonischen Einflüssen ausgesetzt. Vgl. die attische Bestimmung in Betreff der Teilnahme der Frauen am Begräbnis, s. S. 50 Anm. 4. Vielleicht kann auch aus Callim. h. in Dem. 130 ff. geschlossen werden, daß Schwangere an den Demetermysterien in Alexandreia nicht teilnehmen durften, vgl. Nilsson, Gr. F. 351; s. auch Ovid. fast. II 173 (Entdeckung der Schwangerschaft der Callisto): *Cui dea 'virgineos, periura Lycaoni, coetus | desere, nec castas pollue' dixit 'aquas'.* E. Fehrle macht mich auf die vielfach vor der Stadt angelegten Eileithyiaheiligtümer aufmerksam, „deren Lage darauf berechnet war, daß der tägliche Besuch den schwangeren Frauen eine heilsame Bewegung sei" (E. Curtius, Gesammelte Abhandlungen I (Berlin 1894) 41). Fehrle vermutet wohl mit Recht, daß der wahre Grund in der Unreinheit der Schwangeren zu suchen sei. — Daß die Dämonen bei einer Schwangeren in besonders hohem Grade tätig sind, ist ein weit verbreiteter Glaube, s. Ploss-Bartels, Das Weib[6] I 685 ff.; Wuttke, Deutsch. Volksabergl.[3] 376 f. Vgl. z. B. einen unedierten Zauberbrief aus Nattheim in Württemberg (im Besitz von Professor Bohnenberger in Tübingen): „Geschriben d. 6. Novb. 1826 von Baltser Widemann, Webermeister in Nattheim. . . . Ingleichen so eine schwangere Frau disen Brif bei sich trägt kan weder ihr noch ihrer Frucht eine Zauberrey noch Gespinst schaden."

δὲ πάτριόν ἐστιν ἐν μηδενὶ τῶν τεμενῶν μήτ' ἐντίκτειν μήτ' ἐναποθ[νήσκειν].

Aristoph. ran. 1078 ff. tadelt den Euripides: Ποίων δὲ κακῶν οὐκ αἴτιός ἐστ'; | οὐ προαγωγοὺς κατέδειξ' οὗτος | καὶ τικτούσας ἐν τοῖς ἱεροῖς κτλ.; Das bezieht sich auf die Auge des Euripides, frg. 266: Auge hat als Priesterin der Athena in deren Tempel einen Sohn geboren und macht nun der darob erzürnten Göttin Vorwürfe: Σκῦλα μὲν βροτοφθόρα | χαίρεις ὁρῶσα καὶ νεκρῶν ἐρείπια, | κοὐ μυσαρά σοι ταῦτ' ἐστίν· εἰ δ' ἐγὼ 'τεκον, | δεινὸν τόδ' ἡγῇ;

Auf der der Athena geweihten Akropolis in Athen durfte keine Geburt stattfinden: in der Lysistrate des Aristophanes schützt eine Frau, um die Akropolis verlassen zu können, vor, sie sei schwanger, v. 742 f.: Ὦ πότνι' Εἰλείθυι', ἐπίσχες τοῦ τόκου, | ἕως ἂν εἰς ὅσιον μόλω 'γὼ χωρίον. Schol. v. 743: Ἕως ἂν εἰς ὅσιον· ἀντὶ τοῦ εἰς βέβηλον καὶ μὴ ἱερόν, ἀλλ' ὅσιον εἰς τοκετόν. Ἐπειδὴ ἐν τῇ ἀκροπόλει ἦσαν.

Von dem ἱερὸν ἄλσος τοῦ Ἀσκληπιοῦ in Epidauros berichtet Paus. II 27, 1: Οὐδὲ ἀποθνήσκουσιν ἄνθρωποι οὐδὲ τίκτουσιν αἱ γυναῖκές σφισιν ἐντὸς τοῦ περιβόλου, καθὰ καὶ ἐπὶ Δήλῳ τῇ νήσῳ τὸν αὐτὸν νόμον. Und II 27, 6: Ὁ δὲ (sc. Ἀντωνῖνος ἀνὴρ τῆς συγκλήτου βουλῆς) καὶ ταῦτα ἐπανορθούμενος κατεσκευάσατο οἴκησιν· ἐνταῦθα ἤδη καὶ ἀποθανεῖν ἀνθρώπῳ καὶ τεκεῖν γυναικὶ ὅσιον [1].

Dieselben Bestimmungen galten in Delos für die ganze dem Apollon heilige Insel, Thuc. III 104, 1: Μήτε ἐναποθνήσκειν ἐν τῇ νήσῳ μήτε ἐντίκτειν, ἀλλ' ἐς τὴν Ῥήνειαν διακομίζεσθαι [2]. Ähnl. b. Diod. XII 58, 7; Plut. ap. Lacon. 230 C; Paus. II 27, 1 (s. oben).

Vgl. noch die pythagoreische Bestimmung, Jambl. v. P. 153: Μὴ τίκτειν ἐν ἱερῷ [3].

---

[1] Vgl. die Wöchnerinnenhütten der alten Inder (Oldenberg, Rel. d. Veda 337) und Japaner (Chantepie de la Saussaye, Relgesch.² I 87). Noch heute sind solche im Gebrauch in Hindostan (Ploss, Das Kind² I 56) und anderwärts, besonders bei den Naturvölkern (Ploss-Bartels, Das Weib⁶ II 45 ff.)

[2] Auf Rheneia sind die für's Gebären und Sterben eingerichteten Wohnungen von Stauropulos ausgegraben worden.

[3] Vgl. den Bericht Strabons (IV 4, 6 198 Cas.) über die druidischen

Vorschriften für Priester gibt eine den Demeterdienst betreffende koische Inschrift (3. Jh. v. Chr.), Herzog, Arch. f. Rel.-Wiss. X (1907) 400 ff., A v. 23 f. u. 38 f.: *Μη[δὲ ἐς οἰκίαν ἐσέρπεν ἐν ἇι] κα γυνὰ τέκηι ἢ ἐκτρῶι ἀμερᾶν τριῶν ἀφ' ἇς κ[α ἀμέρας τέκηι ἢ ἐκτρῶι]*. Bemerkenswert ist hier die für Geburt und Fehlgeburt gleich angesetzte kurze Frist von 3 Tagen [1]. Für den Fall, daß die Priesterin das Verbot übertritt, ist eine Reinigung vorgesehen, v. 30 u. 43 f.: *Ἀπὸ χρυσίου καὶ προσπερμεία[ς καθαρθήτω καὶ περιρανθήτω]*. Sie reinigt sich mit Wasser aus einem goldenen Gefäß und durch Bestreuen mit Körnern [2]. Ähnliche Bestimmungen für Priester über das Betreten von Wöchnerinnenhäusern dürfen wir wohl als überall bestehend annehmen.

Die Dauer der Unreinheit der Wöchnerin nach einer normalen Geburt betrug nach der Angabe des Censorinus (s. ob. S. 30) 40 Tage. Ein zweiter griechischer Beleg dafür ist zwar nicht vorhanden. Die Frist von 40 Tagen findet

---

Bewohnerinnen einer bei der Mündung der Loire gelegenen, dem 'Dionysos' heiligen Insel, wonach diese nur auf Schiffen mit Männern verkehren durften, um die Insel nicht zu verunreinigen; es ist anzunehmen, daß aus demselben Grunde auf ihr auch keine Geburt stattfinden durfte; denn noch im 14. Jahrhundert durften die Frauen auf den dort gelegenen Inseln nicht gebären, sondern mußten zu diesem Zweck auf das Festland oder auf ein Schiff gehen, s. Ploss-Bartels, Weib[6] II 12.

[1] Doch muß nicht notwendig daraus geschlossen werden, daß die Wöchnerin selbst nur 3 Tage lang als unrein angesehen wurde. (Es ist aber auch eine Ergänzung in dem Sinne möglich, daß die Priesterin das Haus erst am 4. Tag, nachdem die Wöchnerin rein geworden ist, betreten darf.)

[2] Vgl. Herzog aaO. 409 f. Zur Verwendung des Goldes bei Reinigungen s. Jambl. v. P. 153: *Ἢ χρυσῷ ἢ θαλάττῃ περιρραίνεσθαι* (s. S. 72). Eurip. Ion 146 ff. (Reinigung des Tempels): *Χρυσέων δ' ἐκ τευχέων ῥίψω | γαίας παγάν, ἂν ἀποχέονται | Κασταλίας δῖναι, | νοτερὸν ὕδωρ βάλλων*. Vgl. auch das *χρυσήλατον φάσγανον* bei der Opferung der Iphigeneia, Eurip. Iph. Aul. 1565 ff. Plin. XXXIII 84 nennt das Gold als Mittel gegen böse Dämonen: *Aurum pluribus modis pollet in remediis, volneratisque et infantibus adplicatur, ut minus noceant quae inferantur veneficia*. Vgl. M. Siebourg, Bonner Jahrbücher 103, 129 ff. und Tambornino *De ant. daem.* Relgesch. Vers. u. Vorarb. VII 3, 84. — Zum Bestreuen mit Körnern vgl. ob. S. 13 und bes. Ziehen, Hermes XXXVII 391; ders. in Burs. Jahresber. 140 (1908) 48 ff.

sich sonst nur für die Fehlgeburt (in den vier ob. S. 29 f. genannten Inschriften von Sunion, Lindos, Eresos und Menshieh), woraus für die normale Geburt eine kleinere Frist geschlossen werden muß[1], etwa von 10 Tagen[2], wie in der Inschrift von Eresos. Trotzdem war aber wohl das Ursprüngliche und Regelmäßige doch die 40 tägige Unreinheit[3]. Erst mit dem Verschwinden des äußerlichen Zeichens der Unreinheit, der Lochien, wird die Wöchnerin rein, und diese Periode bemißt das Volk im allgemeinen auf 6 Wochen[4]. Noch im heutigen Griechenland darf die Wöchnerin erst 40 Tage nach der Geburt die Kirche betreten, s. Wachsmuth, Das alte Griechenland im neuen 73 f. Als „Mittelglied in der Kette dieser Tradition" führt Wachsmuth aaO. die 17. Novelle des Kaisers Leo an, *Ius Graeco-Roman.* ed. Zachariä III 89: Περὶ τῶν τεκουσῶν γυναικῶν, πότε λαμβάνει τῶν θείων μυστηρίων καὶ πότε τὰ βρέφη βαπτίζονται ἄχρι τῶν μ' ἡμερῶν, χωρὶς ἀνάγκης.

Die Dauer der durch B e r ü h r u n g verursachten Unreinheit war an den einzelnen Orten verschieden; δευτεραῖος betritt der Verunreinigte den Tempel der Athena in Pergamon, Dittenberger *Syll.*[2] n. 566 v. 7 (s. ob. S. 29). 3 bzw. 10 Tage schreibt das Gesetz von Eresos vor, Ziehen *L. s.* n. 117 v. 7 (s. ob. S. 29). Über die bei der Geburt anwesenden Personen s. ob. S. 26.

Ähnliche Anschauungen über die U n r e i n h e i t d e r G e b u r t galten wohl bei allen V ö l k e r n des Altertums.

---

[1] Verschiedene Berechnung bei Geburt und Fehlgeburt findet sich auch sonst; so betragen z. B. bei den Persern die Fristen für normale Geburt 3 Tage, für die Fehlgeburt 41, s. Ploss, Das Kind[2] I 54.

[2] 10 Tage waren auch bei den alten Indern festgesetzt, Oldenberg, Rel. d. Veda 131. — Aus Eurip. El. 654 u. 1124 ff. eine 10 tägige Dauer der Unreinheit der Wöchnerin zu schließen (Preuner, Hestia-Vesta 58; Iw. Müller, Gr. Privatalt.[2] 160 Anm. 4), ist nicht angängig.

[3] Iw. Müller aaO. vermutet nach Wachsmuth, Das alte Griechenland im neuen 74, die 40 tägige Unreinheit sei erst in hellenistischer Zeit aus den israelitischen Reinheitsvorschriften übernommen worden.

[4] S. Schömann-Lipsius, Gr. Alt.[4] II 373; Ploss, Das Kind[2] I 50 ff. Die Gültigkeit der 40 tägigen Frist (nach normaler Geburt) ist für viele Völker nachgewiesen von Ploss aaO. Vgl. B. Stern, Medizin, Aberglaube u. Geschlechtsleben in d. Türkei II 311 ff., und ob. S. 29.

Über die **römischen** Bräuche s. Preuner, Hestia-Vesta 61 f.; Marquardt-Mau, Privatl. d. R.[2] I 83; Wissowa, Rel. d. R. 329; Samter, Familienf. 62. Vgl. ob. S. 28 Anm. 4 u. 5; 31 Anm. 1.

Die **jüdischen** Vorschriften, Lev. XII 2ff., s. ob. S. 29. Vgl. E. Schürer, Gesch. d. jüd. Volkes[3] (Leipz. 1898) 273 Anm. 56; L. Katzenelson, Monatsschr. f. Gesch. u. Wiss. d. Judent. 1899, 104.

Eine **arabische** Inschrift veröffentlicht D. H. Müller, Südar. Altert. (Wien 1899) 21: „... gelobte dies dem Du-Samavi dafür, daß er ... mit Wöchnerinnen Umgang pflegte im Zustande der Unreinheit und zurückkehrte in seinen Kleidern im Zustande der Unreinheit usw."

Inder: Oldenberg, Relig. d. Veda 414; 419; Orelli, Relgesch. 437. Vgl. ob. S. 32 Anm. 1.

Perser: W. Geiger, Ostiran. Kultur im Altertum 236 f.; 259; B. W. Leist, Altarisches Ius Civile I (Jena 1892) 55; Chantepie de la Saussaye, Relgesch.[3] II 210; Orelli, Relgesch. 556 f. Vgl. ob. S. 34 Anm. 1.

Ein Reinigungsakt ist auch die Wasserbegießung des neugeborenen Kindes bei den **Germanen**, s. Weinhold, Altnord. Leben 262; Grundr. d. germ. Phil.[2] III 414. (Ebenso bei den **Japanern** s. K. F. Neumann b. Ersch u. Gruber, Allg. Enz. d. Wiss. u. Künste II 14, 376 s. v. 'Japan').

Für die **Kelten** vgl. den 32 Anm. 3 erwähnten Brauch.

Die Reste dieser alten Anschauungen leben fort im **heutigen** Volksglauben und sind jetzt noch bei fast allen wilden und halbkultivierten Völkern zu finden. Tylor, Anf. d. Kultur II 196; 431 ff.; Wachsmuth, Das alte Griech. im neuen 70 ff.; Ploss, Das Kind[2] I 50 ff.; Ploss-Bartels, Das Weib[6] I 697; II 10; Wuttke, Deutsch. Volksabergl.[3] 376 ff.; M. Hippe, Mitteil. der schles. Gesellsch. f. Volkskunde VII (1905) Heft XIII 101 ff.; B. Kahle a. gleichen O. Heft XIV 59 f.; Frazer *The gold. bough*[2] I 343; Smith, Rel. d. Sem. 112; Stern, Medizin, Abergl. u. Geschlechtsl. II 310 ff.; A. v. Gennep *Tabou et totémisme à Madagascar* 175 ff.; Jakob Spieth, Die Ewe-Stämme (Berlin 1906) 199; O. Stoll, Das Geschlechtsleben in der Völkerpsychologie (Leipz. 1908) 835 ff. Vgl. ob. S. 31 Anm. 1; 32 Anm. 1.

Instruktiv ist auch A. J. Binterim, Die vorzüglichsten Denkwürdigkeiten der christkatholischen Kirche VI 2 (Mainz 1830) 183 ff.: „Von dem Aussegnungsritus der Kindbetterinnen".

§ 4. Menstruation

Es ist auffallend, daß die Unreinheit der Menstruierenden in den erhaltenen griechischen Kultvorschriften fast nie erwähnt ist. Nur ganz vereinzelt sind solche Bestimmungen überliefert: Einmal in einer Inschrift von Sunion aus dem zweiten nachchristlichen Jahrhundert, die den ursprünglich asiatischen Kult des Men betrifft, Ziehen *L. s.* n. 49 v. 5f.: *Καὶ ἐκ τῶν γυναικέων διὰ ἑπτὰ ἡμερῶν λουσαμένην κ[ατα]κέφαλα εἰσπορεύεσθαι αὐθημερόν*. Ähnlich ist die Bestimmung einer Inschrift vom Asklepiostempel in Ptolemais (Menshieh) in Ägypten, hrsgeg. v. E. Miller *Rev. arch.* 1883, II 181 ff., nach der richtigen Erklärung von Ad. Wilhelm, Arch.-ep. Mitteil. XX (1897) 83 f.: *Τοὺς δὲ εἰσιόντας εἰς τ[ὸ ἱερὸν] ἁγνεύειν κατὰ ὑποκ[είμενα]* . . . (v. 13) *ἀπὸ [κ]αταμηνίων ζ'*. In beiden Fällen ist die Frist auf 7 Tage festgesetzt. Vgl. Phil. Iud. de opif. mundi 124 (41 ed. Mangey): *Πάλιν δ' αὖ γυναιξὶν ἡ φορὰ τῶν καταμηνίων εἰς ἑπτὰ τὰς πλείστας ἡμέρας χορηγεῖται*. Ders. leg. alleg. I 13 (I 4 ed. Mang.): *Καὶ γυναιξὶ δὲ αἱ καταμήνιοι καθάρσεις ἄχρι ἑβδομάδος παρατείνουσιν*[1]. Abgesehen von diesen 2 Vorschriften begegnet die Ansicht von der Unreinheit der Menstruation nur noch in einer Stelle des Porph. (de abst. II 50): *Εἰ δὲ οἱ τῶν τῇδε ἱερεῖς καὶ ἱεροσκόποι καὶ τάφων ἀπέχεσθαι κελεύουσιν ἑαυτοῖς τε καὶ τοῖς ἄλλοις, καὶ ἀνδρῶν ἀνοσίων καὶ ἐμμήνων καὶ συνουσιῶν κτλ.*[2]

In allen diesen Fällen ist außergriechischer Einfluß denkbar, und es ist möglich, daß im öffentlichen Kult der klassischen

---

[1] Vgl. auch Macrob. comm. in somn. Scip. I 6, 62 von der Zahl 7: *Nam ut illud taceamus, quod uterum nulla vi seminis occupatum hoc dierum numero natura constituit velut decreto exonerandae mulieris vectigali mense redeunte purgari.*

[2] Vgl. auch Plin. n. h. XI 44: *Inprimis ergo praecipitur, lauti ut purique eximant mella, et furem mulierumque menses odere* (die Bienen).

Zeit besondere ἁγνεῖαι von den Menstruierenden nicht zu beobachten waren.

Der weit verbreitete Glaube aber, daß mit dem menstruierenden Weib, ganz besonders bei der ersten Menstruation[1], schädliche dämonische Mächte in Verbindung treten[2], ist in einigen Gebräuchen deutlich erkennbar. So ist Hesiod. op. 753 ff. zu verstehen: Μηδὲ γυναικείῳ λουτρῷ χρόα φαιδρύνεσθαι ἀνέρα· λευγαλέη γὰρ ἐπὶ χρόνον ἔστ' ἐπὶ καὶ τῷ ποινή. Vgl. Procl. zu dieser Stelle: Μὴ δεῖν συναπογυμνοῦσθαι ταῖς γυναιξὶ τοὺς ἄνδρας· πρὸς γὰρ τῷ ἀσχήμονι καὶ ἀπορροιαί τινες ἐκ τῶν γυναικείων σωμάτων καὶ περιττωμάτων χωροῦσιν, ὧν ἀναπίμπλασθαι τοὺς ἄνδρας μολυσματῶδές ἐστι[3]. Vielleicht ist von hier aus auch die Kanephorie der attischen Mädchen zu erklären, die nach der ersten Menstruation „jenes mit geheimer Wirkungskraft erfüllte παρθένου ῥάκος τὸ πρῶτον der Artemis zutrugen"[4]: wie bei den ähnlichen Gebräuchen nach Geburt (s. ob. S. 27) und Krankheit (s. S. 43) sollte die von dem 'verunreinigten' Kleidungsstück ausgehende Gefahr beseitigt werden.

Der Glaube von der Schädlichkeit der Menstruierenden für die mit ihr in Berührung Gekommenen wird dann auch auf andere Gebiete ausgedehnt. Geop. XII 20, 5: Γυνὴ ἔμμηνος μὴ εἰσιέτω εἰς σικυήλατα. μαραίνει γὰρ τοὺς καρποὺς καὶ τὰ φυόμενα πικρὰ ἔσται. Geop. XII 25, 2: Φυλάττεσθαι δὲ χρή, γυναῖκα μεμιασμένην μὴ προσιέναι τούτῳ (sc. τῷ πηγάνῳ) ἢ ὅλως ἅψασθαι. εὐθὺς γὰρ αὐτὸ φθείρει[5].

---

[1] Die zum erstenmal Menstruierenden gelten vielfach für besonders unrein, Ploss-Bartels, Weib[6] I 355. Vgl. Plin. n. h. XVII 266 (s. ob. S. 22 Anm. 1) und Colum. de re rust. XI 3, 64 mit den Konjekturen von Casp. Barth (zu Stat. Theb. VI 217); Smith, Rel. d. Sem. 113 Anm. 165.

[2] Vgl. Ploss-Bartels aaO. I 386; Smith, Rel. d. Sem. 113.

[3] Vgl. Sikes *Class. Rev.* VII (1893) 394. *CIL* VI n. 579, Inschrift aus Rom (3. Jh. n. Chr.): *Imperio Silvani. ni qua mulier velit in piscina virili descendere. si minus, ipsa de se queretur. hoc enim signum sanctum est.*

[4] A. Mommsen, Philol. LVIII (1899) 345 f., mit der Begründung: „So ihr Geschlechtsleben der Göttin unterstellend."

[5] Plin. n. h. VII § 64: *Sed nihil facile reperiatur mulierum profluvio magis monstrificum . acescunt superventu musta, sterilescunt tactae fruges, moriuntur insita, exuruntur hortorum germina.* Vgl. Höfler, Volksmed. Organotherapie 20; O. Stoll, Geschlechtsleben 853 ff.

Hierher gehört auch die Benutzung der der Menstruation innewohnenden gefährlichen Kraft bei Zaubergebräuchen: gegen Sturm- und Hagelwetter: Plut. qu. conv. VII 2, 2 S. 700 f.; Geopon. I 15; Plin. n. h. XXVIII § 77; gegen Raupen, Würmer u. ä.: Aelian. de nat. an. VI 36; Geop. XII 8, 5 f.; Plin. XVII § 266; XXVIII § 78; Colum. de re rust. X 357 ff.; XI 3, 64; Pall. Rut. I 35, 3[1].

Bei vielen Völkern des Altertums findet sich der Glaube von der Unreinheit der Menstruation.

Bei den Juden war die Menstruierende 14. Tage unrein, Lev. XV v. 19 ff.; Katzenelson, Monatsschr. f. Gesch. u. Wiss. d. Jud. 1899 104 f. Vgl. Mischnah VI 1, 1; VI 6, 7; Schürer, Gesch. d. jüd. Volkes[3] II 273 Anm. 56.

Über die Araber s. Smith, Rel. d. Sem. 113 f. Vgl. D. H. Müller, Südarab. Altert. 21 n. 6: „... gelobte dies dem Du-Samavi dafür, daß er ... liebkoste eine Menstruierende und daß er ... berührte menstruierende Weiber, ohne sich zu waschen", und 24 n. 7: „... gelobte dem Du-Samavi ... dafür, daß ihr genaht war ein Mann am 3. Tag des Pilgerfestes, während sie menstruierend war, und er entfernte sich, ohne sich zu waschen".

Inder: Oldenberg, Rel. d. Veda 419; Ploss-Bartels, Das Weib[6] I 371.

Perser: Geiger, Ostir. Kultur 259 f.; Leist, Altar. Ius Civ. I 55; Orelli, Relgesch. 557; Ploss-Bartels, Weib[6] I 371; 386.

Vielfach wurden die Menstruierenden streng abgesondert, Ploss-Bartels aaO. I 368 ff.; Chantepie de la Saussaye, Relgesch.[2] I 87.

Auch jetzt noch, besonders bei den Naturvölkern, wird die Menstruierende vielfach für unrein angesehen, Wuttke, Deutsch. Volksabergl.[3] 133; 345; 366; 368; Ploss-Bartels aaO. I 355 ff.; 373 ff.; Stern, Med., Abergl. u. Geschlechtsl. in d. Türk. II 145 ff.; A. v. Gennep *Tabou et totém*. 159; J. Spieth, Die Ewe-Stämme 192; O. Stoll, Geschlechtsleben 835 ff. Vgl.

---

[1] Vgl. Schömann-Lipsius, Gr. Alt.[4] II 356; Gruppe, Gr. Mythol. 896 Anm. 1; O. Stoll, Geschlechtsleben 853 ff.

auch Binterim, Die vorzüglichsten Denkwürdigkeiten der christkatholischen Kirche VI 2, 184 f.; K. Böckenhoff, Das apostolische Speisegesetz (Paderborn 1903) 63; 79.

§ 5. Krankheit [1]

Besonders deutlich tritt der ursprüngliche Zweck der Reinigung bei der κάθαρσις in Krankheitsfällen zutage: durch die Reinigung sollen die bösen Dämonen beseitigt werden; sie sind die eigentliche Ursache der Krankheit [2]. Zuweilen treten neben ihnen auch die Götter als Sender der Krankheiten auf.

Hom. Od. ε 394 ff.: Ὡς δ' ὅτ' ἂν ἀσπάσιος βίοτος παίδεσσι φανήῃ | πατρός, ὃς ἐν νούσῳ κῆται κρατέρ' ἄλγεα πάσχων, | δηρὸν τηκόμενος, στυγερὸς δέ οἱ ἔχραε δαίμων.

Hom. Il. A 313 f. (nach der Pest): Λαοὺς δ' Ἀτρείδης ἀπολυμαίνεσθαι ἄνωγεν. | οἱ δ' ἀπελυμαίνοντο καὶ εἰς ἅλα λύματ' ἔβαλλον.

Herond. IV 17 'wischt' Asklepios die Krankheit 'weg' [3]: ... νούσων ..., τὰς ἀπέψησας ἐπ' ἠπίας σὺ χεῖρας, ὦ ἄναξ, τείνας.

Paus. V 5, 11: Ἔστι δὲ ἐν τῷ Σαμικῷ σπήλαιον οὐκ ἄποθεν τοῦ ποταμοῦ, καλούμενον Ἀνιγρίδων νυμφῶν. ὃς δ' ἂν ἔχων ἀλφὸν ἢ λεύκην ἐς αὐτὸ ἐσέλθῃ, πρῶτα μὲν ταῖς νύμφαις εὔξασθαι καθέστηκεν αὐτῷ καὶ ὑποσχέσθαι θυσίαν ὁποίαν δή τινα· μετὰ δὲ ἀποσμήχει τὰ νοσοῦντα τοῦ σώματος· διανηξάμενος δὲ τὸν ποταμὸν ὄνειδος μὲν ἐκεῖνο κατέλιπεν ἐν τῷ ὕδατι αὐτοῦ, ὁ δὲ ὑγιής τε ἄνεισι καὶ ὁμόχρως.

Apollonios von Tyana 'reinigt' die Epheser dadurch von einer Pest, daß er sie den Dämon, von dem die Krankheit ausging, steinigen hieß, Philostr. v. Ap. IV 10 f.

---

[1] Vgl. Schömann-Lipsius, Gr. Alt.⁴ 371 f.; Rohde, Ps.⁴ II 70 f.; 76 f.; Nilsson, Gr. F. 98.

[2] Vgl. z. B. Schwally, Sem. Kriegsaltert. 98, und bes. A. Abt, Die Apol. des Apul. 187; 199; 202; R. Wünsch, Arch. f. Rel.-Wiss. XII (1909) 29.

[3] Vgl. R. Wünsch, Arch. f. Rel.-Wiss. VII (1904) 106; O. Weinreich, Antike Heilungswunder, Relgesch. Vers. u. Vorarb. VIII 1, 31.

In Athen geschah in alter Zeit die Reinigung bei λοιμικαὶ νόσοι durch Tötung von zwei φαρμακοί[1], Hellad. b. Phot. bibl. 534a Zeile 2ff. Vgl. Schol. Aristoph. Plut. 454: Καθάρματα ἐλέγοντο οἱ ἐπὶ καθάρσει λοιμοῦ τινος ἤ τινος ἑτέρας νόσου θυόμενοι τοῖς θεοῖς. τουτὶ δὲ τὸ ἔθος καὶ παρὰ Ῥωμαίοις ἐπεκράτησε. λέγεται δὲ καὶ καθαρισμός.

Clem. Al. strom. V c. 8 p. 243 Sylb.: Ἀπολλόδωρος δ' ὁ Κερκυραῖος τοὺς στίχους τούσδε ὑπὸ Βράγχου ἀναφωνηθῆναι τοῦ μάντεως λέγει Μιλησίους καθαίροντος ἀπὸ λοιμοῦ[2]. ὁ μὲν γὰρ ἐπιρραίνων τὸ πλῆθος δάφνης κλάδοις προκατήρχετο τοῦ ὕμνου ὧδέ πως κτλ.

Plut. qu. Gr. 12: Bei einer Epidemie in Delphi μεμιγμένην τινὰ καθαρμῷ θυσίαν ἀπετέλεσαν, auf den Rat des delphischen Orakels.

Um ein Reinigungsopfer handelt es sich vermutlich auch bei Paus. X 11, 5: Κλεωναῖοι δὲ ἐπιέσθησαν μὲν ... ὑπὸ νόσου τῆς λοιμώδους, κατὰ δὲ μάντευμα ἐκ Δελφῶν ἔθυσαν τράγον ἀνίσχοντι ἔτι τῷ ἡλίῳ, καὶ — εὕραντο γὰρ λύσιν τοῦ κακοῦ — τράγον χαλκοῦν ἀποπέμπουσι τῷ Ἀπόλλωνι.

Plotin. XXX 14 Kh. von den Gnostikern: ... καθαίρεσθαι δὲ νόσων ... ὑποστησάμενοι τὰς νόσους δαιμόνια εἶναι, καὶ ταῦτα ἐξαιρεῖν λόγῳ φάσκοντες δύνασθαι (durch Besprechen).

So führen auch die μάγοι τε καὶ καθαρταὶ καὶ ἀγύρται καὶ ἀλαζόνες (Hipp. de morbo sacro 588 Kühn) die Epilepsie auf τὸ θεῖον καὶ τὸ δαιμόνιον zurück (591 K.) und heilen sie durch καθαρμοί und ἐπαοιδοί (588f.; 591; 593; 615). Plut. ap. Lacon. 223 E. vom König Kleomenes von Sparta: Ἑλκυσθεὶς δὲ νόσῳ μακρᾷ, ἐπεὶ καθαρταῖς καὶ μάντεσι προσεῖχε τὸ πρὶν οὐ προσέχων κτλ.

Vgl. noch Plat. Phädr. 244 DE.: ἀλλὰ μὴν νόσων γε καὶ πόνων τῶν μεγίστων, ἃ δὴ παλαιῶν ἐκ μηνιμάτων ποθὲν ἔν τισι τῶν γενῶν ἦν, μανία ἐγγενομένη καὶ προφητεύσασα οἷς ἔδει

---

[1] Über die Pharmakoi s. bes. Rohde, Ps.⁴ II 78 Anm. 2; Paton Rev. arch. 1907 IX 51ff.; Reinach Cultes m. et rel. III 117; W. Schmidt, Geburtst. im Altert. 90f.

[2] Vgl. die Reinigung Athens durch Epimenides s. u. S. 73. Ähnlich haben wir uns die Tätigkeit der Katharten Akron und Empedokles vorzustellen, vgl. die betreffenden Artikel bei Pauly-Wissowa.

ἀπαλλαγὴν εὕρετο, καταφυγοῦσα πρὸς θεῶν εὐχάς τε καὶ λατρείας, ὅθεν δὴ καθαρμῶν τε καὶ τελετῶν τυχοῦσα ἐξάντη ἐποίησε τὸν ἑαυτῆς ἔχοντα πρός τε τὸν παρόντα καὶ τὸν ἔπειτα χρόνον, λύσιν τῷ ὀρθῶς μανέντι τε καὶ κατασχομένῳ τῶν παρόντων κακῶν εὑρομένη [1].

Vor allem sah man im Wahnsinn die Einwirkung feindlicher Gewalten [2], die Reinigungen erfordert.

Hesych. s. v. ἀκάθαρτον· μανιῶδες. Ἀχαιὸς Οἰδίποδι (Nauck TGF² 754, Ach. Frg. 30).

Plat. leg. IX 854 ABC: Wenn jemand Versuchung zum Tempelraub in sich fühlt, so halte er dies für eine Anwandlung von Wahnsinn, und man rate ihm: Ἴθι ἐπὶ τὰς ἀποδιοπομπήσεις, ἴθι ἐπὶ θεῶν ἀποτροπαίων ἱκέτης.

Soph. Ai. 654 ff.: Aias, nachdem er im Wahnsinn die Herden gemordet: ἀλλ᾽ εἶμι πρός τε λουτρὰ καὶ παρακτίους | λειμῶνας ὡς ἂν λύμαθ᾽ ἁγνίσας ἐμὰ | μῆνιν βαρεῖαν ἐξαλύξωμαι θεᾶς.

Apollod. bibl. III 5, 1 § 33: Διόνυσος . . . Ἥρας μανίαν αὐτῷ ἐμβαλούσης περιπλανᾶται Αἴγυπτον τε καὶ Συρίαν . . .

---

[1] Für römischen Gebrauch vgl. Horat. sat. II 3, v. 288 ff.: *Iuppiter, ingentis qui das adimisque dolores,* | *mater ait pueri mensis iam quinque cubantis,* | *frigida si puerum quartana reliquerit, illo* | *mane die quo tu indicis ieiunia nudus* | *in Tiberi stabit.* Über Reinigung von Krankheit bei den Indern s. Oldenberg, Rel. d. Veda 325. In Polynesien war der Kranke als von einem Dämon besessen tabu, Orelli, Relgesch. 830. S. auch J. Spieth, Die Ewe-Stämme 255. Über die Unreinheit des Aussätzigen bei den Juden s. Levit. 14; Smith, Rel. d. Sem. 113; 166 Anm. 322; 259 Anm. 576; 265 f. Vgl. Herod. I 138 von den Persern: Ὃς ἂν δὲ τῶν ἀστῶν λέπρην ἢ λεύκην ἔχῃ, ἐς πόλιν οὗτος οὐ κατέρχεται οὐδὲ συμμίσγεται τοῖσι ἄλλοισι Πέρσῃσι. φασὶ δέ μιν ἐς τὸν ἥλιον ἁμαρτόντα τι ταῦτα ἔχειν. ξεῖνον δὲ πάντα τὸν λαμβανόμενον ὑπὸ τούτων ἐξελαύνουσι ἐκ τῆς χώρας, πολλοὶ καὶ τὰς λευκὰς περιστεράς, τὴν αὐτὴν αἰτίην ἐπιφέροντες. Vgl. B. W. Leist, Altar. Ius Civile I 55. Vielleicht ist auch bei dem Ausschluß des Furchtsamen vom Krieg im jüdischen Gesetz (Deuteron. XX 8) die Feigheit, ähnlich wie die Krankheit, als die Folge dämonischer Einwirkung betrachtet worden, s. Schwally, Sem. Kriegsalt. 98. Vgl. hierzu Aeschin. c. Ctes. § 176: Ὁ μὲν τοίνυν νομοθέτης τὸν ἀστράτευτον καὶ τὸν δειλὸν καὶ τὸν λιπόντα τὴν τάξιν ἔξω τῶν περιρραντηρίων τῆς ἀγορᾶς ἐξείργει καὶ οὐκ ἐᾷ στεφανοῦσθαι οὐδ᾽ εἰσιέναι εἰς τὰ ἱερὰ τὰ δημοτελῆ.

[2] Vgl. bes. J. Tambornino *De antiqu. daemonismo*.

αὖθις δὲ εἰς Κύβελα τῆς Φρυγίας ἀφικνεῖται, κἀκεῖ καθαρθεὶς ὑπὸ Ῥέας . . . διὰ τῆς Θρᾴκης ἠπείγετο.

Am bekanntesten ist die Reinigung der rasenden Proitiden durch Melampus. Diphil. b. Clem. Al. strom. VII 26 844 P. (= Kock CAF II 577, Diph. Frg. 126): Προιτίδας ἁγνίζων κούρας καὶ τὸν πατέρ᾽ αὐτῶν | Προῖτον Ἀβαντιάδην καὶ γραῦν πέμπτην ἐπὶ τοῖσδε | δᾳδὶ μιᾷ σκίλλῃ τε μιᾷ, τόσα σώματα φωτῶν, | θείῳ τ᾽ ἀσφάλτῳ τε πολυφλοίσβῳ τε θαλάσσῃ | ἐξ ἀκαλαρρείταο βαθυρρόου ὠκεανοῖο. Vgl. Alexis Frg. 112, Kock II 337. Die Reinigung geschah beim Fluß Anigros in Elis (Paus. V 5, 10), in einer Quelle bei der Höhle der νύμφαι Ἀνιγριάδες (Strab. VIII 346 Cas.). Nach anderer Überlieferung fand die Reinigung in Lusoi in Arkadien statt (Paus. VIII 18, 7), nach *Anthol. Pal.* app. IV 20, Vitr. VIII 31, Ovid. met. XV 325 ff. bei der klitorischen Quelle in Arkadien. Eine bildliche Darstellung der Reinigung der Proitiden findet sich auf einer Gemme, A. Baumeister, Denkm. ds. klass. Altertums (1885) 912 f., Fig. 988. — Heilung der Proitiden durch Asklepios: Polyanthos (Polyarchos) Cyren. b. Sext. Emp. c. math. I 261; ders. b. Schol. Eurip. Alk. 1.

Über die Reinigung des Orestes s. u. 67 f.

Vgl. noch pap. Leid. I 395, Dieterich, Abr. 188: Ἐν δαιμονιζομένῳ εἴπῃς τὸ ὄνομα προσάγων τῇ ῥινὶ αὐτοῦ θεῖον καὶ ἄσφαλτον [1]. εὐθέως λαλήσει καὶ ἀπελεύσεται.

Auch beim Korybantiasmos [2], dem Besessensein von den Korybanten, spielten Reinigungen eine Rolle, die den Zweck haben, die Dämonen zu vertreiben. Schol. Aristoph. vesp. 9: Κορυβαντιᾶν· τὸ Κορύβασι κατέχεσθαι. Schol. Eurip. Hippol. 143: Κορύβαντες μανίας αἴτιοι. Hesych s. v. κορυβαντισμός· κάθαρσις μανίας. Aristoph. vesp. 118 ff.: Bdelykleon sucht seinen Vater Philokleon von der Richterwut zu heilen: εἶτ᾽ αὐτὸν ἀπέλου κἀκάθαιρ᾽, ὁ δ᾽ οὐ μάλα. | μετὰ ταῦτ᾽ ἐκορυβάντιζ᾽, ὁ δ᾽ αὐτῷ τυμπάνῳ | ᾄξας ἐδίκαζεν ἐς τὸ καινὸν

---

[1] Der Schwefel war eines der beliebtesten Reinigungsmittel; auch der Asphalt wird öfters bei Reinigungen verwendet, s. z. B. Diphil. aaO. (s. oben).

[2] S. darüber Schömann-Lipsius, Gr. Alt.⁴ II 382; Rohde, Ps.⁴ II 47 ff. Tambornino aaO. 64.

ἐμπεσών. Schol. v. 119: Ἐκορυβάντιζεν· ὡς μαινόμενος καὶ κατεχόμενος ὑπὸ θείου. ἀντὶ τοῦ, τὰ τῶν Κορυβάντων ἐποίει αὐτῷ μυστήρια, ἐπὶ καθαρμῷ τῆς μανίας [1].

Die **Kleider der Kranken** galten natürlich für **verunreinigt** und mußten vermutlich nach der Krankheit gereinigt werden. Eine besonders gründliche Beseitigung „der in den Gewändern zurückgebliebenen dämonischen Substanz" zeigt sich in dem Brauch, nach dem die genesenen Jungfrauen ihre Kleider der Artemis weihen, Hippocr. π. παρθ. II 528 K [2].

Von einer kultischen **Unreinheit der Kranken** ist, soviel ich sehe, nirgends die Rede; kein heiliges Gesetz verbietet ihnen das Betreten der Tempel. Die Erklärung dafür liegt darin, daß die Götter bei der Heilung von Krankheiten eine so große Rolle spielten; in ihren Tempeln suchten naturgemäß die Kranken die göttliche Hilfe zu erlangen. Davor ist der Gedanke der dämonischen Einwirkung und Verunreinigung zurückgetreten. Er findet aber noch deutlichen Ausdruck in den oben besprochenen privaten Reinigungen.

§ 6. Tod [3]

Der Tote ist unrein. Das Verunreinigende sind ursprünglich die um ihn beschäftigten Dämonen [4]. Um diese

---

[1] Vgl. noch Horat. a. poet. 453 ff.: *Ut mala quem scabies aut morbus regius urguet | aut fanaticus error et iracunda Diana, | vesanum tetigisse timent fugiuntque poëtam | qui sapiunt.* Plaut. b. Serv. Aen. VI 229: *pro larvato te circumferam* (Serv.: *id est purgabo*).

[2] Vgl. Gruppe, Gr. Mythol. 1273 Anm., und die analogen Gebräuche bei Geburt und Menstruation, s. oben S. 27; 37. Dieselbe Sitte bestand bei den Römern, s. z. B. Horat. Carm. ed. Obbarius S. 20 zu I 5, 14. Noch im heutigen Griechenland lassen Genesene ihre Kleider in der Kirche, Gruppe aaO. 731 Anm. 1.

[3] S. bes. Stengel, Gr. Kultusalt.[2] 147 f.; Schömann-Lipsius, Gr. Alt.[4] II 594 ff.; Rohde, Ps.[4] I 216 ff.

[4] Vgl. die ähnlichen Vorstellungen der Perser: Der Leichnam wird dadurch unrein, daß böse Geister (die Devas, die Drudsch Nasu) über ihn herfallen, die durch Reinigungen vertrieben werden, Chantepie de la Saussaye, Relgesch.[3] II 219; Orelli, Relgesch. 535; 557; Katzenelson, Monatsschr. f. Gesch. u. Wiss. d. Jud. 1899, 206. Der gleiche Glaube findet sich bei den Indern (und heute noch bei vielen Naturvölkern), Oldenberg, Rel. d. Veda 270; 337. Vgl. den ägyptischen Brauch, Wiedemann,

abzuwehren, brennen am Totenbett Fackeln [1], Plut. an seni resp. ger. s. 789 A: Ἐπὶ τὴν δᾷδα, „bis zum Tode". Vgl. Baumeister, Denkm. d. klass. Alt. 239 f. Diesen Zweck hat auch die Sitte, den Toten auf Zweigen und Blättern zu lagern [2]. Für Athen s. Aristoph. Ekkl. 1030 f.: Ἀποστόρεσαί νυν πρῶτα τῆς ὀριγάνου | καὶ κλῆμαϑ᾽ ὑπόϑον συγκλάσασα τέτταρα. Von Sparta berichtet Plut. inst. Lac. 18 S. 238 D: Lykurgos ἐπέτρεψεν . . . ἐν φοινικίδι καὶ φύλλοις ἐλαίας ϑέντας τὸ σῶμα περιστέλλειν. Vgl. auch Plin. n. h. XXXV 160: Die Pythagoreer begraben die Toten *in myrti et oleae atque populi nigrae foliis*. Reste von Weinreben und Olivenblättern wurden

---

Herod. zweites Buch (Leipz. 1890) 347: „Eine eigentümliche Zeremonie zeigt ein Relief aus Saggarah (Masp. *Guide* 28): Die Mumie steht am Eingang des Grabes; die Frauen springen und reißen sich die Haare aus, die Männer laufen umher und schwingen Zweige, um die bösen Geister zu vertreiben; es sind Palmwedel, die bei dieser Gelegenheit zur Verwendung zu kommen pflegen . . . Diese Sitte ist auf die modernen Araber übergegangen, die gleichfalls mit Palmenzweigen schlagend die Leiche begleiten." — Vgl. noch Smith, Rel. d. Sem. 282 Anm. 629.

[1] Vgl. Vassits, Fackel, Diss. München 1900, 80 ff. — Die alten Japaner hielten von der Hütte, in der der Tote lag, durch Feuer die Geister fern, Chantepie de la Saussaye, Relgesch.[2] I 86. Dies ist wohl auch der Grund für die in Deutschland und in anderen Ländern weit verbreitete Sitte, daß bei der Leiche ein Licht brennen muß, s. Wuttke, Deutsch. Volksabergl.[3] 461; E. Götzinger, Reallex. d. deutsch. Altert.[2] 986 s. v. 'Totenleuchter'; Samter, Neue Jahrb. f. d. kl. Alt. 1905, I 34 f. Brennende Lampen am Totenbett und 40 Tage lang nach dem Tode im Sterbezimmer im heutigen Griechenland, Wachsmuth, Das alte Griech. im neuen 108.

[2] Vgl. Daremberg-Saglio *Dict.* II 1382., Fig. 3350, die einen Zweig neben einem Totenlager zeigt. — Vielleicht hat auch die Bekränzung des Toten (Schol. Eurip. Phoen. 1632: Εἰώϑασι γὰρ στέφειν τοὺς νεκρούς. Vgl. K. F. Hermann, Lehrb. d. gr. Privatalt.[5] (Freiburg i. B. 1882) 363; Mau b. Pauly-Wissowa III 334 s. v. 'Bestattung'; C. Watzinger, Griech. Holzsarkophage 19 f.) apotropäischen Zweck. Ob die Totenklage, das Waschen der Leiche und das Bekleiden derselben mit reinen, meist weißen Gewändern (s. z. B. Hermann aaO. 362 f.) ebenfalls hierher gehört, ist fraglich, s. ob. S. 16 Anm. 1. — Vgl. auch die ägyptischen Anschauungen über den Grund der Reinigung des Toten, Erman, Äg. Religion 96: „In der Regel ist es freilich mehr die körperliche Reinheit, die die Götter von ihrem neuen Himmelsgenossen (dem Toten) verlangen, und zu dieser sind sie ihm selbst behilflich. Die Göttin, die den Strudeln von Elephantine vorsteht, ʽreinigt ihn mit 4 Wasserkrügen, oder er badet sich zusammen mit Re in dem See von Earu; Horus trocknet ihm den Leib ab, Thot trocknet ihm die Füße.ʼ"

in athenischen Gräbern gefunden, s. Schömann-Lipsius, Gr. Alt.[4] II 595 Anm. 2; Rohde, Ps.[4] I 219 Anm. 2; 226 Anm. 3. Anderswo waren Lorbeerblätter im Gebrauch, Watzinger, Gr. Holzsark. 19 [1].

Alle, die mit einem Toten in Berührung gekommen sind, sind verunreinigt. Hesych. s. v. ἁγνεύειν· καθαρεύειν ἀπό τε ἀφροδισίων καὶ ἀπὸ νεκροῦ. So bekennt der Zagreusmyste, Eurip. frg. 472 v. 16f. (Berl. Klass. texte V 2 S. 77 Anm. 1): Φεύγω γένεσίν τε βροτῶν ψυχῆς τε λύσιν. Auch die Pythagoreer haben eine solche Bestimmung aufgenommen, Diog. La. VIII 33: Τὴν δ᾽ ἁγνείαν εἶναι ... διὰ τοῦ καθαρεύειν ἀπό τε κήδους κτλ.

Theocr. XXIII (ed. Wilamowitz App. XII): Ein junger Mann hat sich wegen verschmähter Liebe an der Türe seines Geliebten erhängt; dieser geht ungerührt an der Leiche vorüber (v. 55): Οὐ κλαῦσε νέον φόνον, ἀλλ᾽ ἐπὶ νεκρῷ | εἵματα πάντ᾽ ἐμίανεν [2].

---

[1] Der Abwehr der Dämonen dienen vielleicht auch die am Haus angebrachten Cypressenzweige (s. u. S. 47f.), sicher aber die beim Leichenbegängnis verwendeten Fackeln (s. S. 51).

[2] Wohl dadurch, daß er im Vorbeigehen die Leiche streift. Oder ist die Stelle so zu erklären, daß er den Toten mit seinen Kleidern bedeckt gemäß dem Wunsch, den der Liebende vor dem Selbstmord ausgesprochen hat, v. 39f.: Λῦσον τᾶς σχοίνω με καὶ ἀμφίθες ἐκ ῥεθέων σῶν | εἵματα καὶ κρύψον με? Vielleicht bestand tatsächlich ein Gebot, jeden Toten zu bedecken, damit niemand durch den Anblick verunreinigt werde (oder um den Dämonen die Leiche zu verbergen?). Vgl. Soph. Ai. 915f. Tekmessa vom Leichnam des Aias: Οὔτοι θεατός· ἀλλά νιν περιπτυχεῖ | φάρει καλύψω τῷδε παμπήδην, und unt. S. 46 Anm. 2. Beachte übrigens, daß es sich in allen diesen Fällen um Selbstmörder handelt; vgl. u. S. 46 Anm. 3. — So durfte bei den Germanen keine Leiche unbedeckt gelassen werden; sogar vom Mörder wurde erwartet, daß er den Getöteten bedecke, s. Paul, Grundr. d. germ. Phil. III 427. Vgl. Iambl. b. Phot. bibl. 4 (Erot. scr. ed. Hercher 222): Ὁ στρατὸς παρερχόμενος ὡς ἐπὶ νεκροῖς κατὰ τὸ πάτριον ἔθος (sc. τῶν Βαβυλωνίων) οἱ μὲν χιτωνίσκους ῥίπτοντες ἐκάλυπτον κτλ. — Der alten athenischen Buzygenverwünschung, Schol. Soph. Ant. 255: Λόγος δὲ ὅτι Βουζύγης Ἀθήνησι κατηράσατο τοῖς περιορῶσιν ἄταφον σῶμα, und ebenso dem Gebot, der Leiche (als Ersatz für das Begraben) wenigstens etwas Erde aufzulegen, Ael. v. h. V 15 (vgl. Soph. Ant. 245ff.), liegt ursprünglich wohl der Gedanke zugrunde, es dürfe der Mutter Erde nichts von dem, was ihr gebühre, entzogen werden, s. bes. Dieterich, Mutt. Erde

Natürlich will auch der Deisidaimon nicht ἐπὶ νεκρὸν ἐλϑεῖν, Theophr. char. XVI § 9 [1].

Ein Heiligtum dürfen die so Verunreinigten erst nach erfolgter Reinigung betreten, s. u. S. 55 ff.

Auch leblose Gegenstände gelten als durch die Berührung mit einem Toten verunreinigt. Über Verunreinigung der Kleider s. u. S. 50.

Arch. f. Rel.-Wiss. X (1907) 403, B § 5, v. 33 ff. (Demeterinschrift aus Kos (3. Jh. v. Chr.): [Αἰ δέ κά τις ἔν τινι δάμωι ἀπάγξηται σχοι]νιδίωι, ὁ ἰδὼν πράτιστον καταλυσά[τω τὸν νεκρὸν καὶ ἐκριψάτω [2] ἐκτὸς τῶν ὅρων· τὸ] δὲ ξύλον ἐξ οὗ κα ἀπάγξηται, ἀπο[ταμὼν ἐξενεικάτω ἐκ τοῦ δάμου καὶ τ]ὸ σχοινίον ὁ ἰδών.

Plut. Themist. 22: Ἐν Μελίτῃ . . ., οὗ νῦν τὰ σώματα τῶν ϑανατουμένων οἱ δήμιοι προβάλλουσι καὶ τὰ ἱμάτια καὶ τοὺς βρόχους τῶν ἀπαγχομένων καὶ καϑαιρεϑέντων ἐκφέρουσιν.

Jedes Haus, in dem sich eine Leiche befindet, ist unrein. Soph. Oid. Tyr. 1227 ff. nach dem Selbstmord der Iokaste: Οἶμαι γὰρ οὔτ᾽ ἂν Ἴστρον οὔτε Φᾶσιν ἂν | νίψαι καϑαρμῷ τήνδε τὴν στέγην, ὅσα | κεύϑει, τὰ δ᾽ αὐτίκ᾽ εἰς τὸ φῶς φανεῖ κακὰ | ἑκόντα κοὐκ ἄκοντα. τῶν δὲ πημονῶν | μάλιστα λυποῦσ᾽ αἱ φανῶσ᾽ αὐϑαίρετοι [3].

---

50 f. Doch kommt daneben auch der Gesichtspunkt der Verunreinigung durch den unbestatteten Leichnam zur Geltung, Ael. frg. 242 Hercher: Τῇ μητρὶ γῇ τὸ χρέος ἐκτίνων τὸν ναυηγὸν ϑάπτει (= Suid. s. v. ἐκτίνων). — ἰδὼν ναυηγοῦ σῶμα ἐρριμμένον ἀκηδῶς καὶ ὀλιγώρως, παρελϑεῖν οὐκ ἐτόλμησα, ἀλλὰ ἔϑαψα τὸν τεϑνεῶτα, ϑέαμα τῷ ἡλίῳ οὐδαμῇ φίλον ἀποκρύπτων ἀνϑρωπίνῳ ϑεσμῷ (= Suid. s. v. ἀκηδής). Vgl. Schol. Eurip. Or. 40: τὰ δὲ ἄταφα μεμιασμένα.

[1] Bei den Juden macht Berührung mit einem Toten 7 Tage unrein, Num. XIX 11 ff.; 16. Vgl. Lev. XXI 11.

[2] Den Leichnam des Selbstmörders unbegraben wegzuwerfen, ist eine sonst nur für die Juden bezeugte Sitte, Joseph. bell. Iud. 377: Τοὺς γοῦν ἀναιροῦντας ἑαυτοὺς παρὰ μὲν ἡμῖν μέχρις ἡλίου δύσεως ἀτάφους ἐκρίπτειν ἔκριναν. Vgl. R. Hirzel, Arch. f. Relgw. 1908, 265 Anm. 5. — Wie mir Herr Prof. Herzog mitteilt, möchte er v. 33 f. jetzt eher so ergänzen: Καταλυσά[τω τὸν νεκρὸν καὶ εἴματι κατακαλυπάτω· τὸ] δὲ ξύλον κτλ. Vgl. ob. S. 45 Anm. 2.

[3] Demnach scheint die Leiche eines Selbstmörders für unreiner als andere Tote gegolten zu haben. Vgl. ob. S. 45 Anm. 2; 46 Anm. 2.

Wer ein Totenhaus betritt, wird dadurch unrein und muß sich beim Verlassen des Hauses durch Besprengen aus dem vor der Türe stehenden Wasserkessel reinigen; als Sprengwedel diente ein Lorbeerzweig. Eurip. Alk. 98 ff.: *Πυλῶν πάροιϑε δ' οὐχ ὁρῶ | πηγαῖον ὡς νομίζεται | χέρνιβ' ἐπὶ φϑιτῶν πύλαις.* Schol. v. 98: *Ὁπότε τις ἀποϑάνοι, πρὸ τῶν πυλῶν γάστρας πληροῦντες ὕδατος ἐτίϑεσαν καὶ κλάδους δάφνας, ἵνα οἱ ἐξιόντες περιρραίνοιντο. ἐκάλουν δὲ τὰ τοιαῦτα ὄστρακα Δωριεῖς μὲν κύμβαλα, Ἀϑηναῖοι δὲ ἀρδάνια.* Vgl. Aristoph. Ekkl. 1032 und Schol. Ziehen *L. s. n.* 50 v. 2 f.: *Τὸ λατήριον ἀπόβαμα.* Hesych s. v. *ἀρδάνια*, s. v. *πηγαῖον ὕδωρ*. Suid. s. v. *ἀρδάνιον*, s. v. *τοὔστρακον*. Bekker *Anecd. Gr.* I 441, 30; Daremberg-Saglio III 1409, Fig. 4685. Poll. VIII 65: *Καὶ οἱ ἐπὶ τὴν οἰκίαν τοῦ πενϑοῦντος ἀφικνούμενοι ἐξιόντες ἐκαϑαίροντο ὕδατι περιρραινόμενοι· τὸ δὲ προὔκειτο ἐν ἀγγείῳ κεραμέῳ ἐξ ἄλλης οἰκίας κεκομισμένον, τὸ δ' ὄστρακον ἐκαλεῖτο ἀρδάνιον.* Vgl. Hesych s. v. *ὄστρακον.* Aus einem fremden Haus mußte das Wasser deshalb geholt werden, weil das Trauerhaus selbst verunreinigt war. In Argos wurde auch das Feuer als *μεμιασμένον* angesehen[1] und deshalb nach der Trauerzeit ausgelöscht; aus einem fremden Haus wurde dann neues Feuer geholt, Plut. qu. Gr. 24.

Am Haus wurden Cypressenzweige angebracht, Serv. Aen.

Herzog, Arch. f. Rel.-Wiss. 1907, 412 f. Vielleicht geht diese Anschauung auf die strenge Verurteilung des Selbstmords durch die Orphiker und Pythagoreer zurück, die dann besonders von den Platonikern aufgenommen wurde, vgl. Rohde, Ps.[4] I 217 Anm. 5; II 122 Anm. 1; Hirzel, Arch. f. Rel.-Wiss. 1908, 263; 475; Plat. leg. IX 873 D vom Selbstmörder: *Τούτῳ δὴ τὰ μὲν ἄλλα ϑεὸς οἶδεν ἃ χρὴ νόμιμα γίγνεσϑαι περὶ καϑαρμούς τε καὶ ταφάς, ὧν ἐξηγητάς τε ἅμα καὶ τοὺς περὶ ταῦτα νόμους ἐπανερομένους χρὴ τοὺς ἐγγύτατα γένει ποιεῖν αὐτοῖσιν κατὰ τὰ προσταττόμενα.* — Besonders starke Unreinheit findet sich auch bei Naturvölkern: J. Spieth, Die Ewe-Stämme 274: Dem Selbstmörder, der sich erhängt hat, stößt man eine Stange durch die Brust, weil ihn niemand anrühren will, und trägt ihn wie ein Schwein und verscharrt ihn im Busch.

[1] Zur Verunreinigung des Feuers durch Tod vgl. Diod. XVII 114 § 4 (s. u. S. 50 Anm. 3); Ovid. fast. II 564 (s. u. S. 57 Anm. 3); Geiger, Ostir. Kultur 257 f. — Die Parsis verbietet, die Toten zu verbrennen oder zu beerdigen oder ins Wasser zu werfen, um diese Elemente nicht zu verunreinigen, Orelli, Relgesch. 557.

III 681: *Apud Atticos funestae domus huius* (sc. *cupressi*) *fronde velantur.* Der Zweck war nach Serv. Aen. III 64; IV 507, wo er die gleiche Sitte für Rom [1] bezeugt, etwaige Besucher vor dem Betreten des Hauses zu warnen. Ursprünglich war wohl dieser Brauch, wie die ähnlichen Sitten bei Geburt (s. ob. S. 28) und Hochzeit [2] als Abwehrmittel gegen die Dämonen gedacht [3].

Nach der Beerdigung mußte das Haus gereinigt werden, Demosth. XLVII 70, 1160 vom Tod im Haus: Ἀλλ᾽ ὑπὲρ σεαυτοῦ καὶ τῆς οἰκίας ἀφοσιωσάμενος ὡς ῥᾷστα τὴν συμφορὰν φέρειν. Ziehen *L. s.* n. 93 A v. 14 ff. (Gesetz von Iulis auf Keos; 5. Jh. v. Chr.): Τῆι δὲ ὑστεραί[ηι ἀπ]οραίνειν τὴν οἰκίην [ἐ]λεύθερον θαλά[σσηι] πρῶτον, ἔπειτα δ[ὲ] ὑσώπωι ο[ἰκη]τή[ρ]ι[α [4] ἅπα]ντα· ἐπὴν δὲ διαρανθῆι, καθαρὴν ἔναι τὴν οἰκίην καὶ θύη θύεν ἐφί[στια] [5].

Vor der Reinigung des Hauses darf es nach attischem Gesetz von Weibern [6] mit Ausnahme der nächsten Verwandten (ὅσαι ἐντὸς ἀνεψιαδῶν εἰσιν) nicht betreten werden, Demosth. XLIII 62. Ähnlich war es in Iulis, Ziehen *L. s.* n. 93 A v. 23 ff.: Ὅπου ἂν θάνηι, ἐ[π]ὴ[ν ἐ]ξενιχθῆι, μὲ ἰέναι γυναῖκας π[ρὸ]ς τ[ὴ]ν οἰ]κίην ἄλλας ἒ τὰς μιαινομένας· μια[ίνεσθα]ι δὲ μητέρα καὶ γυναῖκα καὶ ἀδε[λφεὰς κα]ὶ θυγατέρας· πρὸς δὲ ταύταις μὲ π[λέον πέ]ντε γυναικῶν· παῖδας δὲ τ[ῶν θ]υγ[ατρῶν κἀ]νεψιῶν· ἄλλον [δ]ὲ μ[ε]δέν(α)· τοὺς μια[ινομένους] λουσαμένου[ς ― ― ― ὕδατ]ος [χ]ύσι κα[θαρ]οὺς ἔναι κτλ.

Die **Hausgenossen** sind natürlich in besonders hohem

---

[1] Vgl. auch Fest. 63 Müll.

[2] Plut. amat. X 755 A: Οἰκέται δὲ περικύκλῳ δραμόντες ἀνέστεφον ἐλαίᾳ καὶ δάφνῃ τὰς θύρας οὐ μόνον τὰς τῆς Ἰσμηνοδώρας, ἀλλὰ καὶ τὰς τοῦ Βάκχωνος. Analoge **römische** Bräuche s. Iuven. sat. VI 51; 79; Stat. silv. I 2, 231. [3] Vgl. Maaß, Orph. 208 Anm.

[4] Vgl. auch S. Reinach *Cultes m. et rel.* III (1908) 154: *Tout ce que le mort a possédé ou touché est tabou également. On ensevelit le guerrier avec ses armes, la femme avec ses objets de parure, parce qu'ils sont tabous et, à ce titre, retirés de la circulation et du commerce, parce qu'ils sont devenus „dangereux", au sens magique de ce mot.*

[5] Reinigung des Hauses im heutigen Griechenland, Wachsmuth, Das alte Griech. im neuen 120. Vgl. auch Samter, Neue Jahrb. f. d. kl. Alt. 1905, I 39 f.

[6] Und zw. nur von solchen unter 60 Jahren, vgl. u. S. 50 Anm. 4.

Grade der Verunreinigung ausgesetzt[1]; deshalb dürfen sie auch manche Tempel erst nach Ablauf einer über das gewöhnliche Maß verlängerten Frist betreten, s. u. S. 56. Sie reinigen sich nach dem Begräbnis (was aber zum sofortigen Tempeleintritt nicht berechtigt), Demosth. XLVII 70 (s. S. 48); Ziehen *L. s.* n. 93 A v. 23 ff. (s. S. 48); Schol. Aristoph. nub. 838: Ἔθος ἦν μετὰ τὸ ἐκκομισθῆναι τὸ σῶμα καθαρμοῦ χάριν ἀπολούεσθαι τοὺς οἰκείους τοῦ τεθνεῶτος. Vgl. Suid. s. v. καταλούη. Um eine solche Reinigung handelt es sich vielleicht auch in der Inschrift von Kleonai, Ziehen *L. s.* n. 50.

Wenn in Athen jemand gestorben war und niemand sich des Toten annahm, so daß also keine der sonst üblichen Vorsichtsmaßregeln zur Verhütung der Verunreinigung getroffen wurden, so galt der ganze Demos, in dem der Todesfall sich ereignet hatte, als verunreinigt, Demosth. XLIII 57 f., S. 1069: Τοὺς δ᾽ ἀπογιγνομένους ἐν τοῖς δήμοις, οὓς ἂν μηδεὶς ἀναιρῆται, ἐπαγγελλέτω ὁ δήμαρχος τοῖς προσήκουσιν ἀναιρεῖν καὶ θάπτειν καὶ καθαίρειν τὸν δῆμον τῇ ἡμέρᾳ ᾗ ἂν ἀπογένηται ἕκαστος αὐτῶν. (58) ... ἐὰν δὲ τοῦ δημάρχου ἐπαγγείλαντος μὴ ἀναιρῶνται οἱ προσήκοντες, ὁ μὲν δήμαρχος ἀπομισθωσάτω ἀνελεῖν καὶ καταθάψαι καὶ καθῆραι τὸν δῆμον αὐθημερόν, ὅπως ἂν δύνηται ὀλιγίστου. — Der Zusatz ὅπως — ὀλιγ. läßt vermuten, daß die Reinigung darin bestand, daß ein μισθωτός mit Wasserkessel und Sprengwedel durch die Straßen ging.

Eine ähnliche Bestimmung enthielt das Gesetz von Kos (3. Jh. v. Chr.), Herzog, Arch. f. Rel.-Wiss. X (1907) 403 (vgl. 411 f.), B § 4, Z. 17 ff.: Das in dem verunreinigten Demos liegende Heiligtum der Demeter Kurotrophos mußte gereinigt werden; dabei war sogar eine besondere Reinigung des Kultbildes nötig: [Αἰ δέ κα νεκρὸς ἄταφος ἔν τινι δά]μωι ἢ θεσμὸς ἐμφανὴς ἦι[2] ἢ ὅστεον ἀνθρώπου[3] ... [τὸμ μὲν νε-

---

[1] Daher erhält μιαινόμενοι direkt die Bedeutung 'die trauernden Hinterbliebenen', i. e. οἷς προσήκει μιαίνεσθαι.

[2] „Ein offenes, durch einen Zufall von Erde entblößtes Grab". Zu dieser Bedeutung von θεσμός vgl. Aelian. frg. 242 Hercher (s. ob. S. 46 Anm.).

[3] Vgl. die jüdische Bestimmung, Num. XIX 16 (Kautzsch): „Ebenso wird jeder, der auf freiem Felde mit einem Ermordeten oder Gestorbenen oder einem Gerippe oder Grabe in Berührung kommt, für 7 Tage unrein."

κρὸν [1] ἢ τὸ ὄ]στεον ἐκφερόντω καὶ θαπτόντω τοὶ δαμόται, εἴ [κα
ἦι τὸ ἱερόν· αἰ δέ κά τις ἀγχισ]τεὺς ... ἦι τοῦ ἀποθανόντος,
... [τούτοις ἐπαγγελλόντ]ω αὐτάμερον ἐπεί κα πύθωνται· ἐπεὶ
δέ κα ἐξαρθῆι [πάντα καὶ μηδὲν ἔτι αὐτῶ]ν ἐμφανὲς ἦι, καθαράντω τὸ ἱερὸν τοὶ ἀγχιστεῖς· [αἰ δέ κα μὴ ἔωντι ἀγχιστ]εῖς ...,
καθαράντω τοὶ δαμόται, εἴ κα ἦι τὸ ἱε[ρόν· κατακαλυπτέτω δὲ
καὶ] ἐξαγέτω ἃ ἱέρεια Κοροτρόφον κατὰ τὰ νομιζό[μενα ἐπὶ θά-
λασσαν καὶ θυέτω ὗ]ν ἢ ὄιν Κοροτρόφωι· ἐπεὶ δέ κα ταῦτα
ποιήσων[τι κατὰ τὰ νομιζόμενα, καθαράντω κ]αὶ περιρανάντω
ἀπὸ χρυσίου καὶ προσπερ[μείας· τὸ δὲ ἀνάλωμα τελεσάντω τοὶ
τ]αμίαι τᾶς πόλιος τοῖς δαμόταις, αἴ κα μὴ [ἔωντι ἀγχιστεῖς ...
τοῦ ἀποθ]ανόντος ...· αἰ δέ κα ἐόντες [ἀγχιστεῖς ... μὴ ποιή-
σωντι κατὰ] τὰ γεγραμμένα, τοὶ δαμόται ἐξενει[κάντω καὶ καθα-
ράντω· τὸ δὲ ἀνάλωμα πραξάν]των παρὰ τῶν ἀγχιστέων ...,
[καὶ ἃ πρᾶξις ἔστω τοῖς δαμόταις καθά]περ ἐγ δίκας· καθαίρειν
δὲ καὶ τὰ ἴδι[α εἵματα? [2] καθὰ — — — — γέγ]ραπται.

Auch die Teilnahme am Begräbnis verunreinigt[3],
und ist daher den Priestern verboten, s. u. S. 59. Aber auch
andere Leute sollen einem fremden Begräbnis womöglich fern
bleiben. Eine derartige Bestimmung von Mytilene überliefert Cic. de leg. II § 66: *Quocirca Pittacus omnino accedere
quemquam vetat in funus aliorum.* Im solonischen Gesetz
ist die Beteiligung, wenigstens für die Frauen[4], auf die nächsten
Verwandten beschränkt, Demosth. XLIII 62.

Zur Verunreinigung durch Totengebeine vgl. auch den Talmud ed. Gold-
schmidt VII. Bd. 1122.   [1] So ergänzt Herzog jetzt.
[2] Vgl. Serv. Aen. IV 683: *Sane in sacris pura vestis appellatur, quae
neque funesta sit neque maculam habeat ex homine mortuo.* Ähnl. Serv.
Aen. XII 169; Fest. 249 Müller. Vgl. die Unreinheit der Kleider der Leid-
tragenden bei den Indern, Oldenberg, Rel. d. Veda 577, und die Reinigung
der Kleider bei den Israeliten, Num. XIX 19.
[3] Vgl. Serv. Aen. VI 229: *Licet enim a funere contraxerint pollu-
tionem.* Plin. n. h. XII 54 über die Minäer s. u. S. 56 Anm. 1. Diod.
XVII 114 § 4 von Alexander bei der Beerdigung des Hephaistion: ὁ δ᾽
οὖν βασιλεὺς τὰ πρὸς τὴν ἐκφορὰν παρασκευαζόμενος ... πᾶσι τοῖς κατὰ
τὴν Ἀσίαν οἰκοῦσι προσέταξεν τὸ παρὰ τοῖς Πέρσαις ἱερὸν πῦρ καλούμενον
ἐπιμελῶς σβέσαι, μέχρι ἂν τελέσῃ τὴν ἐκφοράν. τοῦτο δὲ εἰώθασιν οἱ
Πέρσαι ποιεῖν κατὰ τὰς τῶν βασιλέων τελευτάς.
[4] Diese Beschränkung gilt jedoch nur für Frauen unter 60 Jahren. Der
gleichen Bestimmung sind wir schon in dem Gesetz über das Betreten eines

Als apotropäisches resp. kathartisches Mittel [1] werden beim Leichenbegängnis Fackeln verwendet, s. z. B. Daremberg-Saglio II 1383, fig. 3353 [2].
Nach dem Begräbnis ist eine Reinigung (Waschung) nötig [3], Schol. Aristoph. nub. 838 (s. S. 49); Dittenberger *Syll.*[2] n. 566 (s. u. S. 56); Ziehen *L. s.* n. 93 A (s. S. 48); Arch. f. Rel.-Wiss. X (1907) 403, § 4 Zeile 25 f.; 31 f. (s. S. 49 f.).
Bei solchen Reinigungen spielten in Athen in früherer Zeit die ἐγχυτρίστριαι eine Rolle, Plat. Min. 315 C. Diese waren Weiber, welche die μιαινόμενοι mit dem Blut der Opfer-

---

Totenhauses begegnet, s. ob. S. 48 Anm. 6. Die Erklärung dafür scheint mir eine Stelle bei Platon zu geben, leg. XII 947 D: an der Beerdigung der Euthynen beteiligen sich u. a. die jungen Mädchen und die Frauen, die über die Zeit des Kindergebärens hinaus sind (ὅσαι ἂν γυναῖκες τῆς παιδοποιήσεως ἀπηλλαγμέναι τυγχάνωσι): Die den Leichenzug (des Toten wegen) umschwärmenden Dämonen (s. o. S. 43 f.) sind für die Schwangeren besonders gefährlich. Vgl. ob. S. 31 Anm. 1. (Doch ist auch eine moralpolizeiliche Begründung möglich: den Jungfrauen und Frauen sollte durch diese Bestimmung die bei einem Begräbnis sich ergebende Gelegenheit zu Rendezvous (vgl. Lys. or. I 8; 20) genommen werden.)

[1] Nicht zur Beleuchtung, da bei Nacht keine Beerdigungen stattfanden, s. Rohde, Ps.[4] I 224 Anm. 1.

[2] Vgl. Vassits, Fackel, Diss. München 1900, 82.

[3] Vgl. Strab. XVI 745 von den Babyloniern: Παραπλησίως γὰρ ὥσπερ ἀπὸ νεκροῦ τὸ λουτρὸν ἐν ἔθει ἐστίν, οὕτω καὶ ἀπὸ συνουσίας. Herod. IV 73 ff. von den Skythen: Θάψαντες δὲ οἱ Σκύθαι καθαίρονται τρόπῳ τοιῷδε· σμησάμενοι τὰς κεφαλὰς καὶ ἐκπλυνάμενοι ποιεῦσι περὶ τὸ σῶμα τάδε· ... λίθους ἐκ πυρὸς διαφανέας ἐσβάλλουσι ἐς σκάφην ... (75) καὶ ἔπειτα ἐπιβάλλουσι τὸ σπέρμα (sc. τῆς κανναβεως) ἐπὶ τοὺς διαφανέας λίθους· τὸ δὲ θυμιᾶται ἐπιβαλλόμενον καὶ ἀτμίδα παρέχεται τοσαύτην ὥστε Ἑλληνικὴ οὐδεμία ἄν μιν πυρίη ἀποκρατήσειε. ... τοῦτό σφι ἀντὶ λουτροῦ ἐστι· οὐ γὰρ δὴ λόυονται ὕδατι τὸ παράπαν τὸ σῶμα. αἱ δὲ γυναῖκες αὐτῶν ὕδωρ παραχέουσαι κατασώχουσι περὶ λίθον τρηχὺν τῆς κυπαρίσσου καὶ κέδρου καὶ λιβάνου ξύλον, καὶ ἔπειτα τὸ κατασωχόμενον τοῦτο παχὺ ἐὸν καταπλάσσονται πᾶν τὸ σῶμα καὶ τὸ πρόσωπον. καὶ ἄμα μὲν εὐωδίη σφέας ἀπὸ τούτου ἴσχει, ἄμα δὲ ἀπαιρέουσαι τῇ δευτέρῃ ἡμέρῃ τὴν καταπλαστὺν γίνονται καθαραὶ καὶ λαμπραί. Ähnliches erzählt Herod. II 85 von Ägypten: Θρῆνοι δὲ καὶ ταφαί σφεων εἰσὶ αἵδε· τοῖσι ἂν ἀπογένηται ἐκ τῶν οἰκίων ἄνθρωπος, τοῦ τις καὶ λόγος ᾖ, τὸ θῆλυ γένος πᾶν τὸ ἐκ τῶν οἰκίων τούτων κατ᾽ ὧν ἐπλάσατο τὴν κεφαλὴν πηλῷ ἢ καὶ τὸ πρόσωπον. Auch die heutigen Araber beschmieren sich Kopf, Stirn und Backen mit Schmutz, Wiedemann, Her. zw. Buch S. 347. Reinigung der Hände nach dem Begräbnis in Kappadokien und in Kreta, Wachsmuth, Das alte Griechenl. im neuen 120.

tiere [1], das sie in Töpfen (χύτραι) aufgefangen hatten, reinigten, Suid. s. v. ἐγχυτρ.· ... ἐγχυτριστρίας δὲ λέγεσθαι καὶ ὅσαι τοὺς ἐναγεῖς καθαίρουσιν, αἷμα ἐπιχέουσαι ἱερείου. Ähnl. Etym. Magn. 313, 41.

Auch die Begegnung mit einem Leichenzug soll vermieden werden, denn schon der Anblick des Toten wirkt verunreinigend, Iulian. ep. 77 (s. S. 57); Luc. de dea Syr. 52 (s. S. 60). Vgl. auch die Erzählung von der von Hera verfolgten Angelos, Schol. Theocr. II 11: Τηνικαῦτα μὲν τὸ πρῶτον εἰς γυναικὸς τετοκυίας οἶκον καταφυγεῖν, ἐκεῖθεν δὲ πρὸς ἄνδρας νεκρὸν φέροντας. ὅθεν τὴν μὲν Ἥραν ἀποστῆναι, τὸν δὲ Δία τοὺς Καβίρους κελεῦσαι ἀναλαβόντας καθᾶραι αὐτήν· ἐκείνους δὲ ἐπὶ τὴν Ἀχερουσίαν λίμνην ἀπαγαγόντας ἁγνίσαι. Deshalb schreibt das Gesetz Solons vor, Demosth. XLIII 62: Ἐκφέρειν δὲ τὸν ἀποθανόντα τῇ ὑστεραίᾳ ᾗ ἂν προθῶνται πρὶν ἥλιον ἐξέχειν [2]. Vgl. Cic. de leg. II § 66 (von Demetrios Phalereus): *Ante lucem enim iussit efferri.* Heraclit. alleg. Hom. 68: Ἦν δὲ παλαιὸν ἔθος, τὰ σώματα τῶν καμόντων, ἐπειδὰν ἀναπαύσηται τοῦ βίου, μήτε νύκτωρ ἐκκομίζειν μήθ᾽ ὅταν ὑπὲρ γῆς τὸ μεσημβρινὸν ἐπιτείνηται θάλπος, ἀλλὰ πρὸς βαθὺν ὄρθρον ἀπύροις ἡλίου ἀκτῖσιν ἀνιόντος. Menand. π. ἐπιδ. ed. Walz, *Rhet. Gr.* IX 203: Περὶ μὲν δὴ τὴν ἐκφοράν, ὡς τὸ Ἀθήνησι πρὸ ἡλίου ἀνίσχοντος κτλ. *Anthol. Pal.* VII 517: Ἠῷοι Μελάνιππον ἐθάπτομεν. Plat. leg. XII 960 A: Θρηνεῖν δὲ καὶ ἔξω τῆς οἰκίας φωνὴν ἐξαγγέλλειν ἀπαγορεύειν καὶ τὸν νεκρὸν εἰς τὸ φανερὸν προάγειν τῶν ὁδῶν κωλύειν καὶ ἐν τοῖς ὁδοῖς πορευόμενον φθέγγεσθαι καὶ πρὸ ἡμέρας ἔξω τῆς πόλεως εἶναι. Vgl. Stob. flor. 122, 16 [3].

---

[1] Am Grab wurden in älterer Zeit blutige Opfer dargebracht, Rohde, Ps.⁴ I 231.

[2] Zu dieser Tageszeit sind noch nicht viele Leute unterwegs. Es mag dabei auch der Gedanke, daß das Licht der Sonne durch die Leiche verunreinigt würde, in Betracht gekommen sein, s. Iw. Müller, Gr. Privatalt.² 218. Vgl. Aelian. frg. 242 H. (s. S. 46 Anm.). Man kann hier auch daran denken, daß die Verwesung im Süden sehr rasch vor sich geht und die offen getragene Leiche, wenn sie der Sonne ausgesetzt ist, unerträglich riecht.

[3] In Rom fanden die Begräbnisse Abends oder bei Nacht statt. „Die Störung religiöser Handlungen durch die Erscheinung des Toten ist in der Tat als der Hauptgrund zu betrachten, aus welchem man die Begräbnisse auf den Abend oder die Nacht verlegte", Marquardt-Mau, Privatl. d. Röm.² I 344.

Aus demselben Grunde enthält die Begräbnisordnung von
Iulis, Ziehen *L. s.* 93 A, v. 10 f. (5. Jh. v. Chr.), die Bestimmung:
Τὸν θανό[ν]τα [φέρεν κ]ατακεκαλυμμένον σιωπῆι μέχρι [ἐπὶ τὸ
σ]ῆμα. Und so heißt es auch im Gesetz der Labyaden aus
Delphi (ca. 400 v. Chr.), Ziehen *L. s.* n. 74 C, v. 13 ff.: Τὸν δὲ
νεκρὸν κεκαλυμμένον φερέτω σιγᾶι [1].
Nicht nur bei Gelegenheit einer Beerdigung, auch zu
anderer Zeit verunreinigte das Betreten eines G r a b e s, Dittenberger *Syll.*[2] n. 566, v. 7 (s. u. S. 56); Plut., Sol. 21: Das
solonische Gesetz bestimmt für die Frauen fast dasselbe wie
die Gesetze von Chaironeia οὐδ' ἐπ' ἀλλότρια μνήματα βαδίζειν
χωρὶς ἐκκομιδῆς. ὧν τὰ πλεῖστα καὶ τοῖς ἡμετέροις νόμοις ἀπηγόρευται. Wenn in Iulis die Angehörigen des Toten am
dritten Tag nach dem Begräbnis oder an den ἐνιαύσια das
Grab betraten, war ihnen der Tempeleintritt verboten, Ziehen
L. s. n. 93 B (s. u. S. 57). Der Zagreusmyste im Kreterfragment des Euripides (frg. 472) vermeidet es wie die Priester
(s. u. S. 59) überhaupt, Gräber zu betreten (νεκροθήκαις οὐ
χριμπτόμενος), und dasselbe tut der Deisidaimon des Theophrast, char. XVI § 9: Οὔτε ἐπιβῆναι μνήματι [2]. Vgl. auch
Hesiod. op. 735 f.: Μηδ' ἀπὸ δυσφήμοιο τάφου ἀπονοστήσαντα
σπερμαίνειν γενεήν [3], und v. 750: Μηδ' ἐπ' ἀκινήτοισι καθιζέμεν,
οὐ γὰρ ἄμεινον [4]. Die G r ä b e r befanden sich, da man ihre
Nähe als verunreinigend ansah, meist a u ß e r h a l b d e r S t a d t [5],
und nur selten wird von dieser Regel abgewichen [6]. Ebenso

---

[1] Zum Schutz gegen die Verunreinigung durch einen Leichenzug sind
in K a p p a d o k i e n sämtliche Häuser und Läden, an denen der Zug vorbeigeht, geschlossen, s. Wachsmuth, Das alte Gr. im neuen 120.

[2] Auch bei den Juden wird jeder, der mit einem Grab in Berührung
kommt, für 7 Tage unrein, Num. XIX 16.

[3] Vgl. u. S. 54 Anm. 2.   [4] Vgl. Sikes *Class. Rev.* 1893, 392.

[5] Vgl. auch Dio Chrys. or. XLVII § 16 Arnim.

[6] So z. B. in Sparta. Plut. inst. Lac. 18 S. 238 D: Τῶν δὲ ταφῶν
ἀνεῖλεν τὴν δεισιδαιμονίαν ἅπασαν ὁ Λυκοῦργος, ἐν τῇ πόλει θάπτειν τοὺς
νεκροὺς καὶ πλησίον ἔχειν τὰ μνημεῖα τῶν ἱερῶν συγχωρήσας. Vgl. Dümmler,
Athen. Mitt. XIII (1888) 294 f.; Mau b. Pauly-Wissowa, Realenc. III 339
s. v. 'Bestattung;' Schömann-Lipsius, Gr. Alt.[4] II 603 f.; Rohde, Ps.[4] I 159;
228; II 340. Über die in Orchomenos innerhalb der Häuser gefundenen
Gräber s. Bulle, Abh. d. k. bayr. Akad., phil.-hist. Kl., XXIV 2. Abt. (1907) 67 f.
Vgl. auch S. Eitrem, Hermes und die Toten, *Christiania Videnskabs-Selskabs*

darf natürlich auch innerhalb eines heiligen Bezirks niemand
begraben werden, s. u. S. 58. Über die peinliche Absonderung
der an den Straßen gelegenen Gräber s. E. Curtius, Gesammelte
Abhandl. I 78 f.

Das alljährlich im Monat Anthesterion gefeierte mehrtägige Totenfest, die Choen, galt als unreine Zeit. In diesen
Tagen gingen die Geister um, und zum Schutz gegen eine
Verunreinigung von ihrer Seite wurden mancherlei Mittel angewandt. Phot. s. v. μιαρὰ ἡμέρα· ἐν τοῖς Χουσὶν Ἀνθεστηριῶνος
μηνός, ἐν ᾧ δοκοῦσιν αἱ ψυχαὶ τῶν τελευτησάντων ἀνιέναι, ῥάμνον
ἕωθεν ἐμασῶντο καὶ πίττῃ τὰς θύρας ἔχριον. Phot. s. v. ῥάμνος·
φυτόν, ὃ ἐν τοῖς Χουσὶν ὡς ἀλεξιφάρμακον ἐμασῶντο ἕωθεν·
καὶ πίττῃ ἐχρίοντο τὰ δώματα· ἀμίαντος γὰρ αὕτη [1]. Vgl. Hesych
s. v. μιαραὶ ἡμέραι. Die Tempel waren während dieser Zeit
geschlossen, s. u. S. 57 [2].

Vgl. auch Eurip. Alk. 1144 ff., Herakles mit Bezug auf die
aus dem Hades zurückgeholte Alkestis zu Admetos: Οὔπω θέμις
σοι τῆσδε προσφωνημάτων | κλύειν, πρὶν ἂν θεοῖσι τοῖσι νερτέ
ροις | ἀφαγνίσηται καὶ τρίτον μόλῃ φάος. Ferner die Reinigung
in der Wundergeschichte von Machates und Philinnion, von
der der Praefectus urbis erzählt, Phleg. Trall., FHG III 613,
frg. 30: Ὕλλος, ὁ νομιζόμενος παρ' ἡμῖν οὐ μόνον μάντις ἄριστος,
ἀλλὰ καὶ οἰωνοσκόπος κομψὸς εἶναι, τά τε ἄλλα συνεωρακὼς ἐν
τῇ τέχνῃ περιττῶς, ἀναστὰς ἐκέλευεν τὴν μὲν ἄνθρωπον κατα
καίειν ἐκτὸς ὁρίων (οὐ γὰρ συμφέρειν ἔτι ταύτην ἐντὸς ὁρίων
τεθῆναι εἰς γῆν), ἀποτροπιάσασθαι δὲ Ἑρμῆν Χθόνιον καὶ Εὐ
μενίδας, εἶτα οὕτω περικαθαίρεσθαι πάντας, ἁγνίσαι δὲ καὶ τὰ
ἱερὰ καὶ ὅσα θεοῖς χθονίοις νομίζεται ποιῆσαι συνέτασσεν. ἐμοὶ

Forhandlinger for 1909 Nr. 5 (nach Samter, Neue Jahrb. f. d. klass. Altert.
XII 1909, 23. Band S. 599 f.).

[1] Vgl. dieselbe Sitte bei der Geburt, εἰς ἀπέλασιν τῶν δαιμόνων, s. S. 28.

[2] Auch in Rom waren an den dies parentales und an den Lemuria
die Tempel geschlossen (s. u. S. 57 Anm. 3) und wurden καθαρμοί angewandt; auch fanden in diesen Tagen keine Hochzeiten statt. Ovid. fast.
II 19 ff.; 559 ff.; Plut. qu. Rom. 19 S. 268 B; Macrob. sat. I 13, 3; Joh. Lyd.
d. mens. IV 29 Wünsch; Ov. f. V 435 ff.; 485 ff. An den dies parentales
unterblieb überhaupt jeder geschlechtliche Verkehr, Ovid. f. II 557 f.; vgl.
Pascal, Hermes XXX (1895) 554.

τε ἰδίᾳ εἶπε περὶ τοῦ βασιλέως καὶ τῶν πραγμάτων, θύειν τε
Ἑρμῇ Διί τε Ξενίῳ καὶ Ἄρει, καὶ συντελεῖν ταῦτα μὴ παρέργως.

Auch das tote Tier wurde da und dort als unrein angesehen. Daher war es in einigen Kulten verboten, Kleider oder Schuhe aus dem Felle eines solchen im Tempel zu tragen oder ein Aas zu berühren oder davon zu essen, s. u. S. 57; 61. Derartige Bestimmungen waren auch bei den **Pythagoreern** in Geltung, Philostr., v. Ap. VIII 7 (S. 307 Kayser) von Pythagoras: Ἐσθῆτά τε, ἣν ἀπὸ θνησειδίων οἱ πολλοὶ φοροῦσιν, οὐ καθαρὰν εἶναι φήσας λίνον[1] ἠμπίσχετο καὶ τὸ ὑπόδημα κατὰ τὸν αὐτὸν λόγον βύβλου ἐπλέξατο. Vgl. Philostr. aaO. I 1; VI 11; Diog. La. VIII 33: Ἀπέχεσθαι βρωτῶν θνησειδίων τε κρεῶν κτλ. Ael. var. hist. IV 17: Προσέταττε δὲ ὁ αὐτὸς Πυθαγόρας ... ἀπέχεσθαι ... τῶν θνησειδίων[2].

Vorschriften für den Besuch der Heiligtümer

Allen, die sich durch Berührung einer Leiche usw. verunreinigt haben, ist das Betreten der Heiligtümer und das Vornehmen von heiligen Handlungen vor erfolgter Reinigung verboten.

Eurip. Iph. Taur. 380 ff.: Τὰ τῆς θεοῦ δὲ μέμφομαι σοφίσματα, | ἥτις βροτῶν μὲν ἤν τις ἅψηται φόνου | ἢ καὶ λοχείας ἢ νεκροῦ θίγῃ χεροῖν, | βωμῶν ἀπείργει μυσαρὸν ὡς ἡγουμένη, | αὐτὴ δὲ θυσίαις ἥδεται βροτοκτόνοις[3].

Chrysipp. b. Plut. de stoic. repugn. 22 S. 1044 F: Ὅτι καὶ τὸ μητράσιν ἢ ἀδελφαῖς ἢ θυγατράσιν συγγενέσθαι καὶ τὸ φαγεῖν

---

[1] Vgl. ob. S. 20.
[2] Wer bei den **Juden** ein Aas berührt oder davon gegessen hatte, war unrein bis zum Abend, Lev. XI 39 f.; XXII 8; Deuter. XIV 21. — Die **Avesta**priester verbrennen kein Opfertier, um das heilige Feuer nicht durch Totes zu verunreinigen, Geiger, Ostir. Kultur 469. Als besonders unrein galt den **Persern** ein toter Hund, Geiger, aaO. 256; Chantepie de la Saussaye, Relgesch.[3] II 209.
[3] v. 382 (ἢ καὶ — χεροῖν) ist gestrichen von Badham und von Nauck, aber s. Schöne-Bruhn zu dieser Stelle: v. 381, wer sich mit Mord befaßt hat, v. 382, wer eine Wöchnerin oder einen Toten auch nur berührt hat. Zu v. 384: Αὐτὴ δὲ κτλ., vgl. Eurip. frg. 266, Auge beklagt sich bei Athene: Σκῦλα μὲν βροτοφθόρα χαίρεις ὁρῶσα καὶ νεκρῶν ἐρείπια, κοὐ μυσαρά σοι ταῦτ' ἐστίν· εἰ δ' ἐγὼ ἔτεκον, δεινὸν τόδ' ἡγῇ;

τι καὶ προελθεῖν ἀπὸ λεχοῦς ἢ θανάτου πρὸς ἱερὸν ἀλόγως διαβέβληται.

In Athen durften die Hausgenossen am 7. Tag nach einem Todesfall noch kein Opfer darbringen, Aeschin. c. Ctes. 77: Ἑβδόμην δ᾽ ἡμέραν τῆς θυγατρὸς αὐτῷ τετελευτηκυίας, πρὶν πενθῆσαι καὶ τὰ νομιζόμενα ποιῆσαι, στεφανωσάμενος καὶ λευκὴν ἐσθῆτα λαβὼν ἐβουθύτει καὶ παρενόμει [1].

Ziehen *L. s.* n. 49 v. 6 (Inschrift vom Heiligtum des Men in Sunion; 2. Jh. n. Chr.): Ἀπὸ νεκροῦ διὰ ἡμερῶν δέκα (sc. λουσαμένους κατακέφαλα εἰσπορεύεσθαι).

Dittenberger *Syll.*[2] n. 566, Inschrift vom Tempel der Athena Nikephoros in Pergamon (2. Jh. v. Chr.): Ἁγνευέτωσαν δὲ κ[α]ὶ εἰσίτωσαν εἰς τὸν τῆς θεο[ῦ ναὸν] οἵ τε πολῖται καὶ οἱ ἄλλοι πάντες ... ἀπὸ κήδους ... δευτεραῖος· ἀπὸ δὲ τάφου καὶ ἐκφορ[ᾶς] περιρασάμενοι (h. e. περιρανάμενοι) καὶ διελθόντες τὴν πύλην, καθ᾽ ἣν τὰ ἁγιστήρια τίθεται, καθαροὶ αὐθημερόν.

Ziehen *L. s.* n. 117 v. 2f., Inschrift aus Eresos (2. Jh. v. Chr.): Ἀπὸ μὲν κάδεος ἰδίω [περιμέν]αντας ἀμέραις εἴκοσι· ἀπὸ δὲ [ἀλλοτρί]ω ἀμέραις τρεῖς λοεσσάμενον.

Ziehen *L. s.* n. 148, aus Lindos (2. Jh. n. Chr.), v. 13: Ἀπὸ κήδους [οἰκ]είου ἡμ. μ'.

Vgl. die Inschrift vom Asklepiosheiligtum in Ptolemais (Menshieh), *Rev. arch.* 1883 II 181ff., v. 3: Ἀπὸ πάθους ἰδίου.

Ziehen *L. s.* n. 89 v. 28 (aus Euboia; ca. 400 v. Chr.): Πέν]θο[υς] οἰκε[ίου]: ein Todesfall im Haus entschuldigt das Wegbleiben von Opfer und Pompe für Asklepios.

---

[1] Vgl. den Leidener Zauberpapyrus I 1 ff. (Dieterich, Abrax. 169) vom Zauberer vor dem Opfer: Ἁγνὸς μεῖνον ἡμέρας μα' προψηφίσας ..., ἔχε δὲ οἶκον ἐπίπεδον, ὅπου πρὸ ἐνιαυτοῦ οὐδεὶς ἐτελεύτησε. Auch bei den Römern durfte ein derartig Verunreinigter keine heilige Handlung vornehmen, Serv. Aen. IV 507: Vor die Türen des Trauerhauses wurde eine Cypresse gestellt (s. ob. S. 47f.), *ne quis imprudens funestam domum rem divinam facturus introeat et quasi attaminatus suscepta peragere non possit.* Vgl. auch den arabischen Brauch, Plin. n. h. XII 54: Diejenigen der Minäer, die das heilige Geschäft des Weihrauchsammelns besorgen, sind sacri und müssen sich rein halten: *Nec ullo congressu feminarum funerumque, cum incidant eas arbores aut metant, pollui.*

Ziehen *L. s.* n. 93 B, aus Iulis auf Keos (5. Jh. v. Chr.):
[Ἔδο]ξεν τῆι [β]ουλῆι καὶ [τῶ]ι δήμωι· [τῆ]ι τρίτηι καὶ τοῖς ἐνι[αυ]σίοις κα[θ]αροὺς εἶ[ν]αι τοὺς ποι[οῦ]ντας, ἐς ἱερὸν δὲ μὴ ἰέναι, καὶ τὴν [ο]ἰ[κ]ίαν καθα[ρ]ὴν εἶναι μ — — (α)ν ἐκ τοῦ σήματος ἐλ — — —: Diejenigen, die am 3. Tage nach dem Begräbnis oder an den jährlich am Todes- oder Begräbnistag stattfindenden ἐνιαύσια ein Grab, um es zu schmücken oder dort Totenopfer darzubringen[1], betraten, wurden dadurch nach diesem Gesetz nicht verunreinigt, durften aber am gleichen Tage ein Heiligtum nicht betreten.

Auch wer einen Toten nur gesehen hat, ist verunreinigt und vom Tempel ausgeschlossen, Iulian. ep. 77: Εἶτα οὐκ οἶδα οἵ τινες ἀναθέντες ἐν κλίνῃ νεκρὸν διὰ μέσων ὠθοῦνται τῶν ταῦτα σπουδαζόντων. καὶ τὸ πρᾶγμά ἐστι πάντα τρόπον οὐκ ἀνεκτόν. ἀναπίμπλανται γὰρ οἱ προστυχόντες πολλάκις ἀηδίας, οἱ μὲν οἰόμενοι πονηρὸν τὸ οἰώνισμα, τοῖς δὲ εἰς ἱερὰ βαδίζουσιν οὐ θέμις προσελθεῖν ἐστι πρὶν ἀπολούσασθαι. τοῖς γὰρ αἰτίοις τοῦ ζῆν θεοῖς καὶ μάλιστα πάντων ἀλλοτριώτατα πρὸς φθορὰν διακειμένοις οὐ θέμις προσελθεῖν ἀπὸ τοιαύτης ὄψεως.

Plut. qu. Rom. 5 S. 264 F sagt über den griechischen Glauben von den fälschlicherweise Totgesagten: Οὐ γὰρ ἐνόμιζον ἁγνοὺς οὐδὲ κατεμίγνυσαν ἑαυτοῖς οὐδ᾽ εἴων ἱεροῖς πλησιάζειν, οἷς ἐκφορὰ γεγόνει καὶ τάφος ὡς τεθνηκόσι.

An den Choen[2], an denen die Geister umgehen, ist jedermann der Gefahr der Verunreinigung ausgesetzt, daher darf in diesen Tagen niemand die Tempel betreten, Athen. X 437 C[3].

In Eresos war es den Besuchern des Tempels verboten, Kleidungsstücke aus Tierfellen zu tragen; aus diesem Grund hatten sie auch ohne Schuhe einzutreten, Ziehen *L. s.* n. 117 v. 14 ff. (2. Jh. v. Chr.): Μ]ὴ εἰσφέρην ... θνασίδιον ... (v. 17) μηδὲ ὑπόδεσιν μηδὲ ἄλλο δέρμα μηδέν. Anderwärts wurden

---

[1] Über die Verunreinigung eines Heiligtums durch Totenopfer s. S. 59 Anm. 5. [2] Vgl. ob. S. 54.

[3] Auch in Rom waren an Totenfesten die Tempel geschlossen: An den dies parentales im Februar (Ov. f. II 563 f.: *Di quoque templorum foribus celentur opertis, | ture vacent arae, stentque sine igne foci*; vgl. Ioh. Lyd. d. mens. IV 29 Wü.) und an den Lemuria im Mai (Ov. f. V 485). Vgl. ob. S. 54 Anm. 2.

besondere, nicht aus Leder gefertigte Schuhe verlangt[1]; an solche ist vermutlich bei den ἐπιχώριαι κρηπῖδες zu denken, welche der das Trophoniosorakel in Lebadeia Befragende zu benützen hat, Paus. IX 39, 8. In Eleusis verunreinigte schon die Berührung von ϑησείδια, Porph. de abst. IV 16[2].

Ein Heiligtum wurde natürlich durch eine Leiche verunreinigt; denn die Götter dürfen nicht in Berührung mit einem Toten kommen[3], Eurip. Hipp. 1437 ff., Artemis zum sterbenden Hippolytos: Ἐμοὶ γὰρ οὐ ϑέμις φϑιτοὺς ὁρᾶν | οὐδ' ὄμμα χραίνειν ϑανασίμοισιν ἐκπνοαῖς· | ὁρῶ δέ σ' ἤδη τοῦδε πλησίον κακοῦ.

Ael. frg. 11 Herch. (= Suid. s. v. Φιλήμων): Οὐκοῦν, ὦ Ἐπίκουρε, παρῆσαν δὴ καὶ Φιλήμονι αἱ ἐννέα Μοῦσαι, καὶ ὅτε ἔμελλε τὴν ἐπινηϑεῖσάν οἱ καὶ τελευταίαν ὁδὸν ἰέναι, ᾤχοντο ἀπιοῦσαι. ϑεοῖς γὰρ οὐδαμῇ ϑεμιτὸν ὁρᾶν ἔτι νεκροὺς καὶ ἐὰν ὦσι πάνυ φίλοι, οὐδ' ὄμμα χραίνειν ϑανασίμοισιν ἐκπνοαῖς.

Eurip. Alk. 22f. (Apollon im Hause des Admetos vor dem Tode der Alkestis): Ἐγὼ δέ, μὴ μίασμά μ' ἐν δόμοις κίχῃ, λείπω μελάϑρων τῶνδε φιλτάτην στέγην.

Daher darf in einem Heiligtum niemand sterben noch begraben[4] werden. *Eph. arch.* 1884, 167/168, Inschrift von der Akropolis in Athen: Ἐπεὶ δὲ πάτριόν ἐστιν ἐν μηδενὶ τῶν τεμενῶν μήτ' ἐντίκτειν μήτ' ἐναπο[ϑνήσκειν]. Aus diesem Grunde verläßt Demosthenes vor seinem Tod den Tempel des Poseidon, Plut. Demosth. 29.

Innerhalb des ἱερὸν ἄλσος τοῦ Ἀσκληπιοῦ in Epidaurus durfte niemand sterben, Paus. II 27, 1 (s. S. 32); in römischer

---

[1] Vgl. S. 55; 61.
[2] Vgl. Varr. de l. l. VII 84: *In aliquot sacris ac sacellis scriptum habemus: ne quod scorteum adhibeatur ideo ne morticinum quid adsit.* CIL I[2] 1 p. 231, Inschrift aus Präneste: *Partus curat* (Carmenta) *omnique futura, ob quam causam in aede eius cavetur ab scorteis omniaque omine morticino.* Ov. fast. I 629f. vom Tempel der Carmenta: *Scortea non illi fas est inferre sacello | ne violent puros exanimata focos.*
[3] Herod. II 86 vermeidet es sogar, im Zusammenhang mit der Beschreibung des Geschäftes der Einbalsamierung den Namen des Gottes Osiris zu nennen. Vgl. das indische Verbot des Vortrags gewisser besonders heiliger Vedaabschnitte bei Totenschmäusen, Oldenberg, Rel. d. Veda 414.   [4] Ausnahmen sind selten: Paus. II 30, 7; 33, 3; IX 17, 1.

Zeit wurde außerhalb des heiligen Bezirks ein besonderes Gebäude errichtet, wohin die Sterbenden gebracht wurden [1], Paus. II 27, 6 (s. S. 32).

Ähnlich war es auf der Insel D e l o s [2], von wo die Sterbenden auf die Insel Rheneia geschafft wurden [3], Thuc. III 104, 2; Paus. II 27, 1 (s. S. 32); Plut. apophth. Lac. 230 C. Die Insel wurde zweimal von den auf ihr vorhandenen Gräbern gereinigt [4]: Zuerst durch Peisistratos (Herod. I 64; Thuc. III 104, 1 f.) und dann gründlicher während des peloponnesischen Krieges, wobei die ausgegrabenen Leichen nach Rheneia gebracht wurden (Thuc. I 8, 1; III 104, 1; Diodor. XII 58, 6). Vgl. Callim. hymn. in Del. v. 276 f. von dieser Insel: Οὐδέ σ' Ἐννὼ | οὐδ' Ἀίδης οὐδ' ἵπποι ἐπιστείβουσιν Ἄρηος.

Ziehen L. s. n. 199 (vorläufig bei n. 66 S. 204), Inschrift aus Herakleia Pontika: Ὅρρος τὸ ἱερὸ τότο· ἐνδὸς μὴ θάπτειν.

Dittenberger Syll.[2] n. 587 v. 119 f., Inschrift aus Eleusis (329/8 v. Chr.): Νέκυν ἀνελόντι ἐκ τῆς Ῥαρίας μισθὸς Νίκωνι Ἐλευσῖνι οἰκοῦ(ντι). [τῶι κα]θήραντι τὴν Ῥαρίαν χοῖρο[υ] τιμὴ κτλ.[5]

Vom Priester wird die Einhaltung der bisher genannten Bestimmungen besonders streng gefordert. An einem Begräbnis darf er nicht teilnehmen, Porph. de abst. II 50: Εἰ δὲ οἱ τῶν τῇδε ἱερεῖς καὶ ἱεροσκόποι καὶ τάφων ἀπέχεσθαι κελεύουσιν ἑαυτοῖς τε καὶ τοῖς ἄλλοις κτλ. Plat. leg. XII 947 D vom Leichenbegängnis der Euthynen, die sich im Amt bewährt haben: Μετὰ δὲ ταῦτα ἱερέας τε καὶ ἱερείας ὡς καθαρεύοντι τῷ τάφῳ ἕπεσθαι, ἐὰν ἄρα καὶ τῶν ἄλλων εἴργωνται τάφων. Eine Bestimmung über Verunreinigung durch den

---

[1] Vgl. die Totenhütten der alten Japaner, Chantepie de la Saussaye, Relgesch.[2] I 86.

[2] Vgl. A. Mommsen, Phil. LXVI (1907) 435 f.: „Die Reinigungen von Delos und das Verbot von Todesfällen und Geburten kamen darauf hinaus, daß alles um den Apoll heiter sein sollte". Diese Deutung erscheint nach dem hier Zusammengestellten fraglich. [3] Vgl. S. 32 Anm. 2.

[4] Vgl. Dio Chrys. or. XLVII § 16 Arnim.

[5] Vgl. die apulische Inschrift aus Luceria, CIL IX n. 782: *In hoce loucarid stircus ne [qu]is fundatid neve cadaver proiecitad neve parentatid.* Plin. ad Trai. 81, 2 vom Gegner des Dio Chrysostomus: *Adiecit etiam esse in eodem positam tuam statuam et corpora sepultorum, uxoris Dionis et filii, postulavitque, ut cognoscerem pro tribunali.*

Anblick eines Toten scheint auch die koische Demeterinschrift enthalten zu haben, Herzog, Arch. f. Rel.-Wiss. X (1907) 403 (vgl. S. 413) B v. 35 f. (3. Jh. v. Chr.): *Αἰ δέ κα ἱερεὺς ἴδηι* — — —. Vgl. Luc. de dea Syr. 52 f.: Wenn in Hierapolis ein Gallos gestorben ist, legen ihn seine Freunde auf eine Bahre etc.; dadurch sind sie verunreinigt. *Φυλάξαντες δὲ ἑπτὰ ἡμερέων ἀριθμὸν οὕτως ἐς τὸ ἱρὸν ἐσέρχονται· πρὸ δὲ τουτέων ἢν ἐσέλθωσιν, οὐκ ὅσια ποιέουσι. νόμοισι δὲ ἐς ταῦτα χρέωνται τουτέοισι· ἢν μέν τις αὐτέων νέκυν ἴδηται, ἐκείνην τὴν ἡμέρην ἐς τὸ ἱρὸν οὐκ ἀπικνέεται· τῇ ἑτέρῃ δὲ καθήρας ἑωυτὸν ἐσέρχεται. αὐτέων δὲ τῶν οἰκηΐων τοῦ νέκυος ἕκαστοι φυλάξαντες ἀριθμὸν ἡμερέων τριήκοντα, καὶ τὰς κεφαλὰς ξυράμενοι ἐσέρχονται.*

Die koischen Demeterpriesterinnen dürfen kein Totenhaus, kein Grab betreten, an keinem Totenmahl teilnehmen, Arch. für Rel.-Wiss. X (1907) 402 (vgl. 407 f.) A v. 23 ff.; v. 37 ff.: *Μηδὲ παρ' ἥρωνα ἔσθεν μηδὲ ἐπιβαίνειν ἐ[φ' ἡρῷον]* ... *[μηδὲ ἐς οἰ]κίαν ἐσέρπεν ἐν ὁποίαι κα ἄνθρωπος [ἀποθάνηι ἀμερᾶν τριῶν ἀφ' ἃς κα ἀμέρας] ὁ νεκρὸς ἐξενιχθῆι* [1].

Ein besonders strenges Gesetz war in Messene in Geltung, Paus. IV 12, 6: ... *ὅτι ἢν ἐν τῇ Μεσσήνῃ καθεστηκός, ἢν γυναικὸς ἱερωμένης ἢ καὶ ἀνδρὸς προαποθάνῃ τις τῶν παίδων, ἐς ἄλλον τὴν ἱερωσύνην μεταχωρεῖν* [2].

---

[1] Vgl. Gell. n. Att. X 15, 24 über den Flamen Dialis: *Locum, in quo bustum est, numquam ingreditur, mortuum numquam attingit; funus tamen exsequi non est religio.* Ähnliches galt für alle römischen Priester, s. Wissowa, Rel. d. Röm. 435; Serv. Aen. III 64: *Moris autem Romani fuerat, ramum cupressi ante domum funestam poni, ne quisquam pontifex per ignorantiam pollueretur ingressus.* Serv. Aen. I 329 vom Priester des Apollo: *Cautum enim est, ne sacerdos eius domum ingrediatur, in qua ante quintam diem funus fuerit.* Vgl. die jüdische Vorschrift für den Hohepriester, Lev. XXI 11 (Kautzsch): „Er darf zu gar keiner Leiche hineingehen; sogar an seinem Vater und an seiner Mutter darf er sich nicht verunreinigen," und Oldenberg, Rel. d. Veda 417: „Der Brahmane, welcher das die Schulzeit abschließende Bad genommen hat, darf auf keine Richtstätte, geschweige denn auf einen Leichenacker gehen, keinen Leichenträger sehen". Als besonders unrein galten die Leichenträger bei den Persern, Geiger, Ostiran. Kultur 272.

[2] Ähnlich ist die römische Vorschrift für den Flamen Dialis, Plut. qu. Rom. 50: *Διὰ τί ὁ ἱερεὺς τοῦ Διὸς ἀποθανούσης αὐτῷ τῆς γυναικὸς*

Ein Verbot, Kleider und Schuhe aus Tierfellen zu tragen, haben wir für die Priester der Inschrift von Eresos (s. ob. S. 57) vorauszusetzen. Eine ähnliche Vorschrift für die Priesterinnen in Andania ist überliefert bei Ziehen *L. s.* n. 58 v. 23f. (ca 90 v. Chr.): Μὴ ἐχέτω δὲ μηδεμία . . . ὑποδήματα εἰ μὴ πίλινα ἢ δερμάτινα ἱερόθυτα. Als nicht lederne Schuhe sind vielleicht auch die λευκαὶ Λακωνικαί, Athen. V 215 C (s. S. 18) und das φαικάσιον, Appian. b. c. V 11 (s. S. 18) zu denken [1].

Die Demeterinschrift von Kos, Arch. f. Rel.-Wiss. X (1907) 402 (vgl. S. 408f.) A v. 26f., 41f.) verbietet den Priesterinnen auch den Genuß von θνασίδια: Μηδὲ τῶν θνασ[ιδίων μηδὲ τῶν κενεβρείων μηδὲ τῶν πνι]κτῶν μηδενὸς ἔσθεν [2].

Über die Dauer der Unreinheit sind die verschiedensten Angaben überliefert. Wer ein Grab betreten oder an einem Begräbnis teilgenommen hatte, dem war der Eintritt in den Athenatempel in Pergamon αὐθημερόν nach erfolgter Reinigung gestattet, Dittenberger *Syll.*[2] n. 566 (s. ob.

ἀπετίθετο τὴν ἀρχήν, ὡς Ἀτήιος ἱστόρηκε; Vgl. Gell. n. Att. X 15, 22. Eine andere Erklärung dieser Vorschrift gibt Frazer *Gold. Bough*[3] IV (Adonis Att. Os.) 407ff.: Die Amtsniederlegung erfolge deshalb, weil der Flamen, der zu seinen Amtshandlungen die Mitwirkung seiner Frau benötige, nach deren Tod nicht sofort wieder heiraten könne. — Vgl. noch Plut. qu. R. 113 vom Flamen Dialis: Διὰ τί τοῖς ἱερεῦσι τούτοις ἀρχὴν οὐκ ἐφεῖτο λαβεῖν οὐδὲ μετελθεῖν; . . . οὐχ ὅσιον ἡγοῦντο θύειν θεοῖς καὶ ἱερῶν κατάρχεσθαι γενόμενον ἐν καταδίκαις καὶ θανατώσεσι πολιτῶν. Fest. 93 M.: *Funebres tibiae dicuntur, cum quibus in funere canitur, quas flamini audire putabatur illicitum.*

[1] Vgl. die Bestimmung für die Flaminica Dialis, Fest. 161 M.: *Mortuae pecudis corio calceos aut soleas fieri Flaminicis nefas habebatur.* Serv. Aen. IV 518: *Sane flaminicae non licebat neque calceos neque soleas morticinas habere.* — Herod. II 37 von den ägyptischen Priestern: Ἐσθῆτα δὲ φορέουσι οἱ ἱερέες λινέην μούνην καὶ ὑποδήματα βύβλινα· ἄλλην δέ σφι ἐσθῆτα οὐκ ἔξεστι λαβεῖν οὐδὲ ὑποδήματα ἄλλα. Vgl. S. 20. Über die phönizischen Priester s. Herodian. V 5, 10: Ὑποδήμασι δὲ λίνου πεποιημένοις ἐχρῶντο, ὥσπερ οἱ κατ' ἐκεῖνα τὰ χωρία προφητεύοντες. Vgl. ob. S. 19 Anm. 4.

[2] Vgl. die ob. S. 55 angeführten pythagoreischen und jüdischen Speisegesetze.

S. 56). Dasselbe war nach Iulian. ep. 77 (s. S. 57) der Fall nach einer Begegnung mit einem Leichenzug. Dagegen darf der Gallos in Hierapolis, der einen Toten gesehen hat, erst am folgenden Tage den Tempel betreten, Luc. de dea Syr. 53 (s. S. 60).

Wer in einem fremden Haus mit einem Toten in Berührung gekommen war, war nach dem Gesetz von Eresos 3 Tage [1] unrein, Ziehen n. 117 (s. S. 56). Für die Galloi galt in diesem Fall eine Frist von 7 Tagen [2], Luc. de dea Syr. 52 (s. S. 60).

Die Hausgenossen eines Verstorbenen waren in Eresos 20 Tage [3] unrein, Ziehen n. 117 (s. S. 56); für die Galloi war eine Frist von 30 Tagen bestimmt, Luc. d. d. S. 53 (s. ob. S. 60). Im Gesetz von Lindos ist die Zeit der Unreinheit auf 40 Tage festgesetzt, Ziehen n. 148 (s. S. 56).

In Pergamon darf der durch die Berührung mit einem Toten Verunreinigte, gleichgültig wie es scheint, ob die Verunreinigung im eigenen oder in einem fremden Hause geschehen ist, am 2. Tag den Tempel betreten, *Syll.*[2] n. 566 (s. S. 56), in Sunion am 10. Tag, Ziehen n. 49 (s. S. 56).

Für Athen sind bestimmte Angaben nicht überliefert. Sicher ist nur, daß die Hausgenossen am 7. Tag nach dem Todesfall noch nicht καθαροί waren, Aeschin. c. Ctes. 77 (s. S. 56) [4].

---

[1] 3 Tage lang waren bei den Indern die entfernter Verwandten unrein, 10 Tage die näheren Angehörigen (Hausgenossen?), Oldenberg, Rel. d. V. 577; Orelli, Relgesch. 437.

[2] Auf 7 Tage verunreinigt bei den Juden jede Art der Berührung mit einem Toten, s. ob. S. 46 Anm. 1; 53 Anm. 2.

[3] Gerechnet wohl vom Begräbnistage ab; denn dann erst ist der Akt der Verunreinigung vollendet.

[4] Oder darf aus dieser Stelle geschlossen werden, daß die Dauer der Unreinheit gleich der Dauer der Trauerzeit war (πρὶν πενθῆσαι κτλ.) und somit 9 Tage von der Bestattung ab gerechnet betrug? Es wäre dies eine Bestätigung der Vermutung von Rohde (Ps.[4] I 234 Anm.), daß die Angehörigen bis zu den ἔνατα unrein waren. (Vgl. das *novemdiale sacrum* der Römer, Wissowa, Rel. d. Röm. 328 f.).

Unreinheit des Toten bei anderen Völkern des Altertums

Römer: s. ob. S. 48; 50 Anm. 2 und 3; 52 Anm. 3; 54 Anm. 2; 56 Anm. 1; 57 Anm. 3; 58 Anm. 2; 59 Anm. 5; 60 Anm. 1 u. 2; 62 Anm. 4.

Juden: S. 46 Anm. 1 und 2; 49 Anm. 3; 50 Anm. 2; 53 Anm. 2; 55 Anm. 2; 60 Anm. 1; 62 Anm. 2. Vgl. Katzenelson, Monatsschr. f. Gesch. u. Wiss. d. Judent. 1899, S. 109 ff.; Schürer, Gesch. d. jüd. Volkes[3] II 273 Anm. 56.

Den jüdischen Reinheitsgesetzen ähnlich sind die des Islam, s. Chantepie de la Saussaye, Relgesch.[3] I 502.

Ägypter: s. ob. S. 43 Anm. 4; 44 Anm. 2; 51 Anm. 3; 61 Anm. 1.

Araber: S. 50 Anm. 3; 56 Anm. 1. (Vgl. die Gebräuche der heutigen Araber, s. S. 44 Anm.; 51 Anm. 3).

Babylonier: S. 45 Anm. 2; 51 Anm. 3.

Skythen: S. 51 Anm. 3.

Perser: S. 43 Anm. 4; 47 Anm. 1; 50 Anm. 3; 55 Anm. 2; 60 Anm. 1. Vgl. B. W. Leist, Altar. Ius Civ. 55.

Inder: S. 43 Anm. 4; 50 Anm. 2; 58 Anm. 3; 60 Anm. 1; 62 Anm. 1.

Germanen: S. 45 Anm. 2.

Über die alten Japaner s. S. 44 Anm. 1; 59 Anm. 1. Vgl. K. F. Neumann b. Ersch u. Gruber, Allg. Enz. d. Wiss. u. Künste II 14 S. 375 s. v. 'Japan'.

Auch heute noch sind diese Anschauungen bei vielen Völkern verbreitet, s. ob. S. 43 Anm. 4; 44 Anm. 1; 47 Anm.; 51 Anm. 3; 53 Anm. 1. Vgl. außerdem Samter, Neue Jahrb. f. d. kl. Alt. 1905, I 34 ff.; Orelli, Relgesch. 830 (Polynesier); Chantepie de la Saussaye, Relgesch.[3] I 54 (Mongolen); A. v. Gennep *Tabou et totémisme à Madagascar* 59 ff.; J. Spieth, Die Ewe-Stämme 256. Für das moderne Griechenland s. Wachsmuth, Das alte Gr. im neuen 105 ff., bes. 119 f. (vgl. ob. S. 44 Anm. 1; 48 Anm. 5).

§ 7. Mord [1]

Der Mörder ist verunreinigt, nicht nur durch die Berührung mit dem Toten. An ihm haftet auch das *μίασμα* der ihn verfolgenden Seele des Getöteten und der ihr beistehenden Dämonen [2], s. z. B. Antiph. or. IV 1, 3: Ὅ τε γὰρ ἀποθανὼν... ὑπολείπει τὴν τῶν ἀλιτηρίων δυσμένειαν, ἣν οἱ παρὰ τὸ δίκαιον κρίνοντες ἢ μαρτυροῦντες, συνασεβοῦντες τῷ ταῦτα δρῶντι, οὐ προσῆκον μίασμα εἰς τοὺς ἰδίους οἴκους εἰσάγονται. Die nach Rache verlangende Seele wird unterstützt von den Verwandten; sie haben in älterer Zeit die Pflicht, die Blutrache an dem Mörder zu vollziehen, gleichgültig, ob ein *φόνος ἑκούσιος* oder *ἀκούσιος* vorliegt. Solche Unterscheidungen macht erst eine spätere Zeit, als der Staat die Verfolgung der Mörder übernimmt.

Nach solonischem Gesetz [3] steht auf vorsätzlichem Morde Todesstrafe, der sich der Mörder durch *ἀειφυγία* entziehen konnte. Im Lande darf der Verunreinigte auf keinen Fall bleiben [4], auch nicht nach unfreiwilliger Tötung. Doch ist hierbei die Strafe nur Verbannung auf eine bestimmte Zeit, nach attischem Gesetz, wie es scheint, in der Regel auf 5 Jahre, Schol. B Hom. Il. *B* 665 (Bd. III Dindorf) [5]. Das *μίασμα* haftet so lange an dem Mörder, bis die Verwandten des Toten (in dessen Namen) ihm Verzeihung (*αἴδεσις*) gewährt haben, die

---

[1] Vgl. bes. Stengel, Gr. Kultusalt.² 140 ff.; Schömann-Lipsius, Gr. Alt.⁴ II 362 ff.; Rohde, Ps.⁴ I 259 ff.

[2] Ausführlich handelt darüber Rohde, Ps.⁴ I 264 Anm. 2; 275 Anm. 2; II 78 Anm. 1.

[3] S. Philippi, Areopag und Epheten 109 ff. und sonst passim. Meier-Schömann-Lipsius, Der attische Prozeß (Berlin 1883—87) 376 ff.

[4] Denn dies hätte *ἀφορίαι* und *δυστυχεῖς πράξεις* zur Folge, Antiph. or. II 1, 10. — Auch an Tieren und leblosen Gegenständen, durch die ein Mensch getötet worden war, wurde das *μίασμα* der zürnenden Seele haftend gedacht; sie wurden deshalb über die Grenze geschafft und die Tiere dort getötet, Aeschin. c. Ctes. 244; Plat. leg. IX 873 E. Vgl. Meier-Schömann-Lipsius, Der attische Prozeß 131.

[5] Daß in Sparta auf unfreiwilliger Tötung Verbannung auf Lebenszeit stand (Rohde, Ps.⁴ I 262 Anm. 2), ist aus Xenoph. An. IV 8, 25 mit Sicherheit nicht zu schließen.

sie ihm nach Ablauf der obigen Frist nicht versagen durften. Hierauf folgte die zeremonielle Reinigung[1].

Jede Tötung, welcher Art sie auch ist, sogar die gesetzlich erlaubte, macht eine Reinigung nötig[2]. Demosth. XXIII 72 f.: *Τί οὖν ὁ νόμος κελεύει τὸν ἁλόντ᾽ ἐπ᾽ ἀκουσίῳ φόνῳ· ἔν τισιν εἰρημένοις χρόνοις ἀπελθεῖν τακτὴν ὁδόν*[3], *καὶ φεύγειν ἕως ἂν αἰδέσηταί τινα τῶν ἐν γένει τοῦ πεπονθότος. τηνικαῦτα δ᾽ ἥκειν δέδωκεν ἔστιν ὃν τρόπον, οὐχ ὃν ἂν τύχῃ, ἀλλὰ καὶ θῦσαι καὶ καθαρθῆναι καὶ ἄλλ᾽ ἄττα διείρηκεν, ἃ χρὴ ποιῆσαι. . . .* (73) *καὶ γὰρ τὸ τῶν ἀκουσίων ἐλάττω τὴν τιμωρίαν ἢ τῶν ἑκουσίων τάξαι δίκαιον καὶ τὸ παρασχόντ᾽ ἀσφάλειαν ἀπελθεῖν οὕτω προστάττειν φεύγειν ὀρθῶς ἐστιν ἔχον, καὶ τὸ τὸν κατιόνθ᾽ ὁσιοῦν καὶ καθαίρεσθαι νομίμοις τισί, . . . καὶ πάντα ταῦτ᾽ ἔχει καλῶς*[4].

Antiph. or. VI 4: *Τοσαύτην γὰρ ἀνάγκην ὁ νόμος ἔχει, ὥστε καὶ ἄν τις κτείνῃ τινὰ ὧν αὐτὸς κρατεῖ καὶ μὴ ἔστιν ὁ τιμωρήσων, τὸ νομιζόμενον καὶ τὸ θεῖον δεδιὼς ἁγνεύει τε ἑαυτὸν καὶ ἀφέξεται ὧν εἴρηται ἐν τῷ νόμῳ, ἐλπίζων οὕτως ἂν ἄριστα πράξειν.*

Porph. d. abst. I 9: *Οἶμαι δ᾽ ἔγωγε καὶ τοὺς συγκεχωρημένους ὑπὸ τοῦ νόμου φόνους τὰς ἀφοσιώσεις λαμβάνειν τὰς εἰθισμένας διὰ τῶν καθαρμῶν . . . ὅθεν οὐ μόνον ζημίας ἔταξαν οἱ πρῶτοι συνιδόντες, ἀλλὰ καὶ ἕτερον φόβον ἄλογον ἐπήρτησαν, οὐ καθαροὺς ἐπιφημίσαντες εἶναι τοὺς ὁπωσοῦν ἄνθρωπον ἀνελόντας, μὴ χρησαμένους καθαρμοῖς.*

Vgl. Hippocr. de morbo s. S. 593 Kühn, Wilam., Gr. Leseb. I 273: *Καθαίρουσι γὰρ τοὺς ἐχομένους τῇ νούσῳ αἵματι καὶ ἄλλοισι τοιούτοισι ὥσπερ μίασμά τι ἔχοντας ἢ ἀλάστορας κτλ.*

---

[1] Näheres s. Rohde, Ps.[1] I 259 ff.
[2] Dem widerspricht nicht Demosth. XX 158: *Ὁ Δράκων . . . ἔθηκεν ἐφ᾽ οἷς ἐξεῖναι ἀποκτιννύναι, κἂν οὕτω τις δράσῃ, καθαρὸν διώρισεν εἶναι*: er soll rein von Strafe sein, s. Philippi, Areop. 62. Vgl. u. S. 66 Anm. 1. Über Tötung bei Homer s. ob. S. 5 Anm. 3. [3] Vgl. u. S. 69.
[4] Vgl. Philostr. v. Ap. VI 5: *Ἀπέκτεινε γὰρ Μεμφίτην τινὰ ἄκων, κελεύουσι δ᾽ οἱ κατὰ Μέμφιν νόμοι τὸν φεύγοντα ἐπ᾽ ἀκουσίῳ, δεῖ δὲ φεύγειν, ἐπὶ τοῖς Γυμνοῖς εἶναι, κἂν ἐκνίψηται τοῦ φόνου, χωρεῖν ἐς ἤθη καθαρὸν ἤδη, βαδίσαντα πρότερον ἐπὶ τὸ τοῦ πεφονευμένου σῆμα καὶ σφάξαντά τι ἐκεῖ οὐ μέγα. τὸν δὲ χρόνον, ὃν οὔπω τοῖς Γυμνοῖς ἐνέτυχεν, ἀλᾶσθαι χρὴ περὶ ταυτὶ τὰ ὅρια, ἔστ᾽ ἂν αἰδέσωνται αὐτόν, ὥσπερ ἱκέτην.*

Auch Platon verlangt Reinigung nach einem Totschlag[1], s. z. B. leg. IX 865 A: *Εἴ τις ἐν ἀγῶνι καὶ ἄθλοις δημοσίοις ἄκων . . . ἀπέκτεινέ τινα φίλιον, . . . καθαρθεὶς κατὰ τὸν ἐκ Δελφῶν κομισθέντα περὶ τούτων νόμον ἔστω καθαρός.*

Platons Priester muß *φόνου ἁγνός* sein, leg. VI 759 C. Dies ist wohl von allen Priestern verlangt worden, und wenn sie sich eines Mordes schuldig gemacht hatten, wurden sie gewiß ihres Amtes entsetzt. Ob dies auch bei gesetzlich erlaubtem Totschlag der Fall war, ist fraglich. Nachrichten über derartige Bestimmungen fehlen[2].

Geschichtliche und mythische Beispiele von durch Mord oder eine andere Art von Tötung Verunreinigten und deren Reinigung sind zahlreich überliefert:

Achilleus wird von der Ermordung des Thersites durch Odysseus auf der Insel Lesbos gereinigt, Kinkel *Ep. Gr. frg.* I 33 (Aithiopis). Seine Reinigung in Milet von der Tötung des Königs Trambelos, Athen. II 19, p. 43 D.

Reinigung des Phrygers **Adrastos** von der Tötung seines Bruders durch Kroisos, Herod. I 35.

Alkmaion wird vom Muttermord durch König Phegeus von Psophis gereinigt; eine zweite Reinigung erfährt er von Acheloos, Apollod. bibl. III 7, 5 § 87 f.; Ovid. fast. II 43 f.

Reinigung des **Amphitryon** von der Ermordung seines Schwiegervaters Elektryon durch Kreon in Theben, Apollod. bibl. II 4, 6 § 56 f.

Apollon und **Artemis** werden, nachdem sie den Python getötet hatten, in Kreta von Karmanor oder Chrysothemis gereinigt, Ael. v. h. III 1; Paus. II 7, 7; II 30, 3; X 6, 7; Schol. Pind. Pyth. 298 Böckh. Vgl. Frazer, Paus., Bd. III 53 f.

---

[1] Vgl. Ritter, Platos Gesetze, Komm., 287. — Plat. leg. IX 874 B: Wer einen Dieb, Räuber, Ehebrecher . . . tötet, *καθαρὸς ἔστω*: soll frei von Schuld, straflos sein; eine Reinigung aber hat auch er vorzunehmen. Vgl. ob. S. 65 Anm. 2. — Ob es sich in der frühen Inschrift von Kleonai, Ziehen *L. s. n.* 50 v. 6 ff., um ein *discrimen iustae et iniustae necis* (Ziehen) handelt, so daß der gesetzlich erlaubte Totschlag keine Verunreinigung brächte, ist zweifelhaft.

[2] Vgl. Herod. I 140 von den ägyptischen Priestern und den persischen Magiern: *Οἱ μὲν γὰρ ἁγνεύουσι ἔμψυχον μηδὲν κτείνειν, εἰ μὴ ὅσα θύουσι· οἱ δὲ δὴ μάγοι αὐτοχειρίῃ πάντα πλὴν κυνὸς καὶ ἀνθρώπου κτείνουσιν.*

Reinigung der Bürger von Argos nach der Tötung von 1000 Mitbürgern, Paus. II 20, 2.

Bellerophontes wird, nachdem er einen seiner Brüder getötet hatte, von Proitos gereinigt, Apollod. bibl. II 3, 1 § 30.

Reinigung der Danaiden durch Athena und Hermes auf Befehl des Zeus, Apollod. bibl. II 1, 5 § 22.

Durch Eteokles und Polyneikes, $\pi\lambda\eta\gamma\acute{\epsilon}\nu\tau\epsilon\varsigma$ $\alpha\grave{v}\tau\acute{o}\chi\epsilon\iota\varrho\iota$ $\sigma\grave{v}\nu$ $\mu\iota\acute{\alpha}\sigma\mu\alpha\tau\iota$, ist Theben verunreinigt, Soph. Antig. 170 ff.; 1143 f.

Reinigung des Herakles nach der Tötung des Iphitos, Soph. Trach. 258, durch Deiphobos in Amyklai, Apollod. bibl. II 6, 2 § 130; CIG 5984 B v. 37 ff. Von Neleus war ihm die Reinigung verweigert worden, Apollod. aaO.; Schol. Hom. Il. B 336 (Bd. I Dind.); Schol. Pind. Olymp. IX 43; ebenso in Sparta, Paus. III 15, 3. Reinigung des Herakles nach der Ermordung des Königs Lykos von Theben, Eurip. Herc. 922 ff. Nach der Tötung der Kentauren wird er von Eumolpos gereinigt, Apollod. bibl. II 5, 12 § 122. Seine Reinigung nach dem Kampf mit den Meropen, Plut. qu. Gr. 58 S. 304 E. Nachdem er im Wahnsinn seine Familie getötet hat, führt ihn Theseus zur Reinigung nach Athen, Eurip., Herc. 1322 ff.; nach anderer Überlieferung wird er von Thespios (Apollod. bibl. II 4, 12 § 72) oder von Sikalos (Schol. Pind. isthm. IV 104) gereinigt.

Iason und Medeia werden durch Kirke vom Morde des Apsyrtos gereinigt, Apoll. Rhod. Arg. IV 698 ff.; Apollod. bibl. I 9, 24 § 134. Medeia ist verunreinigt durch die Ermordung ihrer Kinder, Eurip. Med. 1268 ff.; sie wird von Aigeus gereinigt, Ov. f. II 41 f.

Kopreus wird, nachdem er den Iphitos getötet hatte, in Mykenai von Eurystheus gereinigt, Apollod. bibl. II 5, 1 § 76.

Reinigung des Menoitios durch Peleus, Ovid. fast. II 39.

Reinigung des Neleus, weil er einen Knaben getötet hat, Ael. v. h. VIII 5.

Durch den Vatermord des Oidipus ist Theben verunreinigt, Soph. Oid. Tyr. 350 ff. Reinigung des Oidipus im Hain der Eumeniden, Soph. Oid. Kol. 466 ff.

Unreinheit des Orestes nach der Ermordung des Aigisthos und der Klytaimestra, und seine Reinigung in Delphi: Aeschyl.

Choeph. 963 ff.; 1055 ff.; Eumen. 235 ff.; 276 ff.; 448 ff.; 476 f.;
Eurip. Or. 427 ff.; 1602 ff.; Iph. Taur. 693 f.; 1037; 1171—1232;
1330 ff.; 1336 ff.; Schol. Aristoph. equ 95; Prob. p. 3, 13 Keil.
Vgl. Bötticher, Arch. Zeit. XVIII (1860) Taf. 137, 3; 138, 2;
Compte-Rendu de la comm. imp. archéol. 1863 (St. Petersb. 1864)
213; 259; Baumeister, Denkm. d. kl. Alt. 1117 fig. 1314; Furt-
wängler, Ant. Gemmen I Taf. 22, 29; II S. 109; Frazer, Paus.,
Bd. III 276 ff. Von einer Reinigung des Orestes in Troizen
durch neun Bürger berichtet Paus. II 31, 4; 8 f. Nach Lamprid.
Antonin. Hel. VII 7, reinigt er sich in Thrake *apud tria flu-
mina circa Hebrum*. An eine Reinigung ist wohl auch zu
denken, wenn berichtet wird, Orestes sei auf dem Berge
Melantion oder Amanon in Kilikien vom Wahnsinn geheilt
worden, Stephan. Byz. ethn. s. v. Ἄμανον; Tzetzes Schol. z.
Lycophr. 1374.

Reinigung des **Pausanias** nach der Ermordung der
Kleonike, Paus. III 17, 9.

Peleus hat mit seinem Bruder Telamon den Phokes getötet; er flieht nach Phthia und wird dort von Eurytion gereinigt; nachdem er auch diesen ἄκων getötet hatte, geht er
nach Iolkos, wo er durch Akastos gereinigt wird, Apollod.
bibl. III 13, 1 f. § 163 f.; Ovid. met. XI 407 ff.; fast. II 39 f.

Pelops wird von der Tötung des Myrtilos durch Hephaistos
gereinigt, Apollod. epit. II 9.

Reinigung der **Penthesileia**, welche die Hippolyte un-
freiwillig getötet hatte, durch Priamos, Apollod. epit. V 1.

Theseus wird beim Altar des Zeus Meilichios am Ke-
phissos durch die Phytaliden von der Tötung des Räubers
Sinis und Anderer gereinigt, Plut. Thes. 12; Paus. I 37, 4.
Seine Reinigung von der Ermordung des Pallas und seiner
Söhne in Troizen, Paus. I 22, 2, und im Delphinion in Athen,
Poll. VIII 119.

**Alles, was mit dem Mörder in Berührung ge-
kommen ist, ist unrein**[1]:

Seine **Kleider**, Suid. s. v. ἀπὸ δὶς ἑπτὰ κυμάτων. ἐκ

---

[1] Kirke fühlt sich sogar durch den bloßen Traum, αἵματι τὸν οἶκον αὐτῆς μεμολυσμένον, verunreinigt, Apoll. Rhod. Arg. IV 663 f. u. Schol.

μεταφορᾶς τῶν ἐπὶ φόνοις καθαιρομένων. οὗτοι γὰρ δὶς ἑπτὰ κύμασι πλύνουσι τὰ ἱμάτια[1].

Sein Haus ist verunreinigt und bedarf der Reinigung. Hom. Od. χ 480 ff., reinigt Odysseus sein Haus nach der Mnesterophonie, v. 481 f.: Οἶσε θέειον, γρηΰ, κακῶν ἄκος, οἶσε δέ μοι πῦρ, | ὄφρα θεειώσω μέγαρον. v. 493 f.: Αὐτὰρ Ὀδυσσεὺς | εὖ διεθείωσεν μέγαρον καὶ δῶμα καὶ αὐλήν. Eurip. Iph. Taur. 693 f., Orestes zu Pylades: Σὺ δ᾽ ὄλβιός τ᾽ εἶ καθαρά τ᾽ οὐ νοσοῦντ᾽ ἔχεις | μέλαθρ᾽, ἐγὼ δὲ δυσσεβῆ καὶ δυστυχῆ. Plat. leg. IX 877 D: Τοῦτον πρῶτον μὲν καθήρασθαι καὶ ἀποδιοπομπήσασθαι τὸν οἶκον χρεὼν ἔστω κατὰ νόμον.

Jeder Verkehr mit dem Mörder ist verunreinigend und gefährlich. Antiphon or. V 82: Οἶμαι γὰρ ὑμᾶς ἐπίστασθαι ὅτι πολλοὶ ἤδη ἄνθρωποι μὴ καθαροὶ χεῖρας ἢ ἄλλο τι μίασμα ἔχοντες συνεισβάντες εἰς τὸ πλοῖον συναπώλεσαν μετὰ τῆς αὑτῶν ψυχῆς τοὺς ὁσίως διακειμένους τὰ πρὸς τοὺς θεούς· τοῦτο δὲ ἤδη ἑτέρους ἀπολομένους μὲν οὔ, κινδυνεύσαντας δὲ τοὺς ἐσχάτους κινδύνους διὰ τοὺς τοιούτους ἀνθρώπους[2]. Deshalb verkündet Iphigeneia, Eurip. Iph. T. 1226: Ἐκποδὼν δ᾽ αὐδῶ πολίταις τοῦδ᾽ ἔχειν μιάσματος (von dem Anblick des Orestes und Pylades); vgl. v. 1210 ff.; 1218. Dies ist auch der Grund, warum dem Mörder, der des Landes verwiesen wird, vorgeschrieben ist: ἀπελθεῖν τακτὴν ὁδόν, Demosth. XXIII 72; vermutlich mußte er einen wenig begangenen Weg benützen.

Der Mörder darf niemand ansehen und mit niemandem reden[3]. Aeschyl. Eum. 276 ff. sagt Orestes: Ἐγὼ διδαχθεὶς ἐν κακοῖς ἐπίσταμαι | πολλοὺς καθαρμοὺς καὶ λέγειν ὅπου δίκη | σιγᾶν θ᾽ ὁμοίως. Schol. Eum. 276: Οἱ ἐναγεῖς οὔτε ἱερῷ προσῄεσαν οὔτε προσέβλεπον οὐδὲ διελέγοντό τινι. Aeschyl. Eum. 451 ff.: Ἄφθογγον εἶναι τὸν παλαμναῖον νόμος, | ἔστ᾽ ἂν πρὸς ἀνδρὸς αἵματος καθαρσίου | σφαγαὶ καθαιμάξουσι νεοθήλου βοτοῦ. Eurip. Or. 428: Μισούμεθ᾽ οὕτως ὥστε μὴ προσεννέπειν. Eur. Or. 1605, Menelaos zu Orestes: Τίς δ᾽ ἂν προσείποι σ᾽; Eur. Iph. Taur. 951, Orestes: Σιγῇ δ᾽ ἐτεκτήναντ᾽ ἀπόφθεγκτόν μ᾽.

---

[1] Vgl. die Reinigung der Kleider bei den Juden nach einem Feldzug, Num. XXXI 20.   [2] Vgl. Aeschyl. sept. 587 ff.

[3] Zur Übertragung der Unreinheit durch Sprechen vgl. z. B. Eurip. Alk. 1144 ff. (s. ob. S. 54).

Soph. Oid. Tyr. 350 ff., Teiresias zu Oidipus: *Ἐννέπω σε τῷ κηρύγματι | ᾧπερ προεῖπας ἐμμένειν, κἀφ᾽ ἡμέρας | τῆς νῦν προσαυδᾶν μήτε τούσδε μήτ᾽ ἐμέ, | ὡς ὄντι γῆς τῆσδ᾽ ἀνοσίῳ μιάστορι.* Soph. Oid. Kol. 488 ff., Chor zu Oid.: *Αἰτοῦ σύ τ᾽ αὐτὸς κεἴ τις ἄλλος ἀντὶ σοῦ, | ἄπυστα φωνῶν μηδὲ μηκύνων βοήν· | ἔπειτ᾽ ἀφέρπειν ἄστροφος.* So sprechen Iason und Medeia vor ihrer Reinigung nicht mit Kirke, Ap. Rhod. IV 695 ff., und so stellt auch Kroisos erst, nachdem er den Adrastos von der Tötung des Bruders gereinigt, Fragen an ihn, Herod. I 35. Vgl. Philostr. v. Ap. VI 5 S. 209 Kays.: *Ὁ Τιμασίων 'ἐμοῦ' ἔφη 'πυνθάνεσθε, ἀλλὰ μὴ τούτου, οὗτος μὲν γὰρ οὐκ ἂν εἴποι πρὸς ὑμᾶς τὸ ἑαυτοῦ πάθος . . .· ἀπέκτεινε γὰρ Μεμφίτην τινὰ ἄκων'.*

Der Reinigung Begehende **verhüllt das Haupt**, Schol. Hom. Il. Ω 480 (ed. Nicole II 214): *Ἔθος ἦν τοῖς παλαιοῖς τὸν ἀκούσιον φόνον ἐργασάμενον φεύγειν ἐκ τῆς πατρίδος καὶ παραγίνεσθαι εἴς τινος οἰκίαν ἀνδρὸς πλουσίου καὶ καθίζειν ἐπὶ τῆς ἑστίας συγκεκαλυμμένον καθαρσίου δεόμενον.* Vgl. Ap. Rhod. Arg. IV 697 f.: *Οὐδέποτ᾽ ὄσσε ἰθὺς ἐνὶ βλεφάροισιν ἀνέσχεθον.* Die Verhüllung bezweckt, den verunreinigenden Blick des Mörders abzuwenden[1], Eurip. Iph. Taur. 1206 f.: Iph.: *Κἀκκομιζόντων δὲ δεῦρο τοὺς ξένους.* Thoas: *Ἔσται τάδε.* | I.: *Κρᾶτα κρύψαντες πέπλοισιν.* Th.: *Ἡλίου πρόσθεν φλογός.*

Dem Mörder ist jedes Haus verschlossen, Eurip. Or. 430: *Ἐκκλῄομαι γὰρ δωμάτων ὅποι μόλω.* Eurip. Iph. Taur. 947 ff., Orestes von Athen: *Ἐλθὼν δ᾽ ἐκεῖσε πρῶτα μέν μ᾽ οὐδεὶς ξένων | ἑκὼν ἐδέξατ᾽, ὡς θεοῖς στυγούμενον. | οἳ δ᾽ ἔσχον αἰδῶ, ξένια μονοτράπεζά μοι | παρέσχον, οἴκων ὄντες ἐν ταὐτῷ στέγει, | σιγῇ δ᾽ ἐτεκτήναντ᾽ ἀπόφθεγκτόν μ᾽, ὅπως | δαιτὸς γενοίμην πώματός τ᾽ αὐτῶν δίχα, | εἰς δ᾽ ἄγγος ἴδιον ἴσον ἅπασι βακχίου | μέτρημα πληρώσαντες εἶχον ἡδονήν.* Vgl. Schol. Aristoph. eq. 95: Orestes kommt nach dem Muttermord nach Athen zu seinem Verwandten Pandion. *Ὁ τοίνυν Πανδίων παραπέμψασθαι μὲν τὸν Ὀρέστην αἰδούμενος, κοινωνῆσαι δὲ ποτοῦ καὶ τραπέζης ἀσεβὲς ἡγούμενος, μὴ καθαρθέντος αὐτοῦ τὸν φόνον.* Ähnlich ergeht es ihm in Troizen, Paus. II 31, 8: *Πρὶν γὰρ ἐπὶ τῷ αἵματι*

---

[1] Anders Diels, Sib. Bl. 122 f. Möglich wäre auch die Deutung als Zeichen der Betrübnis, vgl. Gruppe, Gr. Myth. 911 Anm. 13.

καθαρθῆναι τῆς μητρὸς Τροιζηνίων οὐδεὶς πρότερον ἤθελεν αὐτὸν οἴκῳ δέξασθαι. Nach der Reinigung ist er ἀβλαβὴς δόμοις, Aeschyl. Eum. 477.

Antiph. or. II 1, 10: *Ἀσύμφορόν θ' ὑμῖν ἐστι τόνδε μιαρὸν καὶ ἄναγνον ὄντα . . . ἐπί τε τὰς αὐτὰς τραπέζας ἰόντα συγκαταπιμπλάναι τοὺς ἀναιτίους.*

Es ist dem Mörder auch verboten, in die **Volksversammlung**, der nicht einmal der des Mordes nur Angeklagte beiwohnen durfte, Aristot. *Ἀθ. πολ.* 57, zu kommen, Demosth. XX 158; XXIII 37 (s. u.). Vgl. Aeschin. *π. παραπρεσβ.* 148: *Δημόσθενες . . . τὸν γραψάμενον Νικόδημον τὸν Ἀφιδναῖον χρήμασι πείσας ἐσώθης, ὃν ὕστερον μετὰ Ἀριστάρχου συναπέκτεινας, καὶ οὐ καθαρὸς ὢν εἰς τὴν ἀγορὰν ἐμβάλλεις.* Die bloße Nachricht von einer Revolte in Argos, bei der 1500 Bürger getötet wurden, machte in Athen eine Reinigung der Volksversammlung nötig, Plut. praec. ger. reip. 17 p. 814 B.

Vor allem darf der Mörder die **Heiligtümer nicht betreten und an heiligen Handlungen nicht teilnehmen**.

Demosth. XX 158: *Ὁ Δράκων . . . γράφων χέρνιβος εἴργεσθαι τὸν ἀνδροφόνον, σπονδῶν, κρατήρων, ἱερῶν, ἀγορᾶς.*

Demosth. XXIII 37: *Ἐὰν δέ τις τὸν ἀνδροφόνον κτείνῃ ἢ αἴτιος ᾖ φόνου, ἀπεχόμενον ἀγορᾶς ἐφορίας καὶ ἄθλων καὶ ἱερῶι Ἀμφικτυονικῶν κτλ.*

Antiph. or. II 1, 10: *Ἀσύμφορόν θ' ὑμῖν ἐστι τόνδε μιαρὸν καὶ ἄναγνον ὄντα εἰς τὰ τεμένη τῶν θεῶν εἰσιόντα μιαίνειν τὴν ἁγνείαν αὐτῶν.*

Antiph. or. V 82: *Τοῦτο δὲ ἱεροῖς παραστάντες πολλοὶ δὴ καταφανεῖς ἐγένοντο οὐχ ὅσιοι ὄντες καὶ διακωλύοντες τὰ ἱερὰ μὴ γίγνεσθαι τὰ νομιζόμενα.* Vgl. Ant. or. VI 4: *Τὸ νομιζόμενον καὶ τὸ θεῖον δεδιὼς ἁγνεύει τε ἑαυτὸν καὶ ἀφέξεται ὧν εἴρηται ἐν τῷ νόμῳ.*

Das ältere Exemplar des Gesetzes von Sunion (Inschrift vom Heiligtum des Men, 2. Jh. n. Chr.) enthält die Bestimmung: *Ἀνδροφόνον μηδὲ περὶ τὸν τόπον,* Ziehen L. s. n. 49 S. 151 Anm. 16.

Eurip. Iph. Taur. 380 ff.: *Τὰ τῆς θεοῦ δὲ μέμφομαι σοφίσματα, | ἥτις βροτῶν μὲν ἤν τις ἅψηται φόνου | . . . | βωμῶν ἀπείργει μυσαρὸν ὡς ἡγουμένη.*

Eurip. Or. 1602 ff., Menelaos (ironisch zu Orestes): Εὖ
γοῦν θίγοις ἂν χερνίβων O.: τί δὴ γὰρ οὔ; | M.: καὶ σφάγια πρὸ
δορὸς καταβάλοις. O.: σὺ δ' ἂν καλῶς; | M.: ἁγνὸς γάρ εἰμι χεῖρας.
Schol. Aeschyl. Eum. 276: Οἱ ἐναγεῖς οὔτε ἐν ἱερῷ προσ
ῄεσαν οὔτε προσέβλεπον οὐδὲ διελέγοντό τινι.
Porph. d. abst. II 27: Ἀφ' οὗ μέχρι τοῦ νῦν οὐκ ἐν Ἀρ
καδίᾳ μόνον τοῖς Λυκαίοις οὐδ' ἐν Καρχηδόνι τῷ Κρόνῳ κοινῇ
πάντες ἀνθρωποθυτοῦσιν, ἀλλὰ κατὰ περίοδον τῆς τοῦ νομίμου
χάριν μνήμης ἐμφύλιον αἷμα ῥαίνουσι πρὸς τοὺς βωμούς, καί
περ τῆς παρ' αὐτοῖς ὁσίας ἐξειργούσης τῶν ἱερῶν τοῖς περιρ
ραντηρίοις καὶ κηρύγματι, εἴ τις αἵματος ἀνθρωπείου μεταίτιος.
Vgl. auch Aelian. de nat. an. XI 3: Ἐν Αἴτνῃ δὲ ἄρα τῇ
Σικελικῇ Ἡφαίστου τιμᾶται νεώς, ... εἰσὶ δὲ κύνες περί τε τὸν
νεὼν καὶ τὸ ἄλσος ἱεροί ... ἐὰν δέ τις ᾖ τὰς χεῖρας ἐναγής,
τοῦτον μὲν καὶ δάκνουσι καὶ ἀμύσσουσι.
Für den eleusinischen Mysterienkult s. Apollod. II
5, 12 § 122, von Herakles: Μὴ δυνάμενος δὲ ἰδεῖν τὰ μυστήρια
ἐπείπερ οὐκ ἦν ἡγνισμένος τὸν Κενταύρων φόνον, ἁγνισθεὶς ὑπὸ
Εὐμόλπου τότε ἐμυήθη.
Plat. leg. IX 874 B vom nicht entdeckten Mörder: Προσ
αγορεύειν ... ὠφληκότι φόνου μὴ ἐπιβαίνειν ἱερῶν μηδὲ ὅλης
χώρας τῆς τοῦ παθόντος.
Auch der des Mordes nur Angeklagte durfte in Athen bis
zum Gerichtstage kein Heiligtum betreten, Aristot. Ἀθ. πολ. 57.
Vgl. noch Liv. XLV 5: Die heilige Insel Samothrake
ist verunreinigt durch die Anwesenheit des eines Mordes bezichtigten Euandros.
Wenn ein Heiligtum durch den Besuch eines Mörders
verunreinigt worden war, mußte es gereinigt werden. Eurip.
Iph. Taur. 1216: Ἅγνισον πυρσῷ μέλαθρον, von der Verunreinigung durch Orestes und Pylades; die Schwere des Falles
macht hier noch eine besondere Reinigung des Götterbildes nötig[1].
Vgl. noch die pythagoreische Vorschrift, Iambl. v. P. 153:
Ἐν ἱερῷ ἄν τι ἀκούσιον αἷμα γένηται ἢ χρυσῷ [2] ἢ θαλάττῃ πε
ριρραίνεσθαι.

[1] Vgl. z. B. das außerordentliche Bad der Göttermutter im Meer, Cass.
Dio XLVIII 43, und ob. S. 49.
[2] So die richtige handschriftliche Überlieferung. Die verschiedenen

Manchmal, hauptsächlich bei besonders schweren Fällen, wurde eine ganze Stadt oder ein ganzes Land als verunreinigt betrachtet. Polyb. IV 21, 8: *Καθ' οὓς γὰρ καιροὺς τὴν μεγάλην σφαγὴν ποιήσαντες Κυναιθεῖς ἐπρέσβευσαν πρὸς Λακεδαιμονίους, εἰς ἃς πόλεις ποτ' Ἀρκαδικὰς εἰσῆλθον κατὰ τὴν ὁδόν, οἱ μὲν ἄλλοι παραχρῆμα πάντες αὐτοὺς ἐξεκήρυξαν, Μαντινεῖς δὲ μετὰ τὴν μεταλλαγὴν αὐτῶν καὶ καθαρμὸν ἐποιήσαντο καὶ σφάγια περιήνεγκαν τῆς τε πόλεως κύκλῳ καὶ τῆς χώρας πάσης.*

Die Ermordung der Anhänger Kylons durch die Alkmaioniden erforderte eine umständliche Reinigung von Athen durch Epimenides von Kreta. Diog. La. I 110: *Λαβὼν πρόβατα μέλανά τε καὶ λευκὰ*[1] *ἤγαγε πρὸς τὸν Ἄρειον πάγον· κἀκεῖθεν εἴασαν ἰέναι οἳ βούλοιντο, προστάξας τοῖς ἀκολούθοις ἔνθα ἂν κατακλίνοι αὐτῶν ἕκαστον, θύειν τῷ προσήκοντι θεῷ.* Athen. XIII 602 C: *Ἐπιμενίδου καθαίροντος τὴν Ἀττικὴν ἀνθρωπείῳ αἵματι διά τινα μύση παλαιά.* Vgl. Plut. Sol. 12. Suid. s. v. *Ἐπιμενίδης*. Die Mörder, von denen das μίασμα ausging, mußten das Land verlassen, und sogar die Gebeine der inzwischen Gestorbenen von ihnen wurden ausgegraben und weggeschafft, Aristot. *Ἀθ. πολ.* 1.

Der Vatermörder Oidipus ist der μιάστωρ von Theben, Soph. Oid. Tyr. 353. Vgl. auch Soph. Ant. 1143 f., Bitte des Chors an Dionysos: *Μολεῖν καθαρσίῳ ποδὶ Παρνασίαν ὑπὲρ κλιτὺν ἢ στονόεντα πορθμόν.*

Das Töten im Kriege scheint nicht zu verunreinigen[2]. Wenigstens hören wir von einer Reinigung der heimkehrenden Krieger nirgends. Daß aber eine solche in früherer Zeit, ähnlich wie bei den Juden[3], stattgefunden hat, ist nicht ausgeschlossen. Vielleicht sind die jährliche Reinigung des Heeres

---

Änderungsversuche (s. Böhm, *Symb. Pyth.*, Diss. Berlin 1905, 11) sind nicht berechtigt, vgl. ob. S. 33.

[1] Vgl. die schwarzen und weißen Feigen der Pharmakoi, Phot. bibl. S. 534 a Z. 2 ff. ed. Bekker.

[2] Vielleicht verunreinigte in alter Zeit nur die Tötung von Stammesgenossen, vgl. Smith, Rel. d. Sem. 208.

[3] S. Num. XXXI 19 f.; II. Sam. XI 11. Vgl. Schwally, Semit. Kriegsalt. 106 ff.

in Makedonien[1] und die des ganzen Volkes in Boiotien[2] aus Reinigungen nach Feldzügen hervorgegangen[3]. Hesych. s. v. ξανθικά· ἑορτὴ Μακεδόνων ξανθικοῦ μηνὸς ἢ ξανδικοῦ ἀγομένη, ἔστι δὲ καθάρσιον τῶν στρατευμάτων. Suid. s. v. ἐναγίζων· φονεύων, κατακαίνων. ἐναγίζουσιν οὖν τῷ ξανθῷ Μακεδόνι καὶ καθαρμὸν ποιοῦσι σὺν ἵπποις ὡπλισμένοις. Plut. qu. Rom. 111 p. 290 D: Βοιωτοῖς δὲ δημοσίᾳ καθαρμός ἐστι κυνὸς διχοτομηθέντος τῶν μερῶν διεξελθεῖν. Vgl. auch Hom. Il. Z 266 ff., Hektor: Χερσὶ δ' ἀνίπτοισιν Διὶ λείβειν αἴθοπα οἶνον | ἅζομαι· οὐδέ πῃ ἔστι κελαινέφεϊ Κρονίωνι | αἵματι καὶ λύθρῳ πεπαλαγμένον εὐχετάασθαι[4]. Die Reinigung des Mörders geschah durch Besprengen mit dem Blut eines womöglich jungen Schweines oder Lammes und durch Abwaschen mit Wasser oder Baden in einer Quelle, einem Fluß oder im Meer. Neben der eigentlichen Reinigung wurden Sühnopfer dargebracht, die dazu dienen, die Seele des Getöteten und die erzürnten Götter zu versöhnen[5].

Der Mörder nahm die Katharsis nicht selbst an sich vor, s. ob. S. 66 ff. In Athen besorgten zum Teil Leute aus den Geschlechtern der **Phytaliden** und der **Eupatriden** die Reinigung und Sühnung. Plut. Thes. 12 von Theseus: Προϊόντι δὲ αὐτῷ καὶ γενομένῳ κατὰ τὸν Κηφισὸν ἄνδρες ἐκ τοῦ Φυταλιδῶν γένους ἀπαντήσαντες ἠσπάσαντο πρῶτοι, καὶ δεομένου καθαρθῆναι τοῖς νενομισμένοις ἁγνίσαντες καὶ μειλίχια θύσαντες εἱστίασαν οἴκοι. Paus. I 37, 4: Διαβᾶσι δὲ τὸν Κηφισὸν βωμός

---

[1] Ebenso die alle 4 Jahre wiederkehrende Lustration des römischen Heeres, Liv. XL 6.

[2] Die „sicher ursprünglich wie in Makedonien eine Reinigung des Volkes in Waffen, d. h. des Heeres, darstellte", Nilsson, Gr. Feste 405.

[3] Ausführlich handelt über diese Reinigungen Nilsson aaO. 402 ff.; „ihr natürlicher und ursprünglicher Platz ist v o r dem Anfang eines Krieges, wenn das Heer den göttlichen Schutz gerade am meisten brauchte" (Nilsson 405).

[4] Verg. Aen. II 717 ff.; *Tu, genitor, cape sacra manu patriosque penatis;* | *me bello e tanto digressum et caede recenti,* | *attrectare nefas, donec me flumine vivo* | *abluero.* Fest. (epit.) 117 Müll.: *Laureati milites sequebantur currum triumphantis, ut quasi purgati a caede humana intrarent urbem.*

[5] S. Philippi, Areopag und Epheten 126 Anm. 26, und bes. Rohde, Psyche⁴ I 272.

ἐστιν ἀρχαῖος Μειλιχίου Διός· ἐπὶ τούτῳ Θησεὺς ὑπὸ τῶν ἀπογόνων τῶν Φυτάλου καθαρσίων ἔτυχε, λῃστὰς καὶ ἄλλους ἀποκτείνας καὶ Σίνιν τὰ πρὸς Πιτθέως συγγενῆ. Athen. IX 410 A.:
Παρέθετο καὶ Δωρόθεος φάσκων καὶ ἐν τοῖς τῶν Εὐπατριδῶν πατρίοις τάδε γεγράφθαι περὶ τῆς τῶν ἱκετῶν καθάρσεως· ἔπειτα ἀπονιψάμενος αὐτὸς καὶ οἱ ἄλλοι οἱ σπλαγχνεύοντες ὕδωρ λαβὼν κάθαιρε, ἀπόνιζε τὸ αἷμα τοῦ καθαιρομένου καὶ μετὰ τὸ ἀπόνιμμα ἀνακινήσας εἰς ταὐτὸ ἔγχεε'.

Gewiß haben auch andere καθαρταί bei diesen Reinigungen eine Rolle gespielt, z. B. die ἐξηγηταὶ πυθόχρηστοι, οἷς μέλει καθαίρειν τοὺς ἄγει τινὶ ἐνισχηθέντας, Timae. lex. Plat. s. v. ἐξηγηταί (S. 93 Ruhnk.-Koch)[1].

Paus. III 17, 9 erwähnt ψυχαγωγοί in Phigalia in Arkadien, welche die Reinigung des Mörders vornehmen. Über den καθαρτής Epimenides aus Kreta s. ob. S. 73.

Vgl. auch Hesych. s. v. Κοίης· ἱερεὺς Καβείρων, ὁ καθαίρων φονέα.

An der Reinigung beteiligen sich auch Götter.

Zeus als Καθάρσιος, Ἱκέσιος, Μειλίχιος oder Φύξιος wird während des Reinigungsaktes angerufen oder es wird ihm dabei geopfert. Apoll. Rhod. Arg. IV 698 ff. (Kirke reinigt Iason und Medeia von der Ermordung des Apsyrtos): Αὐτίκα δ' ἔγνω | Κίρκη φύξιον οἶτον ἀλιτροσύνας τε φόνοιο. | τῷ καὶ ὀπιζομένη Ζηνὸς θέμιν Ἱκεσίοιο, | ὃς μέγα μὲν κοτέει μέγα δ' ἀνδροφόνοισιν ἀρήγει, | ῥέζε θυηπολίην, οἵῃ τ' ἀπολυμαίνονται | νηλεεῖς ἱκέται, ὅτ' ἐφέστιοι ἀντιόωσιν. Dann nimmt sie die Reinigung vor καθάρσιον ἀγκαλέουσα Ζῆνα (v. 708). Theseus wird beim Altar des Zeus Meilichios am Kephisos gereinigt, Paus. I 37, 4. Paus. II 20, 2 (in Argos waren bei einem Bürgerzwist 1000 Männer getötet worden): Ὕστερον δὲ ἄλλα τε ἐπηγάγοντο καθάρσια ὡς ἐπὶ αἵματι ἐμφυλίῳ καὶ ἄγαλμα ἀνέθηκαν Μειλιχίου Διός. Paus. III 17, 9 von der Ermordung der Kleonike: Τοῦτο τὸ ἄγος οὐκ ἐξεγένετο ἀποφυγεῖν Παυσανίᾳ καθάρσια παντοῖα καὶ ἱκεσίας δεξαμένῳ Διὸς Φυξίου καὶ δὴ ἐς Φιγαλίαν ἐλθόντι τὴν Ἀρκάδων παρὰ τοὺς ψυχαγωγούς. Apollod.

---

[1] Vgl. Ph. Ehrmann *De iuris sacri interpretibus Atticis*, Relgesch. Vers. u. Vorarb. IV 3 (1908).

bibl. II 1, 5 § 22: Die Danaiden werden auf Befehl des Zeus von Athena und Hermes gereinigt.

Auch Apollon finden wir bei solchen Reinigungen beteiligt. So erhalten er, Artemis und Leto bei der Reinigung des Achilleus durch Odysseus auf Lesbos Opfer, Aithiopis, Kinkel *Ep. Gr. frg.* I 32 f. Durch Apollon wird Orestes vom Muttermord gereinigt, Aeschyl. Choeph. 1057 f., Chor zu Orestes: Εἴς σοι καθαρμός· Λοξίου δὲ προσθιγὼν | ἐλεύθερόν σε τῶνδε πημάτων κτίσει. Aeschyl. Eum. 281 ff.: Μητροκτόνον μίασμα δ᾽ ἔκπλυτον πέλει. | ποταίνιον γὰρ ὂν πρὸς ἑστίᾳ θεοῦ | Φοῖβον καθαρμοῖς ἠλάθη χοιροκτόνοις. Vgl. ob. 67 f. Reinigung des Theseus im Delphinion in Athen, Poll. VIII 119. Schol. Pind. Ol. IX 43: Τραχινιόν τινα ἀνελὼν Ἡρακλῆς προστάξαντος Ἀπόλλωνος ἔρχεται εἰς Νηλέα τὸν Ποσειδῶνος, ἵνα ὑπ᾽ αὐτοῦ καθαρθείη τοῦ φόνου [1].

Inwieweit das delphische Orakel Bestimmungen über die Reinigung von Mördern gab, ist mit Sicherheit nicht zu sagen. Plat. leg. IX 865 A: Εἴ τις ἐν ἀγῶνι καὶ ἄθλοις δημοσίοις ἄκων ... ἀπέκτεινέ τινα φίλιον, ... καθαρθεὶς κατὰ τὸν ἐκ Δελφῶν κομισθέντα περὶ τούτων νόμον [2] ἔστω καθαρός. Vgl. die oben S. 75 genannten ἐξηγηταὶ πυθόχρηστοι. Auch privatim wird sich wohl mancher in Delphi Auskunft geholt haben. So geht Alkmaion, um sich reinigen zu lassen, zu Acheloos, χρήσαντος αὐτῷ τοῦ θεοῦ, Apollod. bibl. III 7, 5 § 88.

§ 8. Tiere

In manchen Kulten war es verboten, Tiere zu opfern oder ihr Fleisch zu genießen.

An dem athenischen Feste der Kronien durften ἔμψυχα nicht geopfert werden, Prott *Fasti s.* n. 3 v. 23 ff.: Ἑλ[α]φηβολιῶνος ει᾽ Κρόνῳ πόπανον δωδεκόμφαλον καθήμενον, ἐπι[θύ]σεις βοῦν χοινικιαῖον ἀννυπε[ρθέ]τως (*solito pani additur placenta in bovis speciem conformata: cruenta enim sacra Saturnus Atticus repudiasse videtur* Prott p. 12).

---

[1] Vgl. auch Plut. Sulla 32: Τῷ δὲ περιρραντηρίῳ τοῦ Ἀπόλλωνος ἐγγὺς ὄντι προσελθὼν ἀπενίψατο τὰς χεῖρας (Catilina nach der Ermordung des M. Marius).   [2] Schol.: νόμος ἤγουν χρησμός.

Paus. I 26, 5 (von der **Akropolis in Athen**): Ἔστι δὲ καὶ οἴκημα Ἐρέχθειον καλούμενον· πρὸ δὲ τῆς ἐσόδου Διός ἐστι βωμὸς Ὑπάτου, ἔνθα ἔμψυχον θύουσιν οὐδέν, πέμματα δὲ θέντες οὐδὲν ἔτι οἴνῳ χρήσασθαι νομίζουσιν. Vgl. Paus. VIII 2, 3 von Kekrops: Ὁ μὲν γὰρ Δία τε ὠνόμασεν Ὕπατον πρῶτος, καὶ ὁπόσα ἔχει ψυχήν, τούτων μὲν ἠξίωσεν οὐδὲν θῦσαι, πέμματα δὲ ἐπιχώρια ἐπὶ τοῦ βωμοῦ καθήγισεν, ἃ πελάνους καλοῦσιν ἔτι καὶ ἐς ἡμᾶς Ἀθηναῖοι.

Ziehen *L. s. n.* 91, Inschrift aus **Delos** (*prioribus temporibus Romanis*), v. 9: [Παρ]ιέναι εἰς τὸ ἱε[ρὸν τοῦ] Διὸς τοῦ Κυνθίου καὶ τῆς Ἀθηνᾶς τῆς Κυνθί[ας] . . . ἁγνεύον[τας ἀπὸ] . . . κρέως.

Diog. La. VIII 13 (von **Pythagoras**): Ἀμέλει καὶ βωμὸν προσκυνῆσαι μόνον ἐν Δήλῳ τὸν Ἀπόλλωνος τοῦ Γενέτορος, ὅς ἐστιν ὄπισθεν τοῦ Κερατίνου, διὰ τὸ πυροὺς καὶ κριθὰς καὶ πόπανα μόνα τίθεσθαι ἐπ' αὐτοῦ ἄνευ πυρός, ἱερεῖον δὲ μηδέν, ὥς φησιν Ἀριστοτέλης ἐν Δηλίων πολιτείᾳ. Porph. de abst. II 28: . . . τοῦ περὶ Δῆλον ἔτι νῦν σῳζομένου βωμοῦ, πρὸς ὃν οὐθενὸς προσαγομένου παρ' αὐτοῖς οὐδὲ θυομένου ἐπ' αὐτοῦ ζῴου εὐσεβῶν κέκληται βωμός.

Iambl. v. P. § 25 (von **Pythagoras**): Λέγεται δὲ περὶ τὸν αὐτὸν χρόνον θαυμασθῆναι αὐτὸν περὶ τὴν Δῆλον, προσελθόντα πρὸς τὸν ἀναίμακτον λεγόμενον καὶ τοῦ Γενέτορος Ἀπόλλωνος βωμὸν καὶ τοῦτον θεραπεύσοντα. Vgl. Cic. de nat. deor. III § 88.

Für den **Kult der Nymphen** s. *Anthol. Palat.* VI 324 (Λεωνίδου Ἀλεξανδρέως): Πέμματα τίς λιπόωντα, τίς Ἄρεϊ τῷ πτολιπόρθῳ | βότρυς, τίς δὲ ῥόδων θῆκεν ἐμοὶ κάλυκας; | Νύμφαις ταῦτα φέροι τις· ἀναιμάκτους δὲ θυηλὰς | οὐ δέχομαι βωμοῖς ὁ θρασύμητις Ἄρης.

Auch der am Kronionhügel bei Olympia verehrte **Sosipolis** erhielt wie es scheint keine Tieropfer [1], Paus. VI 20, 2: Ἡ δὲ πρεσβῦτις ἡ θεραπεύουσα τὸν Σωσίπολιν . . . μάζας κατατίθησιν αὐτῷ μεμαγμένας μέλιτι. (3) . . . παρθένοι δὲ . . καὶ γυναῖκες ὕμνον ᾄδουσι, καθαγίζουσαι δὲ καὶ θυμιάματα παντοῖα αὐτῷ ἐπισπένδειν οὐ νομίζουσιν οἶνον.

Porph. de abst. IV 5: Τοῖς τοίνυν ἱερεῦσιν τοῖς μὲν τῶν ζῴων πάντων, τοῖς δέ τινων πάντως προστέτακται ἀπέχεσθαι

---

[1] Vgl. Stengel, Gr. Kultusalt.[2] 92; 94.

τῆς βορᾶς, ἄν τε Ἑλληνικὸν ἔθος σκοπῇς ἄν τε βάρβαρον, καὶ μέντοι παρ᾿ ἄλλοις ἄλλων.

Porph. de abst. IV 22 von Triptolemos: Τῶν νόμων αὐτοῦ τρεῖς ἔτι Ξενοκράτης ὁ φιλόσοφος λέγει διαμένειν Ἐλευσῖνι τούσδε· γονεῖς τιμᾶν, θεοὺς καρποῖς ἀγάλλειν, ζῷα μὴ σίνεσθαι.

Die Mysten des Zeus vom Ida enthalten sich tierischer Speisen und Opfer. Eurip. frg. 472 TGF² v. 18 erklärt der Διὸς Ἰδαίου μύστης καὶ νυκτιπόλου Ζαγρέως βούτης: τὴν ἐμψύχων βρῶσιν ἐδεστῶν πεφύλαγμαι. (Vgl. Berl. Klass. Texte V 2 S. 77). C. Robert, Ant. Sarkoph. III 1 S. 50 n. 35b, wo „Minos als Myste des idäischen Zeus und Gegner blutiger Opfer dem Neptun, statt ihm nach seinem Gelöbnis den von dem Gott gesandten Stier zu opfern, ein unblutiges Opfer von Früchten darbringt".

Dasselbe wird von den Orphikern berichtet. Plat. leg. VI 782C: Τὸ δὲ μὴν θύειν ἀνθρώπους ἀλλήλους ἔτι καὶ νῦν παραμένον ὁρῶμεν πολλοῖς. Καὶ τοὐναντίον ἀκούομεν ἐν ἄλλοις, ὅτε οὐδὲ βοὸς ἐτολμῶμεν γεύεσθαι θύματά τε οὐκ ἦν τοῖς θεοῖσι ζῷα, πέλανοι δὲ καὶ μέλιτι καρποὶ δεδευμένοι καὶ τοιαῦτα ἄλλα ἁγνὰ θύματα, σαρκῶν δ᾿ ἀπείχοντο ὡς οὐχ ὅσιον ὂν ἐσθίειν οὐδὲ τοὺς τῶν θεῶν βωμοὺς αἵματι μιαίνειν, ἀλλὰ Ὀρφικοί τινες λεγόμενοι βίοι ἐγίγνοντο ἡμῶν τοῖς τότε, ἀψύχων μὲν ἐχόμενοι πάντων, ἐμψύχων δὲ τοὐναντίον πάντων ἀπεχόμενοι. Eurip. Hippol. 952 ff.: Ἤδη νυν αὔχει καὶ δι᾿ ἀψύχου βορᾶς | σίτοις καπήλευ᾿, Ὀρφέα τ᾿ ἄνακτ᾿ ἔχων | βάκχευε πολλῶν γραμμάτων τιμῶν καπνούς. | Plut. conv. sept. sap. 16 p. 159C: Τὸ δ᾿ ἀπέχεσθαι σαρκῶν ἐδωδῆς, ὥσπερ Ὀρφέα τὸν παλαιὸν ἱστοροῦσι κτλ. Hieronym. adv. Iovin. II 14 (Patrol. XXIII 304): *Orpheus in carmine suo esum carnium penitus detestatur.* In diesem Sinn ist wohl auch Aristoph. ran. 1032 zu verstehen: Ὀρφεὺς μὲν γὰρ τελετάς θ᾿ ἡμῖν κατέδειξε φόνων τ᾿ ἀπέχεσθαι [1].

Am bekanntesten ist die Enthaltung von ἔμψυχα zu Speise und Opfer bei den Pythagoreern [2]. Luc. vit. auct. 5:

---

[1] Vgl. Maaß, Orph. 87; Lobeck *Agl.* 246f.; Rohde, Ps.⁴ II 125 Anm. 3; Gruppe, Gr. Myth. 1033 Anm. 2.

[2] Und später bei den Neupythagoreern, desgl. den Neuplatonikern, Essenern, Therapeuten, s. E. Baltzer, Porph. 4 Bücher v. der Enthalts. 129 Anm. 1; F. Conybeare *Rev. de l'hist. des rel.* XLIV

Pythag.: *Ψυχήϊον μὲν οὐδὲ ἓν σιτέομαι.* Diog. La. VIII 13 von Pyth.: *Τοῦτον γὰρ καὶ τὸ φονεύειν ἀπαγορεύειν, μὴ ὅτι γεύεσθαι τῶν ζῴων κοινὸν δίκαιον ἡμῖν ἐχόντων ψυχῆς.* VIII 33: *Τὴν δ' ἁγνείαν εἶναι . . . διὰ τοῦ . . . ἀπέχεσθαι βρωτῶν θνησειδίων τε κρεῶν κτλ.* Porph. v. P. 7: *Πλὴν τοσαύτῃ γε ἁγνείᾳ φησὶν Εὔδοξος ἐν τῇ ἑβδόμῃ τῆς γῆς περιόδου κεχρῆσθαι καὶ τῇ περὶ τοὺς φόνους φυγῇ καὶ τῶν φονευόντων, ὡς μὴ μόνον τῶν ἐμψύχων ἀπέχεσθαι, ἀλλὰ καὶ μαγείροις καὶ θηράτορσι μηδέποτε πλησιάζειν*[1]. Vgl. de abst. I 3; I 15. Philostr. v. Apoll. I 1 von Pyth.: *. . . καθαρεύοι βρώσεως ὁπόση ἐμψύχων καὶ θυσίας.* I 8: *Τὰς μὲν ἐμψύχους βρώσεις ὡς οὔτε καθαρὰς καὶ τὸν νοῦν παχυνούσας παρῃτήσατο.* VI 11: *. . . ὡς ἀχράντῳ μὲν ἐμψύχου βρώσεως γαστρὶ χρήσαιτο.* Iambl. v. P. § 107 von Pyth.: *Μήτε*

(1901) 108; Gruppe, Gr. Mythol. 1477; 1479 Anm. 1; 1609f. Über die Enthaltung von Fleischgenuß bei den Dositheanern s. Gruppe, aaO. 1623 Anm. 2. — Die weniger strengen Pythagoreer enthielten sich nur bestimmter Tierarten, s. die betreffenden Zeugnisse bei der Behandlung der einzelnen Tiere. Vgl. Gell. n. Att. IV 11, 11: *Plutarchus quoque, homo in disciplinis gravi auctoritate, in primo librorum, quos de Homero composuit, Aristotelem philosophum scripsit eadem ipsa de Pythagoricis scripsisse, quod non abstinuerint edundis animalibus, nisi pauca carne quadam. verba ipsa Plutarchi, quoniam res inopinata est, subscripsi:* Ἀριστοτέλης δὲ μήτρας καὶ καρδίας καὶ ἀκαλήφης καὶ τοιούτων τινῶν ἄλλων ἀπέχεσθαί φησιν τοὺς Πυθαγορικούς, χρῆσθαι δὲ τοῖς ἄλλοις. Diog. Laert. VIII 20 von Pythagoras: Θυσίαις τε ἐχρῆτο ἀψύχοις· οἱ δέ φασιν ὅτι ἀλέκτορσι μόνον καὶ ἐρίφοις γαλαθηνοῖς τοῖς λεγομένοις ἁπαλίοις, ἥκιστα δὲ ἀρνάσιν. ὅ γε μὴν Ἀριστόξενος πάντα μὲν τἆλλα συγχωρεῖν αὐτὸν ἐσθίειν ἔμψυχα, μόνων δ' ἀπέχεσθαι ἀροτῆρος βοὸς καὶ κριοῦ. Porph. de abst. II 28: Οἱ Πυθαγόρειοι . . . κατὰ μὲν τὸν πάντα βίον ἀπείχοντο τῆς ζῳοφαγίας, ὅτε δὲ εἰς ἀπαρχήν τι τῶν ζῴων ἀνθ' ἑαυτῶν μερίσειαν τοῖς θεοῖς, τούτου γευσάμενοι μόνον, πρὸς ἀλήθειαν ἄθικτοι τῶν λοιπῶν ὄντες ἔζων. Iambl. v. P. § 85: Εἰς μόνα τῶν ζῴων οὐκ εἰσέρχεται ἀνθρώπου ψυχή, ἃ θέμις ἐστὶ τυθῆναι· διὰ τοῦτο τῶν θυσίμων χρὴ ἐσθίειν μόνον, οἷς ἂν τὸ ἐσθίειν καθήκῃ, ἄλλου δὲ μηδενὸς ζῴου. v. P. 98: Παρατίθεσθαι δὲ κρέα ζῴων θυσίμων ἱερείων. Vgl. Rohde, Ps.[4] II 164 Anm. 1; Böhm *Symb. P.*, Diss. Berl. 1905, 23; 24f.

[1] Die Jäger sind nach altem Volksglauben nach der Jagd verunreinigt, Arrian. κυνηγ. 32: Θύειν δὲ χρὴ καὶ ἐπὶ θήρᾳ εὖ πράξαντα καὶ ἀνατιθέναι ἀπαρχὰς τῶν ἁλισκομένων τῇ θεῷ (sc. Ἀρτέμιδι Ἀγροτέρᾳ), ὅ γε ἀποκαθαίρει τοὺς κύνας καὶ τοὺς κυνηγέτας, κατὰ τὰ πάτρια ὡς νόμος. — Vgl. die Unreinheit der Metzger im japanischen Kamikultus, K. F. Neumann b. Ersch u. Gruber, Allg. Encykl. d. Wiss. u. Künste II 14 S. 375 u. d. W. 'Japan'.

ἔμψυχον μηδὲν μηδέποτε ἐσθίειν εἰσηγούμενος. Iambl. protr. 21 λθ': Ἐμψύχων ἀπέχου[1].

Der Ursprung dieser Verbote liegt in der Furcht vor der dämonischen Seele des getöteten Tieres, s. Böhm *Symb.* 24. Vgl. Oldenberg, Rel. d. Veda 414. Als der Sitz der Seele galt vornehmlich das Herz und das Gehirn[2], daher verboten die pythagoreischen Vorschriften im besonderen:

---

[1] Über Enthaltung von tierischer Nahrung bei Zauberhandlungen s. Deubner *De incub.* 16; Abt, Apol. d. Apul. 39. — Ähnliche Sitten anderer Völker: Römer: Dion. Hal. II 74: Θεούς τε γὰρ ἡγοῦνται τοὺς τέρμονας καὶ θύουσιν αὐτοῖς ὁσέτη ,τῶν μὲν ἐμψύχων οὐδέν (οὐ γὰρ ὅσιον αἱμάττειν τοὺς λίθους), πελάνους δὲ Δήμητρος καὶ ἄλλας τινὰς καρπῶν ἀπαρχάς. Plut. qu. Rom. 15: Διὰ τί τὸν Τέρμινον, ᾧ τὰ Τερμινάλια ποιοῦσι, θεὸν νομίζοντες οὐδὲν ἔθυον αὐτῷ ζῷον; Ovid. fast. IV 657: *Nec fas animalia mensis ponere,* für den Besucher des Orakels des Faunus. — Auch bei der römischen Geburtstagsfeier erhielt der Genius keine Tieropfer, W. Schmidt, Geburtstag im Altert. 26. Syrer: Porph. de abst. IV 15: Καὶ μὴν καὶ τοὺς Σύρους ἱστοροῦσι τὸ παλαιὸν ἀπέχεσθαι τῶν ζῴων καὶ διὰ τοῦτο μηδὲ τοῖς θεοῖς θύειν. — Mysier: Strab. VII 3, 3 S. 296 Cas.: Λέγει δὲ τοὺς Μυσοὺς ὁ Ποσειδώνιος καὶ ἐμψύχων ἀπέχεσθαι κατ' εὐσέβειαν, διὰ δὲ τοῦτο καὶ θρεμμάτων. — Ägypter: Kaibel *Epigr. Gr.* n. 1047, Inschrift aus Kysis in Ägypten, v. 5f.: Ἄ[ργμ]ατα ἀναι[μ]οο[ύ]νοις ἔπ[ορ]εν ὑπο — — δέχεσθαι [τῇ] θ[ε]ᾷ (sc. Ἴσιδι) [ε]ἰ[κ]άρποι[ς τ]ερπομένῃ πεδίο[ι]ς — — —. (*Dicit enim ille, se sacra non cruenta deae obtulisse, quae non victimis delectaretur, sed laetis planitiei segetibus. Isidem enim cruenta sacra abolevisse vetus fama fuit.* Kaibel). Herod. I 140 von den ägyptischen Priestern: Οἱ μὲν γὰρ ἁγνεύουσι ἔμψυχον μηδὲν κτείνειν, εἰ μὴ ὅσα θύουσι. Chairem. b. Porph. de abst. IV 7 von den ägyptischen Priestern: Πολλοὶ δὲ καθάπαξ τῶν ἐμψύχων (sc. ἀπείχοντο)· καὶ ἕν γε ταῖς ἁγνείαις ἅπαντες, ὁπότε μηδ' ᾠὸν προσίεντο. Apul. met. XI 23 vor der Einweihung in die Isismysterien: *Sacerdos ... praecipit, decem continuis illis diebus cibariam voluptatem cohercerem neque ullum animal essem.* Perser: Porph. de abst. IV 16 von den persischen Magoi: ... ὧν οἱ πρῶτοι καὶ λογιώτατοι οὔτ' ἐσθίουσιν ἔμψυχον οὔτε φονεύουσιν, ἐμμένουσι δὲ τῇ παλαιᾷ τῶν ζῴων ἀποχῇ. Vgl. aber Herod. I 140 (s. ob. S. 66 Anm. 2). Auch die Manichäer enthielten sich der Fleischnahrung, Augustin. de haer. 46 (*Patrol.* XLII 36 f.): *Nec vescuntur carnibus,* ebenso die indischen Brahmanen, Oldenberg, Rel. d. Veda 414; Orelli, Relggesch. 436; R. Reitzenstein, Hellen. Wundererzählungen (Leipzig 1906) 44. Vgl. das Verbot des Vortrags besonders heiliger Vedaabschnitte bei Fleischgenuß, Oldenberg aaO. 414 Anm. 1. — Religiöse Enthaltung vom Genuß des Fleisches bei den Kekchi-Indianern, Sapper, Arch. f. Rel.-Wiss. VII (1904) 459.

[2] S. Böhm aaO. 24; Höfler, Volksmediz. Organother. 55; 230.

Καρδίαν μὴ τρώγειν, ἐγκέφαλον μὴ ἐσθίειν, Iambl. v. P. 109[1]. Ähnlich ist vielleicht auch der Gebrauch, der Hera Gamelia die Galle[2] nicht zu opfern (Plut. coni. praec. 27; de Daed. 2, Bd. VII 44 Bern.), und die pythagoreische Bestimmung: Μήτρας ἀπέχεσθαι (Plut. Hom. ex. frg. 4, Bd. VII 100 Bern.; Diog. La. VIII 19; Porph. v. P. 45) zu erklären[3].

Es ist ohne weiteres erklärlich, daß die Orphiker und die Pythagoreer, die sich der ἔμψυχα enthielten, auch die von den Tieren stammenden und den Keim des lebenden Tieres enthaltenden Eier nicht genossen[4]. Plut. qu. conv. II 3, 1: Ὑπόνοιαν μέντοι παρέσχον . . . ἐνέχεσθαι δόγμασιν Ὀρφικοῖς ἢ Πυθαγορικοῖς καὶ τὸ ᾠόν, ὥσπερ ἔνιοι καρδίαν καὶ ἐγκέφαλον, ἀρχὴν ἡγούμενος γενέσεως ἀφοσιοῦσθαι. Diog. La. VIII 33: Ἀπέχεσθαι . . . ᾠῶν καὶ τῶν ᾠοτόκων ζῴων. Vgl. Macrob. sat. VII 16, 8: *Consule initiatos sacris Liberi patris: in quibus hac veneratione ovum colitur, ut eqs.*

---

[1] Weitere Belegstellen bei Böhm 23.
[2] Über die Leber als Sitz der Seele bei Griechen und Römern s. Höfler, Volksmediz. Org. 156.
[3] Am verbreitetsten war im Altertum die Ansicht, der Sitz der Seele sei im Blute, s. Böhm aaO. 23f.; Gruppe, Gr. Mythol. 442; 728 Anm. 5; Höfler aaO. 156. Vgl. Smith, Rel. d. Sem. 134; 176; 240; K. Böckenhoff, Das apost. Speisegesetz 139 s. v. 'Blut' und 'Blutgenuß'; Wundt, Völkerpsych. II 2 S. 15. Daher war bei manchen Völkern der Genuß von Blut ausdrücklich verboten, z. B. bei den Juden, Gen. IX 4; Lev. III 17; VII 26f.; M. Lorge, Speiseges. d. Karäer, Diss. Tübingen 1907, 59; A. Hauber, Zeitschr. d. d. morg. Ges. LXIII (1909) 458. Vgl. Act. Apost. XV 20; 29; XXI 25 (hier auch Enthaltung von πνικτά. Vgl. die koische Inschrift, Arch. f. Rel.-Wiss. X (1907) 402, A v. 26f.; 41 (s. ob. S. 61) und den Kommentar von Herzog, Arch. aaO. 409; Iulian. c. Christ. p. 222 v. 15 ed. Neumann; Böckenhoff, aaO. 140 s. v. Ersticktes); bei den Arabern, Smith, R. d. S. 177; im Islam, Chantepie de la Saussaye, Relgesch.³ I 502. (Moderne Parallelen s. Frazer *Gold. bough*² I 352f.). — Vgl. Plut. qu. Rom. 110: Διὰ τί καὶ σαρκὸς ὠμῆς ἀπείρηται τῷ ἱερεῖ ψαύειν; Gell. n. A. X 15, 12: *Carnem incoctam . . . neque tangere Diali mos est neque nominare.* Vgl. auch Lucian Katapl. 7: Ὁ φιλόσοφος Κυνίσκος, ὃν ἔδει τῆς Ἑκάτης τὸ δεῖπνον φαγόντα καὶ τὰ ἐκ τῶν καθαρσίων ᾠὰ καὶ πρὸς τούτοις γε σηπίαν ὠμὴν ἀποθανεῖν.
[4] Eine andere Erklärung gibt Nilsson, Arch. f. Rel.-Wiss. XI (1908) 545. Auch die ägyptischen Priester aßen ἐν ταῖς ἁγνείαις keine Eier, Porph. de abst. IV 7 (s. ob. S. 80 Anm. 1). Vgl. Augustin. de haer. 46 (*Patrol.* XLII 37) von den Manichäern: *Nec ova saltem sumunt.*

Als Grund für die Enthaltung von Eiern kann auch ihre Verwendung im Totenkult in Betracht kommen [1], so vielleicht für das an den Haloen bestehende Eierverbot, Schol. Luc., dial. mer. VII 4 [2].

Einzelne Tiere

In einigen Kulten war das Schwein tabu. Dies äußert sich in verschiedener Weise: Schweine durften einen heiligen Bezirk nicht betreten; diejenigen, die vom Schwein gegessen hatten oder mit ihm in Berührung gekommen waren, waren vom Heiligtum ausgeschlossen; Schweine durften nicht geopfert werden.

Am verbreitetsten war der Ausschluß des Schweines im Kult der Aphrodite. Für Athen [3] bezeugt das Aristoph. Ach. 791 ff.; ein Megarer sagt: *Αἰ δ' ἂν παχυνθῇ κἀναχνωανθῇ τριχί, | κάλλιστος ἔσται χοῖρος Ἀφροδίτᾳ θύεν.* | Der Athener Dikaiopolis antwortet: *Ἀλλ' οὐχὶ χοῖρος τἀφροδίτῃ θύεται.* | Der Megarer: *Οὐ χοῖρος Ἀφροδίτᾳ; μόνᾳ γα δαιμόνων.* Schol. v. 793: *Πολλοὶ τῶν Ἑλλήνων οὐ θύουσι χοίρους τῇ Ἀφροδίτῃ, ὡς βδελυττομένῃ διὰ τὸν Ἄδωνιν αὐτόν* [4]. Für Sikyon ist das Fehlen

---

[1] Vgl. Lobeck *Agl.* 477; Rohde, Ps.[4] II 126 Anm. 1; Nilsson, Arch. aaO. 530 ff.

[2] Über die kathartische Verwendung der Eier s. z. B. Luc., Katapl. 7 (s. S. 81 Anm. 3). Rohde, Ps.[4] II 407.

[3] Anders Stengel *Quaest. sacr.* Progr. Berl. 1879, 28: *Athenis etiam Veneri sues mactatas esse, mihi quidem ex illo Aristophanis videtur apparere.* Eher darf man daraus auf solche Opfer in Megara schließen (vgl. Schömann-Lipsius, Gr. Alt.[4] II 240). Gegen einen derartigen Brauch in Athen spricht auch der Umstand, daß bei der Reinigung des Tempels der Aphrodite Pandemos in Athen anläßlich einer Pompe anstatt des zu Reinigungen für gewöhnlich verwendeten Schweines eine Taube gebraucht wird, Ziehen *L. s.* n. 36, v. 21 ff.: *Τοὺς ἀστυνόμους τοὺς ἀεὶ λαχόντας, ὅταν ἦι ἡ πομπὴ τῆι Ἀφροδίτηι τῆι Πανδήμωι, παρασκευάζειν εἰς κάθαρσιν τοῦ ἱεροῦ περιστεράν.* — Die Taube als Ersatz für das Schwein ist andeutungsweise auch erwähnt im Schol. Aristoph. pac. 40: *Διὸ καὶ τοὺς ὗας ἀλλοτρίους εἶναί φαμεν τῆς θεοῦ, βορβορώδεις γάρ, προσφιλεῖς δὲ τὰς πελειάδας διὰ τὸ τιθασὸν καὶ καθαρὸν αὐτῶν.* Ähnl. Cornut. comp. c. 24 p. 46 Lang.

[4] Vgl. Fest. 310 Müll.: *Suillum genus invisum Veneri prodiderunt poetae ob interfectum ab apro Adonim, quem diligebat dea.* Dasselbe Aition gibt für den gegenteiligen Brauch in Kypros Ioh. Lyd. de mens. IV 65 (s. u. S. 83 Anm. 1).

der Schweineopfer im Kult der Aphrodite belegt durch Paus. II 10, 5, für Mytilene durch einen ἱερὸς νόμος, Ziehen L. s. n. 119: Ὅκε θέλη θύην ἐπὶ τῶ βώμ[ω] τᾶς Ἀφροδίτας τᾶς Πείθως καὶ τῶ Ἕρμα θυέτω ἰρήϊον ὅττι κε θέλη καὶ ἔρσεν καὶ θῆλυ πλ[ὰ]γ χοί[ρω. Vgl. Diogenian. I 89 (Par. Gr. ed. Leutsch II 15): Ἀφροδίτῃ ὗν τέθυκεν· ἐπὶ τῶν ἀχαρίστων καὶ ἀνεπαφροδίτων, παρόσον Ἀφροδίτῃ ὗς οὐ θύεται. Artemid. on. V 80: Ἔδοξε γυνὴ τὸν ἑαυτῆς ἐραστὴν χοιρείαν αὐτῇ κεφαλὴν δωρεῖσθαι. ἐμίσησε τὸν ἐραστὴν καὶ κατέλιπεν αὐτόν· ἀναφρόδιτος γὰρ ὁ χοῖρος. Schol. Aristoph. pac. 39: Ἀναφρόδιτον γὰρ τὸ ζῷον[1].

Ziehen L. s. n. 109, Inschrift aus Thasos: Νύμφῃσιν κἀπόλλωνι Νυμφηγέτηι θῆλυ καὶ ἄρσεν, ἂμ βόλῃι, προσέρδεν· οἶν οὐ θέμις οὐδὲ χοῖρον. οὐ παιωνίζεται. Χάρισιν αἶγα οὐ θέμις οὐδὲ χοῖρον.

In Ialysos auf Rhodos war es verboten, mit einem schweinsledernen Kleidungsstück des Heiligtum der Alek-

---

[1] In einigen wenigen Orten erhielt die Göttin Schweineopfer. Callim. Frg. 82 b Schn. (= Strab. IX 438 Cas.): Τὰς Ἀφροδίτας (ἡ θεὸς γὰρ οὐ μία) ὑπερβαλέσθαι Καστνιῆτιν τῷ φρονεῖν πάσας· παραδέχεται μόνη τὴν τῶν ὑῶν θυσίην. Dazu ergänzt Strab. aaO.: Οἱ δ᾽ ὕστερον ἤλεγξαν οὐ μίαν Ἀφροδίτην μόνον, ἀλλὰ καὶ πλείους ἀποδεδεγμένας τὸ ἔθος τοῦτο, ὧν εἶναι καὶ τὴν ἐν τῇ Μητροπόλει. ταύτῃ δὲ μίαν τῶν συνοικισθεισῶν εἰς αὐτὴν πόλεων παραδοῦναι τὸ ἔθος Ὀνθύριον. Außerdem hören wir von Argos bei Callim. frg. 100 h Schn. (= Athen. III 96 a): Ἀργεῖοι Ἀφροδίτῃ ὗν θύουσι, καὶ ἡ ἑορτὴ καλεῖται ὑστήρια. (Hoc modo veterem aliquem errorem suum (frg. 82 b) tacite Callimachus correxit Schneider). Ähnlich berichtet Eustath. Il. Δ 417: Διὸ καὶ τῇ Ἀφροδίτῃ ὗς ἐθύετο, καὶ μάλιστα παρ᾽ Ἀργείοις, παρ᾽ οἷς καὶ ἑορτὴ Ἀφροδίτης τὰ ὑστήρια. (Die Hysteria waren nach Nilsson, Gr. Feste 386, ein Teil der Adonisfeiern. Vgl. u. S. 87). Schweineopfer für die kyprische Aphrodite bezeugt Antiphanes frg. 126 Kock (= Athen. III 95 f.): Ἔπειτα κἀκροκώλιον ὕειον Ἀφροδίτῃ; γελοῖον. — ἀγνοεῖς· ἐν τῇ Κύπρῳ δ᾽ οὕτω φιλδεῖ ταῖς ὑσίν, ὦ δέσποθ᾽, ὥστε σκατοφαγεῖν ἀπεῖρξε τὸ ζῷον, τοὺς δὲ βοῦς ἠνάγκασεν. Von Kypros sagt auch Ioh. Lyd. de mens. IV 65 Wünsch: Εἶτα δὲ καὶ σύας ἀγρίους ἔθυον αὐτῇ διὰ τὴν κατὰ Ἀδώνιδος ἐπιβουλήν. Vgl. S. Reinach Cultes m. et rel. III 61 f. Vielleicht erhielt Aphrodite auch in Kos Schweineopfer, Ziehen L. s. n. 138 v. 1 ff.: [Θυέτω ὁ ἱ]ε[ρε]ὺς τοῦ Ἀπόλλωνος ἐν τῶι μ[ηνὶ τῶι Πανά]μω[ι τᾶι] ἑβδόμαι αἶγα τᾶι Ἀφροδίτ[αι ἀπὸ δρα]χμᾶν εἴκοσι καὶ τᾶι ἐνάται τοῦ α[ὐτοῦ μηνὸς] αἶγα ἀπὸ τοῦ ἴσου καὶ σαλαιδιατ – – – –, nach der von Ziehen nicht gebilligten Ergänzung von Paton und Dittenberger: Σ(ι)αλ⟨α⟩ίδια τ[έτταρα]. Vgl. Nilsson, Gr. F. 379; 386. — Über Megara s. ob. S. 82 Anm. 3.

trona (*Solis et Rhodi nymphae* (!) *filia*, Dittenberger *Syll.*² n. 560 Anm. 2) zu betreten, Ziehen *L. s.* n. 145 v. 25f. (3. Jh. v. Chr.): Μηδὲ ὑποδήματα ἐσφερέτω μηδὲ ὕειον μηϑέν.

Auch im Kult des **Herakles** in **Gades** galt das Schwein für unrein, Sil. It. III 22 f.: *Limine curant saetigeros arcere sues.*

Besonders in den dem **Orient** nahe stehenden Kulten tritt die Unreinheit des Schweines entgegen. Ziehen *L. s.* n. 49 v. 2f., Inschrift vom Heiligtum des Μὴν Τύραννος in **Sunion** (2. Jh. n. Chr.): [Μηϑένα] ἀκάϑαρτον προσάγειν· καϑαριζέσϑω δὲ ἀπὸ σ(κ)όρδων καὶ χοιρέων.

Paus. X 32, 12 über **Isis**feste in **Tithorea**: Οἰσὶ δὲ ἐς τὴν ϑυσίαν οὐ νομίζουσιν οὐδὲ ὑσὶ χρῆσϑαι καὶ αἰξίν. Vgl. Plut. de Is. et Os. VIII 353 F: Οἱ δ' ἱερεῖς . . . καὶ τὴν ὗν ἀνίερον ζῷον ἡγοῦνται¹.

Diodor. V 62: Ἔστι δ' ἐν Καστάβῳ τῆς Χερρονήσου ἱερὸν ἅγιον Ἡμιϑέας . . . τὸν δ' ἁψάμενον ἢ φαγόντα ὑὸς οὐ νόμιμον προσελϑεῖν πρὸς τὸ τέμενος.

Von **Komana** in Kappadokien berichtet Strab. XII 575 C vom Bezirke der **Ma-Enyo**: Ἐν γὰρ τῷ περιβόλῳ τοῦ τεμένους ἡ οἴκησίς ἐστιν ἥ τε τοῦ ἱερέως καὶ τῆς ἱερείας, τὸ δὲ τέμενος χωρὶς τῆς ἄλλης ἁγιστείας διαφανέστατα τῆς τῶν ὑείων κρεῶν βρώσεως καϑαρεύει, ὅπου γε καὶ ἡ ὅλη πόλις, οὐδ' εἰσάγεται εἰς αὐτὴν ὗς².

Unreinheit des Schweines im Kulte des **Attis**³: Paus. VII 17, 10: Ἐνταῦϑα ἄλλοι τε τῶν Λυδῶν καὶ αὐτὸς Ἄττης ἀπέϑανεν ὑπὸ τοῦ ὑός⁴. καί τι ἑπόμενον τούτοις Γαλατῶν δρῶσιν οἱ Πεσσινοῦντα ἔχοντες ὑῶν οὐχ ἁπτόμενοι. Iulian. or. V 177 BC: Ὄρνισιν οὖν ἐπιτρέπει χρῆσϑαι πλὴν ὀλίγων οὓς ἱεροὺς εἶναι πάντῃ συμβέβηκε, καὶ τῶν τετραπόδων τοῖς συνήϑεσιν ἔξω τοῦ χοίρου. τοῦτον δὲ ὡς χϑόνιον πάντῃ μορφῇ τε καὶ τῷ βίῳ καὶ αὐτῷ τῷ τῆς οὐσίας λόγῳ· περιττωματικός τε γὰρ καὶ παχὺς

---

[1] Vgl. u. S. 85 über Ägypten.
[2] Vgl. das ägyptische Dekret des Aurelios Besarion, Dittenberger *Or. Gr. inscr.* n. 210, Inschrift von Talmi: Κελεύσαντος πάντας τοὺς χοίρους ἐξελασϑῆναι ἀπὸ ἱεροῦ κώμης Τάλμεως τῆς ιβ'-σχοί(νου), παραγγέλλεται πᾶσι τοῖς κεκτημένοις χοίρους τούτους ἐξελάσαι.
[3] Vgl. Hepding, Attis 157.   [4] Das Zeus geschickt hatte.

τὴν σάρκα· τῆς ἱερᾶς ἀποκηρύττει τροφῆς. φίλον γὰρ εἶναι πεπίστευται θῦμα τοῖς χθονίοις θεοῖς οὐκ ἀπεικότως.

Auch bei anderen Völkern des Altertums begegnet das Tabu des Schweines, und zwar meist in viel weiterem Umfang. So opfern die Skythen nach Herod. IV 63 keine Schweine. Von den Syrern sagt Luc. de dea Syr. 54: Σύας δὲ μοῦνον ἐναγέας νομίζοντες οὔτε θύουσιν οὔτε σιτέονται. ἄλλοι δ᾽ οὒ σφέας ἐναγέας, ἀλλὰ ἱροὺς νομίζουσιν. Vgl. Smith, Rel. d. Sem. 111. Auch in Kreta gilt das Schwein für heilig, Athen. IX 375 F. Ebenso werden in Kypros[1] und in Phönizien keine Schweine geopfert, Porph. de abst. I 14. Über das Tabu der Schweine bei den Juden s. z. B. Lev. XI 7; Joseph. c. Ap. II 13; Plut. qu. conv. IV 5 (Verehrung oder Verabscheuung?); Porph. de abst. I 14; IV 11; Marti, Gesch. d. isr. Rel.[4] 24; Smith, Rel. d. Sem. 114; R. Asmus, Jul. Galiläerschrift, Progr. Freiburg i. Br. 1904, 28[2]. Dieselben Anschauungen finden sich bei den Ägyptern, Ael. de nat. an. X 16. Vgl. ob. S. 84. Schweine werden von ihnen weder gegessen (Athen. VII 299 F; Joseph. c. Ap. II 13) noch geopfert (Porph. de abst. I 14; Sext. Emp. Πυρρ. ὑπ. III 220). S. bes. Herod. II 47: Ὗν δὲ Αἰγύπτιοι μιαρὸν ἥγηνται θηρίον εἶναι· καὶ τοῦτο μέν, ἤν τις ψαύσῃ αὐτῶν παριὼν ὑός, αὐτοῖσι τοῖσι ἱματίοισι ἀπ᾽ ὧν ἔβαψε ἑωυτὸν βὰς ἐς τὸν ποταμόν, τοῦτο δὲ οἱ συβῶται ἐόντες Αἰγύπτιοι ἐγγενέες ἐς ἱρὸν οὐδὲν τῶν ἐν Αἰγύπτῳ ἐσέρχονται μοῦνοι πάντων, οὐδέ σφι ἐκδίδοσθαι οὐδεὶς θυγατέρα ἐθέλει οὐδ᾽ ἄγεσθαι ἐξ αὐτῶν, ἀλλ᾽ ἐκδίδονταί τε οἱ συβῶται καὶ ἄγονται ἐξ ἀλλήλων. τοῖσι μέν νυν ἄλλοισι θεοῖσι θύειν ὗς οὐ δικαιεῦσι Αἰγύπτιοι, Σελήνῃ δὲ καὶ Διονύσῳ μούνοισι τοῦ αὐτοῦ χρόνου, τῇ αὐτῇ πανσελήνῳ, ὗς θύσαντες πατέονται

---

[1] Eine Ausnahme ist das ob. S. 83 Anm. 1 erwähnte Opfer für Aphrodite.

[2] Der Grund für die Unreinheit des Schweines bei den Israeliten war nach Marti der, daß es den Harraniern für heilig galt. (Ähnliches ist auch für viele andere unter den Israeliten als unrein verbotene Tiere nachgewiesen.) „Was aber auf einer abolierten Religionsstufe für heilig angesehen wurde, also eine Teilnahme an der damals geübten Verehrung mit sich brachte, konnte die neue Religion nur als fremden Kult ansehen, den sie nicht dulden durfte, und mußte daher etwas Unreines darin erkennen, das von der Teilnahme am neuen Kult ausschließe." Vgl. Schwally, Sem. Kriegsalt. 107; Wundt, Völkerpsych. II 2 S. 313.

τῶν κρεῶν. διότι δὲ τοὺς ὗς ἐν μὲν τῇσι ἄλλῃσι ὁρτῇσι ἀπεστυγήκασι, ἐν δὲ ταύτῃ θύουσι. Vgl. A. Wiedemann zu dieser Stelle (S. 220): „Auf eine ganz andere, sonst unbekannte Rolle des Schweines spielt gelegentlich die Metternichstele mit den Worten: 'Chem, der Herr von Koptos, der Sohn der weißen Sau, die sich in Heliopolis befindet', an. Vgl. auch einen von Parthey veröffentlichten Zauberpapyrus, Abh. d. Berl. Ak. 1865 phil.-hist. Kl. S. 123 v. 105: Der angerufene Gott gewährt alles, was du wünschest; κρέας δὲ χοίρειον [τοῦτο ὅλως] μὴ λέξῃς ποτὲ ἐνεγκεῖν. Über die Libyer s. Herod. IV 186. Bei den Babyloniern war es verboten, am 30. Ab und 27. Tisri Schweinefleisch zu essen, A. Jeremias, D. alte Test. i. Lichte d. a. Or.[2] 432. Vgl. noch die einen orientalischen Kult betreffende römische Inschrift, CIL VI n. 30934 (= Dessau *Inscr. sel.* 4343): [— — — *Iovi B*]*eheleparo* ... *ab is rebus g*[— — — *c*]*astus adito, item a suili*[*bus* — — —] *omnis generis melle*. (Verunreinigung durch Genuß von Schweinefleisch, Reinigung mit Honig, s. Cumont *Relig. orient.* 288 Anm. 44). Auch in den Reinheitsgesetzen des Islam findet sich das Verbot, Schweinefleisch zu essen, Chantepie de la Saussaye, Relgesch.[3] I 502. Vgl. Sven Hedin, Durch Asiens Wüsten (Leipzig 1899) II 457, über die Schweinezucht der Dunganen. Vgl. noch die Sitte der Eingeborenen von Dahomé, die nach der Beschneidung mehrere Tage lang kein Schweinefleisch essen, Andree, Ethnogr. Parall. N. F. 176, und das Tabu des Schweines in Madagaskar, A. v. Gennep *Tabou et totem. à Mad.* 224.

Was in mehreren der erwähnten Zeugnisse als Grund für das Tabu des Schweines angedeutet ist, ist auch auf die meisten der angeführten griechischen Gebräuche anzuwenden: es sind Reste eines Glaubens an das Schwein als ein dämonisches Tier[1], das man verehrte oder fürchtete, und

---

[1] Vgl. Gruppe, Gr. Myth. 806. Reinach *Cultes myth. et rel.* II 34: *Bien que les héros d'Homère mangeassent du porc, l'épithète de divin, qui accompagne le nom des porchers, peut indiquer une époque ou les porcs étaient sacrés ou tabous.* — Vgl. auch Blau, Altjüd. Zauberw. 157; Frazer *Gold. bough*[2] II 284 ff.; 299 ff. Über die Verwendung des Schweines bei Reinigungen s. z. B. Daremberg-Saglio *Dict.* III 1411, im Zauber Deubner *De inc.* 40; Gruppe, Gr. M. 821 ff.

das daher weder gegessen noch geopfert werden durfte. Deshalb verbieten auch die μάγοι und καθαρταί den Genuß des Schweinefleisches, Hippocr. de morbo s. I 589 Kühn.

Dafür, daß gerade im Kult der **Aphrodite** die Abneigung gegen die Schweine besonders allgemein war, gibt Nilsson, Griech. Feste 385 eine Erklärung: Das Schwein war dem **Adonis** (der selbst in der Gestalt eines Ebers vorgestellt worden ist) heilig, „und da Adonis immer mit Aphrodite vereint auftritt, ist die Abneigung der Göttin gegen das Schwein hieraus herzuleiten". Ob man andererseits überall, wo der Aphrodite Schweine geopfert werden, Beziehungen zu Adonis annehmen darf (Nilsson aaO. 386), ist fraglich. Vgl. auch Smith, Rel, d. Sem. 220 Anm. 442.

Auch die **Ziege** war in einigen Kulten nicht geduldet[1]. Sie wird der **Athena** nicht geopfert und darf die **Akropolis** nicht betreten, Athen. XIII 587 A: Ὅτι δὲ θαλλῷ χαίρουσιν αἱ αἶγες, διόπερ οὐδ᾽ εἰς ἀκρόπολιν ἄνεισι τὸ ζῷον οὐδ᾽ ὅλως Ἀθηνᾷ θύεται διὰ τοῦτο. Varr., rer. rust. I 2, 19 f.: *Sic factum, ut ... Minervae caprini generis nihil inmolarent propter oleam, quod eam, quam laeserit, fieri dicunt sterilem: eius enim salivam esse fructuis venenum: hoc nomine etiam Athenis in arcem non inigi, praeterquam semel ad necessarium sacrificium, ne arbor olea, quae primum dicitur ibi nata, a capra tangi possit.*

Vom Kult der **Hera** berichtet Paus. III 15, 9: Μόνοις δὲ Ἑλλήνων Λακεδαιμονίοις καθέστηκεν Ἥραν ἐπονομάζειν Αἰγοφάγον καὶ αἶγας τῇ θεῷ θύειν. Vgl. Hesych. s. v. αἰγοφάγος· Ἥρα ἐν Σπάρτῃ[2].

---

[1] Über die Ziege als dämonisches Tier s. Gruppe, Gr. Mythol. 822 ff.; 838; 849; 1103 Anm. 1; 1148; 1276. Vgl. Frazer *Gold. bough*² II 165 f.; 271 ff.; 291 ff.; Kropatscheck *De amul.*, Diss. Münster 1907, S. 21 f..

[2] Doch hören wir auch von einem jährlichen Ziegenopfer für **Hera** in **Korinth**, Zenob. I 27 (Leutsch *Par. Gr.* Bd. I): Κορίνθιοι θυσίαν τελοῦντες Ἥρᾳ ἐνιαύσιον ... αἶγα τῇ θεῷ ἔθυον. Vgl. Diogen. I 52 (*Par. Gr.* Bd. I); Hesych. s. v. αἲξ αἶγα. Vielleicht spielte die Ziege auch im Kult der Hera in **Argos** eine Rolle, s. Gruppe, Gr. Mythol. 1122 Anm. 3. Wide, Lakon. Kulte 27, und Gruppe, Gr. M. 1122 (vgl. 822 ff.) erklären diese Opfer aus der Bedeutung des Ziegenfelles im Wetterzauber: sie werden dargebracht der Wettergöttin Hera. Abgelehnt wird diese Erklärung von Nilsson, Gr. Feste 60. — Im römischen Kult der **Iuno** begegnet die

Asklepios erhielt ebenfalls keine Ziegenopfer, Sext. Emp. *Πυρρ. ύπ.* III 221: Αἶγας Ἀρτέμιδι θύειν εὐσεβές, ἀλλ' οὐκ Ἀσκληπιῷ. So berichtet Paus. X 32, 12: Σταδίους δὲ ἀπωτέρω Τιθορέας ἑβδομήκοντα ναός ἐστιν Ἀσκληπιοῦ, καλεῖται δὲ Ἀρχαγέτας· ... θύειν δὲ αὐτῷ τὰ πάντα ὁμοίως νομίζουσι πλὴν αἰγῶν. Ebenso war es in Epidauros, eine Ausnahme macht nur Kyrene Paus. II 26, 9: Διάφορον δὲ Κυρηναίοις τοσόνδε ἐς Ἐπιδαυρίους ἐστίν, ὅτι αἶγας οἱ Κυρηναῖοι θύουσιν, Ἐπιδαυρίοις οὐ καθεστηκότος.

Ziehen *L. s.* n. 109, Opfervorschrift aus Thasos (5. Jh. v. Chr.): Χάρισιν αἶγα οὐ θέμις οὐδὲ χοῖρον.

Von Tithorea berichtet Paus. X 32, 16 von einem Opfer für Isis: Οἰσὶ δὲ ἐς τὴν θυσίαν οὐ νομίζουσιν οὐδὲ ὑσὶ χρῆσθαι καὶ αἰξίν. Vgl. Rusch *De Serap. et Is.* Diss. Berlin 1906, 24.

Eine Inschrift von Lindos auf Rhodos (2. Jh. n. Chr.) bestimmt eine dreitägige Frist für den, der nach dem Genuß von Ziegenfleisch das Heiligtum betreten will, Ziehen *L. s.* 148 v. 10: Ἀπὸ αἰγείου ἡμε. γ'. Bei der darauf folgenden Bestimmung, v. 11: Ἀπὸ τυροῦ ἡμε. α', ist wohl an Ziegenkäse zu denken. Vgl. u. S. 89 Anm. 1.

Revue de Phil. 1902, 292, Inschrift von der Insel Herakleia bei Amorgos, v. 4 ff.: Ἐὰν δέ τις βιασάμενος αἶγας εἰσάγ[ων] τρέφειν ἐν τῆι νήσωι παρὰ τόδε τὸ ψήφι[σ]μα κτλ.

In Phrygien war die Ziege ein heiliges Tier, das weder geopfert noch gegessen werden durfte. Ramsay *Cit. and bish. of Phrygia* I 150 n. 43: [— — —] καθαρμοῖς κε θυσίαις ε[ἱλασάμην τὸν Κ[ύριον ἵνα μυ τὸ ἐμὸν σῶ[μα σώσ]ι κὲ ὅτι ἐμὲ ἀποκαθέστ[η]σε [τῷ ἐμ]ῷ σώματι· διὸ παραγγέλλω μηθένα ἱερὸν ἄθυτον αἰγοτόμιον ἔσθειν ἐπεὶ παθῖτε τὰς ἐμὰς ⟨ἐμὰς⟩ κολάσεις [1].

Ziege mehrfach, Wissowa, Rel. d. Röm. 118 f.; W. Otto, Philol. LXIV (1905) 183 ff. Dagegen darf sie dem Iuppiter nicht geopfert werden, Arnob. VII 21: *Si caper caedatur Iovi, quem patri sollemne est Libero Mercurioque mactari, ... quid facinoris in hoc erit? ... aut natura quae capri est, ut ... Iovialibus conveniens sacrificiis non sit?* Der Flamen Dialis darf die Ziege nicht berühren noch von ihr sprechen (Plut. qu. Rom. 111; Gell. n. Att. X 15, 12), nach Wissowa, R. d. R. 191, weil sie den Römern als ein Tier der Unterirdischen galt.

[1] Die Inschrift kann auch anders verstanden werden: die Ziege wird

Vgl. noch die Vorschriften der μάγοι und καθαρταί, Hippocr. de m. s. 589 Kühn: Ἀπέχεσθαι ... κρεῶν δὲ αἰγείων ... μηδὲ ἐν αἰγείῳ κατακεῖσθαι δέρματι μηδὲ φορεῖν.

Seltener findet sich das Verbot, **Schafe** zu opfern oder zu essen. Athen. IX 375 C von der **Athena Polias** in **Athen**: Καὶ νῦν δὲ τὴν τῆς Ἀθηνᾶς ἱέρειαν οὐ θύειν ἀμνὴν οὐδὲ τυροῦ[1] γεύεσθαι.

Ziehen L. s. n. 109, Inschrift von **Thasos**: Νύμφῃσιν κἀπόλλωνι[2] Νυμφηγέτῃ ... ὄιν οὐ θέμις.

Paus. X 32, 16 vom Kult der **Isis** in **Tithorea**: Οἰσὶ (υς und ους die Hss.) δὲ ἐς τὴν θυσίαν οὐ νομίζουσιν οὐδὲ ὑσὶ χρῆσθαι καὶ αἰξίν. Vgl. Sext. Emp. Πυρρ. ὑπ. III 220: Πρόβατον Ἴσιδι θύειν ἄθεσμον. Plut. de Is. et Os. V 352 F: Οἱ δ' ἱερεῖς οὕτω δυσχεραίνουσι τὴν τῶν περιττωμάτων φύσιν, ὥστε ... παραιτεῖσθαι ... τῶν κρεῶν τὰ μήλεια καὶ ὕεια.

Vgl. auch Diog. La. VIII 20 von **Pythagoras**: Θυσίαις τε ἐχρῆτο ἀψύχοις· οἱ δέ φασιν ὅτι ἀλέκτορσι μόνον καὶ ἐρίφοις γαλαθηνοῖς τοῖς λεγομένοις ἁπαλίαις, ἥκιστα δὲ ἀρνάσιν. ὅ γε μὴν Ἀριστόξενος πάντα μὲν τἆλλα συγχωρεῖν αὐτὸν ἐσθίειν ἔμψυχα, μόνων δ' ἀπέχεσθαι ἀροτῆρος βοὸς καὶ κριοῦ[3].

Rind. In alter Zeit war es bei den Griechen verboten, einen **Stier** zu töten[4], Ael. v. h. V 14: Νόμος Ἀττικός·

---

dem Gott geopfert; sonst ist sie tabu und darf nicht gegessen werden. Das Vergehen des Mannes bestand darin, daß er Ziegenfleisch gegessen hat, das nicht von einem Opfer herrührt. Ramsay *Journ. of hell. st.* X 229, vermutet, daß die Ziege als Reinigungsopfer dargebracht war, von dem nichts gegessen werden durfte (vgl. Roschers Lex. s. v. Lairbenos S. 1805). Eine ganz andere Erklärung gibt Zingerle, Philol. LIII (1894) 350 f.; er erklärt: Μηδένα ἱερὸν ἄδυτον αἰγοτόμιον ἐσθεῖν: niemand soll den Teil des Tempels betreten, in dem die Opferung der Ziegen vollzogen wurde.

[1] Schafkäse. Bei Strab. IX 395 Cas. ist das Verbot merkwürdigerweise auf inländischen Käse beschränkt: Τὴν ἱέρειαν τῆς Πολιάδος Ἀθηνᾶς χλωροῦ τυροῦ τοῦ μὲν ἐπιχωρίου μὴ ἅπτεσθαι, ξενικὸν δὲ μόνον προσφέρεσθαι, χρῆσθαι δὲ καὶ τῷ Σαλαμινίῳ, ξένην φασὶ τῆς Ἀττικῆς τῆς Σαλαμῖνα. — Vgl. ob. S. 88.

[2] Anderwärts erhält Apollon Schafopfer; so wird ihm in Argos monatlich ein solches dargebracht, Paus. II 24, 1. Vgl. auch Theocr. V 82 f.

[3] Vgl. noch Smith, Rel. d. Sem. 345 ff.; Reinach *Cultes m. et rel.* III 48.

[4] Vgl. A. Dieterich, Mutter Erde 50 Anm. 3. — Bei den alten **Römern**

... βοῦν ἀρότην καὶ ὑπὸ ζυγὸν πονήσαντα σὺν ἀρότρῳ ἢ καὶ σὺν τῇ ἁμάξῃ, μηδὲ τοῦτον θύειν, ὅτι καὶ οὗτος εἴη ἂν γεωργὸς καὶ τῶν ἐν ἀνθρώποις καμάτων κοινωνός. Das Verbot kommt auch deutlich zum Ausdruck in dem Ritus der athenischen Buphonia[1].

Die alte Sitte ist erhalten in der pythagoreischen Vorschrift, Diog. La. VIII 20: Ἀπέχεσθαι ἀροτῆρος βοός.

Der Grund dafür liegt vermutlich darin, daß das Rind so wie bei vielen anderen Völkern[2] auch bei den Griechen in früherer Zeit als dämonisches oder heiliges Tier galt. Damit hängt es wohl zusammen, daß so vielfach Dämonen und Götter in Rindsgestalt vorgestellt wurden, s. Gruppe, Gr. Myth. 1914 u. 'Rindsgestalt'. Auch der bei Griechen und anderen Völkern vorhandene Glaube an die Schädlichkeit des Stierblutes[3] ist wohl von hier aus zu erklären.

---

bestand das gleiche Verbot. Varr. rer. rust. II 5, vom Stier: *Hic socius hominum in rustico opere et Cereris minister. ab hoc antiqui manus ita abstineri voluerunt, ut capite sanxerint, si quis occidisses.* Colum. VI praef.: *Cuius tanta fuit apud antiquos veneratio, ut tam capitale esset bovem necasse, quam civem.* Plin. n. h. VIII 180: *Socium enim laboris agrique culturae habemus hoc animal tantae apud priores curae, ut sit inter exempla damnatus a populo Romano die dicta, qui concubino procaci rure omassum edisse se negante occiderat bovem, actusque in exsilium tamquam colono suo interempto.* Ähnl. Val. Max. VIII 1, damn. 8. Von den Phrygern berichtet Ael. de nat. an. XII 34: Φρύγες δὲ ἐὰν παρ' αὑτοῖς τις ἀροτῆρα ἀποκτείνῃ βοῦν, ἡ ζημία θάνατος αὐτῷ.

[1] S. bes. Smith, Rel. d. Sem. 233f.

[2] Heiligkeit der Rinder bei verschiedenen afrikanischen Völkern, Smith aaO. 231. Bei den Babyloniern war es verboten, am 27. Tisri Rindfleisch zu essen, A. Jeremias, Das alte Test. im Lichte des alt. Or.² 432. Speziell die Kuh wurde vielfach nicht gegessen und nicht geopfert, so bei den Ägyptern: Herod. II 18; 41; IV 186; Porph. de abst. II 19; 61; IV 7. Porph. an den angeg. Stellen bezeugt dasselbe auch für die Phönizier, und Herod. IV 186 für die Bewohner der Nordküste Afrikas bis zum See Tritonis. Reinach *Cultes m. et r.* II 34: *Les Hindous regardent cet animal (la vache) comme sacré, tandis que la caste des Shin parmi les Dards l'abhorre.* Vgl. Schurtz, Speiseverbote 30f.; Smith, Rel. d. Sem. 229ff.; 345f.; Frazer *Gold. bough*² II 277ff.; 293ff.; 312f.; A. v. Gennep *Tabou et totémisme à Mad.* 239ff.

[3] Schurtz aaO. 31; Gruppe, Gr. Mythol. 877 Anm. 11. Vgl. die häufige Verwendung des Stierblutes als Eidestrunk, F. Dümmler *Delph.* 8ff.; Gruppe,

Pferd. Eine Inschrift vom Heiligtum der **Alektrona** in **Ialysos**, Ziehen *L. s.* n. 145 v. 21 (3. Jh. v. Chr.), verbietet: *Μὴ ἐσίτω ἵππος, ὄνος, ἡμίονος, γῖνος μηδὲ ἄλλο λόφουρον μηθὲν μηδὲ ἐσαγέτω ἐς τὸ τέμενος μηθεὶς τούτων μηθὲν κτλ.*

Sext. Emp. *Πυρρ. ὑπ.* III 221 vom Pferd: *Ἀπόλλωνι δέ, ἐξαιρέτως τῷ Διδυμαίῳ, τὸ ζῷον ἀπεχθές.* Vgl. Ziehen *L. s.* n. 51 v. 2: *Μη(δ)' ἱππεύεσθαι* (im Heiligtum des **Apollon Lykeios** in **Argos**)[1].

Ob und inwieweit diese Gebräuche und der Umstand, daß die Griechen Pferdefleisch nicht genossen[2] und daher auch nicht opferten[3], untereinander und mit dem Glauben an den dämonischen Charakter des Pferdes[4] zusammenhängen, ist mit Sicherheit nicht zu bestimmen.

Esel. Ziehen *L. s.* n. 145 v. 21, (Inschrift vom Heiligtum der **Alektrona** in **Ialysos**) s. ob.[5]

---

aaO. Stierblut als heilkräftig, Ael. de nat. an. XI 35. Vgl. Kropatscheck *De amul.*, Diss. Münster 1907 S. 21.

[1] Vgl. Verg. Aen. VII 778 f. vom Tempel der **Diana** in **Aricia**: *Unde etiam templo Triviae lucisque sacratis | cornipedes arcentur equi.* Ovid. fast. III 266 von demselben Heiligtum: *Unde nemus nullis illud aditur equis.* Gell. n. Att. X 15, 3: *Equo Dialem flaminem vehi religio est.* Plutarch. qu. Rom. 40: *Τοῦ παρὰ Ῥωμαίοις ἱερέως ἴδιόν ἐστι τὸ μήθ' ἵππῳ χρῆσθαι.* Fest. 81 M: *Equo vehi flamini Diali non licebat.* Plin. n. h. XXVIII 146: *Flamini sacrorum ecum tangere non licet.*

[2] S. z. B. Porph. de abst. I 14. Über die Enthaltung von Pferdefleisch s. auch Schurtz, Speiseverbote 32.

[3] Über einzelne Pferdeopfer s. Stengel *Qu. sacr.*, Progr. Berlin 1879 S. 23; Schömann-Lipsius, Gr. Alt.[4] II 237; S. Reinach *Cultes m. et rel.* III 132 ff.

[4] S. Gruppe, Burs. Jahresb. 137 (1908) 381; A. Abt, Apol. d. Apul. 128. Vgl. Gruppe, Gr. Myth. 838; 1148; Smith, Rel. d. Sem. 222; 345; Kropatscheck *De amul.*, Diss. Münster 1907, 22; Frazer *Gold. bough*[2] II 281 ff.; S. Reinach *Cultes m. et rel.* III 61; 139.

[5] Esel wurden weder gegessen noch geopfert, Porph. de abst. I 14; II 25. — Vereinzelte Eselopfer s. Stengel *Qu. sacr.*, Progr. Berl. 1879, 24; Gruppe, Gr. Myth. S. 1901 s. v. 'Eselopfer'; Olck b. Pauly-Wissowa, Realenc. s. v. 'Esel'. Über den Esel als dämonisches Tier s. Gruppe, Gr. M. 797 f.; vgl. 1603 Anm. 4; Smith, R. d. Sem. 225; Kropatscheck *De amul.*, Diss. Münster 1907, 21; Tambornino *De ant. daemon.* 88. Vgl. auch A. Wiedemann, Herod. zweites Buch 450.

Hirsch. Hippocr., de morbo s. 589 Kühn: Ἀπέχεσθαι... κρεῶν δὲ αἰγείων καὶ ἐλαφείων [1].

Hund. Besonders deutlich tritt der dämonische Charakter des Hundes hervor [2], der deshalb auch allgemein als unreines Tier gilt [3]. Er ist daher von manchen heiligen Bezirken ausgeschlossen [4] und darf den olympischen Göttern nicht geopfert werden [5]. Plut. qu. Rom. 111 S. 290 D: Οὐ μὴν οὐδὲ καθαρεύειν

---

[1] Über den Hirsch als dämonisches Tier s. Gruppe, Gr. Mythol. 839 f.; 847; Smith, Rel. d. Sem. 223. Vgl. die Bedeutung des Hirsches in der Medizin als Heilmittel, Gruppe aaO. 1276; 1279; Tambornino *De ant. daem.* 88.

[2] S. bes. Gruppe, Gr. M. 803 ff.; A. Abt, Die Apol. des Apul. 52; 82; 128; 142, und für andere Völker Smith, Rel. d. Sem. 221 f.; 176 Anm. 360; Blau, Altjüd. Zauberwesen 157. Vgl. auch Herod. I 140 von den persischen μάγοι: Πάντα πλὴν κυνὸς καὶ ἀνθρώπου κτείνουσι. Ein toter Hund galt bei den Persern als besonders unrein, Geiger, Ostir. Kultur 256; Chantepie de la Saussaye, Relgesch.³ II 209. Auf der dämonischen Eigenschaft des Hundes beruht auch dessen häufige Verwendung bei Reinigungen, s. z. B. Gruppe aaO. 803 Anm. 13; Nilsson, Griech. Feste 405.

[3] S. Lobeck *Agl.* 1095 f.; Schömann-Lipsius, Gr. Alt.⁴ II 205 Anm. 8. Daß die Griechen kein Hundefleisch essen (Porph. de abst. I 14), darf wohl nicht aus der Unreinheit der Hunde erklärt werden. Doch gehört in diesen Zusammenhang die Vorschrift der μάγοι bei Hippocr. de morb. s. 589 Kühn: Ἀπέχεσθαι . . . κυνός. — Auch bei den Römern galt der Hund als unreines Tier (Horat. ep. I 2, 24: *Canis immundus*), besonders im Kult des Hercules, Plut. qu. Rom. 90: Διὰ τί τῷ Ἡρακλεῖ γιγνομένης θυσίας ἄλλον οὐδένα θεῶν ὀνομάζουσιν οὐδὲ φαίνεται κύων ἐντὸς τῶν περιβόλων, ὡς Βάρρων ἱστόρηκεν; Plin. n. h. X § 79: *Romae in aedem Herculis in foro Boario nec muscae nec canes intrant.* — Über die Unreinheit des Hundes bei Naturvölkern unserer Zeit s. Reinach *Cultes m. et rel.* II 34; A. v. Gennep *Tabou et tot. à Mad.* 230.

[4] Daß dies nicht immer der Fall war, zeigt ein Brauch bei dem siebentägigen Feste der Demeter Mysia in Pellene: am dritten Tage mußten nicht nur alle Männer das Heiligtum verlassen, ἀλλὰ καὶ τῶν κυνῶν τὸ ἄρρεν (Paus. VII 27, 10). Daß die Hunde sich im Innern der Tempel selbst nicht aufhalten durften, war gewiß ein überall vorhandenes Verbot, allein schon wegen der durch die Befriedigung ihrer Bedürfnisse verursachten Verunreinigung. Vgl. Babr. fab. XLVIII 1 ff.: Ἐν ὁδῷ τις Ἑρμῆς τετράγωνος εἰστήκει, | λίθων δ' ὑπ' αὐτῷ σωρὸς ἦν. κύων τούτῳ | εἶπεν προσελθών· 'χαῖρε πρῶτον, Ἑρμεία· | ἔπειτ' ἀλεῖψαι βούλομαί σε, μηδ' οὕτω | θεὸν παρελθεῖν· καὶ θεὸν παλαιστρίτην. | ὁ δ' εἶπεν· 'ἤν μου τοῦτο μὴ 'πιλιχμήσῃς | τοὐλαιον ἐλθών, μηδέ μοι προσουρήσῃς, | χάριν εἴσομαί σοι'.

[5] Einige (meist chthonische) Götter erhalten Hundeopfer, Gruppe, Gr. Mythol. 804 Anm. 8; Schömann-Lipsius, Griech. Alt.⁴ II 255.

ᾤοντο πανταπασιν οἱ παλαιοὶ τὸ ζῷον· ὀλυμπίων μὲν γὰρ οὐδενὶ θεῶν καθιέρωται.

Io. Lyd. d. mens. IV 154 Wü. von Kronos: Ἐν δὲ τῷ κατ' αὐτὸν ἱερῷ, ὥς φησι Φύλαρχος ἐν τῇ ἑπτακαιδεκάτῃ καὶ Μένανδρός γε τῇ πρώτῃ, οὔτε γυνὴ οὔτε κύων οὔτε μυῖα εἰσῄει[1].

Hunde dürfen weder die heilige Insel Delos noch die Akropolis in Athen betreten, Hygin. fab. 247: *Qui a canibus consumpti sunt. ... Thasius Delo, Anii sacerdotis Apollinis filius; ex eo Delo nullus canis est.* Plut. qu. Rom. 111 S. 290 B: Καίτοι φασὶν ἔνιοι μήτε τῆς Ἀθηναίων ἀκροπόλεως ἐπιβαίνειν κύνα μήτε τῆς Δηλίων νήσου διὰ τὴν ἐμφανῆ μῖξιν. Philoch. b. Dion. Hal. Dein. γ΄ 637 Reiske: Πάτριον δέ ἐστι τοῖς Ἀθηναίοις κύνα μὴ ἀναβαίνειν εἰς ἀκρόπολιν.

Fliegen. Io. Lyd. de mens. IV 154 Wü.: Ἐν δὲ τῷ κατ' αὐτὸν ἱερῷ (sc. τοῦ Κρόνου), ὥς φησι Φύλαρχος ἐν τῇ ἑπτακαιδεκάτῃ καὶ Μένανδρός γε τῇ πρώτῃ, οὔτε γυνὴ οὔτε κύων οὔτε μυῖα εἰσῄει[1, 2].

Vögel. Verbote, Vögel zu opfern oder zu genießen, sind sehr selten.

Die ὄρνιθες κατοικίδιοι gehörten zu den an den Haloen verbotenen Speisen, Schol. Luc. dial. mer. VII 4. Ebenso wurden sie von den eleusinischen Mysten nicht gegessen, Porph. de abst. IV 16: Καὶ τὸν ἀλεκτρυόνα δὲ ταύτῃ (sc. τῇ Δήμητρι) ἀφιέρωσαν. διὸ καὶ ἀπέχονται οἱ ταύτης μύσται ὀρνίθων ἐνοικιδίων. παραγγέλλεται γὰρ καὶ Ἐλευσῖνι ἀπέχεσθαι κατοικιδίων ὀρνίθων.

Speziell die Enthaltung vom Genuß des **Hahnes** findet sich auch sonst. So schreiben die μάγοι bei Hippocr. de morbo s. 589 K., vor: Ἀπέχεσθαι ... ὀρνίθων δὲ ἀλεκτρυόνος, und die Pythagoreer verbieten, einen weißen[3] Hahn zu

---

[1] Lobeck *Agl.* 1095 f.: *Confusis ut videtur Saturni et Herculis nominibus.*

[2] Vgl. Plin. n. h. X 79: *Romae in aedem Herculis in foro Boario nec muscae nec canes intrant.* Gruppe, Gr. Mythol. 1107 Anm. 1.

[3] S. Böhm *Symb. Pyth.*, Diss. Berl. 1905, 22. Der Hahn war nach

essen oder zu opfern. Ael. v. h. IV 17: *Προσέταττε δὲ ὁ αὐτὸς Πυθαγόρας ,.. ἀπέχεσθαι ... ἀλεκτρυόνος λευκοῦ.* Diog. La. VIII 34: *Ἀλεκτρυόνος μὴ ἅπτεσθαι λευκοῦ.* Plut. qu. conv. IV 5, 2: *Τοὺς Πυθαγορικοὺς ἱστοροῦσι καὶ ἀλεκτρυόνα λευκὸν σέβεσθαι.* Iambl. v. P. 84: *Μηδὲ ἀλεκτρυόνα λευκὸν θύειν.* Iambl. protr. 21: *Ἀλεκτρυόνα τρέφε μέν, μὴ θῦε δέ.*

Bei Hipp. aaO. ist auch der Genuß der *τρυγών*[1] und der *ὠτίς* verboten.

Vgl. noch Ziehen *L. s.* n. 119, Inschrift aus Mytilene: *Ὂ κε θέλη θύην ἐπὶ τῶ βώμ[ω] τᾶς Ἀφροδίτας τᾶς Πείθως καὶ τῶ Ἕρμα θυέτω ἱρήϊον ὄττι κε θέλη καὶ ἔρσεν καὶ θῆλυ πλ[ὰ]γ χοί[ρω] καὶ ὄρνιθα ὄττι[να κε θέλη πλὰν — — — —].* An Hahn oder Taube oder beides ist hier vermutlich zu denken, wenn die Ergänzung Ziehens: *πλὰν* — — — überhaupt richtig ist.

Diese Vorschriften stammen wohl größtenteils, vielleicht sogar alle, aus dem Orient, woher Hahn und Taube (die in der Hauptsache die *ὄρνιθες κατοικίδιοι* ausmachen) nach Griechenland gekommen sind. Der Hahn war bei den Persern ein dämonisches Tier[2] (s. Böhm *Symb.* 20), und die Taube[3] galt den Syrern[4] für heilig, Xenoph. an. I 4, 9 (von Fischen): *... οὓς οἱ Σύροι θεοὺς ἐνόμιζον καὶ ἀδικεῖν οὐκ εἴων, οὐδὲ τὰς περιστεράς.* Lucian. de dea Syr. 54 von den Galloi in Hierapolis: *Ὀρνίθων τε αὐτέοισι περιστερὴ χρῆμα*

Pythagoras das heilige Tier des Helios, W. Schmidt, Geburtstag im Altert. 101 Anm. 2. Verwendung des Hahns im Zauber, A. Dieterich, Jahrb. f. class. Phil., Suppl. XVI (1888) 785 Anm. 3; Deubner *De inc.* p. 47.

[1] Vgl. A. Dieterich, Jahrb. f. cl. Phil., Suppl. XVI (1888) 785 Anm. 7.

[2] Auch bei anderen Völkern, s. Frazer *The gold. bough*[2] I 305; II 266 ff.; III 99; Gruppe, Griech. Mythol. 795 Anm. 5; Schwarz, Progr. Celle 1888, 28.

[3] Vgl. auch Gruppe, Gr. Mythol. 794; Smith, Rel. d. Sem. 166; A. Dieterich, Jahrb. f. class. Phil., Suppl. XVI (1888) 785 Anm. 5. Taube als Reinigungsmittel z. B. Ziehen *L. s.* n. 36 v. 20 ff. (s. ob. S. 82 Anm. 3); vgl. A. Jeremias, Das alte Test. im Lichte des alten Or.[2] 453.

[4] Überhaupt den Semiten, Smith, Rel. d. Sem. 223; vgl. 100; 116; 126; 166; 170; 219; 345; Schürer, Gesch. d. jüd. Volkes[3] II 18 Anm. 52; 24 Anm. 7; V. Hehn, Kulturpflanzen u. Haustiere[7] 339; Reinach *Cultes m. et rel.* III 48. Herod. I 138 von den Persern: *Ξεῖνον δὲ πάντα τὸν λαμβανόμενον ὑπὸ τούτων* (sc. *ὑπὸ τῆς λέπρης ἢ τῆς λεύκης) ἐξελαύνουσι ἐκ τῆς χώρης, πολλοὶ καὶ τὰς λευκὰς περιστεράς.*

ἱρότατον, καὶ οὐδὲ ψαύειν αὐτέων δικαιεῦσι· καὶ ἢν ἀέκοντες
ἅψωνται, ἐναγέες ἐκείνην τὴν ἡμέρην εἰσίν. Vgl. ebenda cap. 14.
Cornut. comp. 6: Ἔοικε δ᾽ αὕτη καὶ ἡ παρὰ Σύροις Ἀταργάτις
εἶναι, ἢν καὶ διὰ τοῦ περιστερᾶς καὶ ἰχθύος ἀπέχεσθαι τιμῶσι.
Clem. Alex. protr. II 39, 9 (S. 12 Sylb.): Τῶν τὴν Φοινίκην
Σύρων κατοικούντων, ὧν οἱ μὲν τὰς περιστεράς, οἱ δὲ τοὺς ἰχθῦς οὕτω σέβουσι περιττῶς ὡς Ἠλεῖοι τὸν Δία. Vgl. Iul. or.
V 177 B: Ὄρνισιν οὖν ἐπιτρέπει χρῆσθαι πλὴν ὀλίγων, οὓς ἱεροὺς εἶναι πάντη συμβέβηκε. S. auch Hepding, Attis 157[1].

Fische. Fische wurden von den Griechen im allgemeinen
nicht geopfert[2]. Plut. qu. conv. VIII 8, 3: Ἰχθύων δὲ θύ-
σιμος οὐδεὶς οὐδ᾽ ἱερεύσιμός ἐστιν. Iul. or. V 176 B von den
Fischen: Ἃ μὴ θύομεν θεοῖς.

Auch Verbote, Fische zu essen, bestanden in einigen
Kulten; sie beziehen sich teils auf alle Fische, teils nur auf
bestimmte Arten. So scheint im Kult des **Trophonios** der
Genuß einzelner Fischarten verboten gewesen zu sein, Cratin.
b. Athen. VII 325 E (Kock *CAF* I 80 frg. 221): Κρατῖνος δ᾽ ἐν
Τροφωνίῳ φησίν· οὐδ᾽ Αἰξωνίδ᾽ ἐρυθρόχρων ἐσθίειν ἔτι τρίγλην,
οὐδὲ τρυγόνος οὐδὲ δεινοῦ φυὴν μελανούρου[3].

Plut. qu. conv. VIII 8, 4: Καίτοι πολλάκις ἀκήκοας ἐμοῦ
λέγοντος, ὅτι ἀεὶ οἱ τοῦ **Ποσειδῶνος** ἱερεῖς, οὓς ἱερομνήμονας
καλοῦμεν, ἰχθῦς οὐκ ἐσθίουσιν.

Plut. de soll. an. 35 S. 983 F: Ἐν δὲ **Λέπτει** τοὺς ἱερεῖς
τοῦ **Ποσειδῶνος** οὐδὲν ἔναλον τὸ παράπαν ἐσθίοντας, τρίγλαν

---

[1] Vgl. noch Plut. qu. Rom. 21: Διὰ τί τὸν δρυοκολάπτην οἱ
Λατῖνοι σέβονται καὶ ἀπέχονται πάντες ἰσχυρῶς τοῦ ὄρνιθος; — Über den
Specht als dämonisches Tier s. Gruppe, Gr. Myth. 794. Die unreinen Vögel
der Juden s. Lev. XI 13 ff. Iulian c. Christ. 220 f. Neumann: Ὁ Μωυσῆς
... ἀπηγόρευσεν ἐσθίειν πρὸς τοῖς ὑείοις τά τε πτηνὰ καὶ τὰ θαλάττια.
R. Asmus, Iul. Galiläerschr., Progr. 1904, 28. Vgl. auch A. v. Gennep
Tabou et tot. à Mad. 259 ff.

[2] Über vereinzelte Ausnahmen s. Stengel *Quaest. sacr.* Progr. Berl.
1879, 26 f.; Kultusalt.² 109; Schömann-Lipsius, Gr. Alt.⁴ II 239. — Auch
im **römischen** Kult gab es keine Fischopfer; eine Ausnahme bilden die
an den Volcanalia verbrannten Fische, Wissowa, Rel. d. R. 185. Über das
Verbot der Fischopfer bei den **Juden** s. Smith, Rel. d. Sem. 166.

[3] Vgl. Deubner *De incub.* 16.

δὲ τοὺς ἐν Ἐλευσῖνι μύστας σεβομένους ἴστε, καὶ τῆς Ἥρας ἐν Ἄργει τὴν ἱέρειαν ἀπεχομένην ἐπὶ τιμῇ τοῦ ζῴου. Aelian. de nat. an. IX 65 von Eleusis: Οἱ μνούμενοι τοῖν θεοῖν οὐκ ἂν πάσαιντο γαλεοῦ φασιν· οὐ γὰρ αὐτὸν εἶναι καθαρὸν ὄψον, ἐπεὶ τῷ στόματι τίκτει ... τῆς δὲ τρίγλης οὐκ ἂν γεύσαιντο οἱ αὐτοὶ μύσται, οὐδὲ μὴν ἡ τῆς Ἥρας τῆς ἐν Ἄργει ἱέρεια. καὶ τάς γε αἰτίας ἄνω που εἰπὼν οἶδα. IX 51 von der τρίγλη: Ἐν Ἐλευσῖνι τιμὰς ἔχει ἐκ τῶν μνουμένων. Vgl. Ath. VII 126 S. 325 C: Μελάνθιος δ' ἐν τῷ περὶ τῶν ἐν Ἐλευσῖνι μυστηρίων (sc. τῇ Ἑκάτῃ φησὶ θύεσθαι) καὶ τρίγλην καὶ μαινίδα. Porph. de abst. IV 16: Παραγγέλλεται γὰρ καὶ Ἐλευσῖνι ἀπέχεσθαι κατοικιδίων ὀρνίθων καὶ ἰχθύων.

Schol. Luc. dial. mer. VII 4 über die Haloen: ... τράπεζαι πάντων τῆς γῆς καὶ θαλάσσης γέμουσαι βρωμάτων πλὴν τῶν ἀπειρημένων ἐν τῷ μυστικῷ, ῥοιᾶς φημι ... καὶ θαλαττίας τρίγλης, ἐρυθίνου, μελανούρου, καράβου, γαλεοῦ.

Von den Verehrern der Magna Mater sagt Iulian. or. V 176 BC: Ἐπὶ τούτοις ἀπηγόρευται ἰχθύσιν ἅπασι χρῆσθαι. κοινὸν δέ ἐστι τοῦτο καὶ πρὸς Αἰγυπτίους τὸ πρόβλημα. δοκεῖ δὲ ἔμοιγε δυοῖν ἕνεκεν ἄν τις ἰχθύων μάλιστα μὲν ἀεί, πάντως δὲ ἐν ταῖς ἁγιστείαις ἀποσχέσθαι, ἑνὸς μέν, ὅτι τούτων, ἃ μὴ θύομεν τοῖς θεοῖς, οὐδὲ σιτεῖσθαι προσήκει κτλ. Ebenso war es auch den Verehrern des Attis verboten, Fische zu genießen[1].

Die Pythagoreer enthalten sich des Fischgenusses, Plut. qu. conv. VIII 8, 1 S. 728 E: ... ὅτι δὴ μάλιστα τῶν ἰχθύων ἀπείχοντο. Einzelne Fischarten werden von ihnen besonders gemieden, Iambl. v. P. 98: Τῶν δὲ θαλασσίων[2] ὄψων σπανίως χρῆσθαι. Porph. v. P. 45: Ἀπέχεσθαι δὲ καὶ ἄλλων παρῄνει, οἷον μήτρας τε καὶ τριγλίδος καὶ ἀκαλήφης, σχεδὸν δὲ καὶ τῶν ἄλλων θαλασσίων ξυμπάντων. Plut. qu. conv. IV 5, 2: Τοὺς Πυθαγορικοὺς ... τῶν θαλαττίων μάλιστα τρίγλης καὶ ἀκαλήφης ἀπέχεσθαι. Plut. homer. exerc. frg. 4 (Bd VII 100 Bern. = Gell. n. A. IV 11, 12): Ἀριστοτέλης δὲ ... ἀκαλήφης ... ἀπέχεσθαί φησι τοὺς Πυθαγορικούς. Diog. La. VIII 19:

---

[1] S. Dieterich, Grabschr. d. Aberkios 41; Hepding, Att. 189; Gruppe, Gr. Mythol. 1545 Anm. 2.

[2] Zu der besonderen Betonung der Meerfische vgl. u. S. 98 Anm.

Παντὸς δὲ μᾶλλον ἀπηγόρευε μήτ᾽ ἐρυθῖνον ἐσθίειν μήτε μελάνουρον ... Ἀριστοτέλης δέ φησι καὶ μήτρας καὶ τρίγλης ἐνιότε. Diog. La. VIII 33: Ἀπέχεσθαι ... τριγλῶν καὶ μελανούρων. Plut. de lib. ed. 17: Μὴ γεύεσθαι μελανούρων. Iambl. v. P. 109: Καὶ μελανούρου δὲ ἀπέχεσθαι παρήγγελλε· χθονίων γάρ ἐστι θεῶν· καὶ ἐρυθρῖνον μὴ προσλαμβάνειν δι᾽ ἕτερα τοιαῦτα αἴτια. Ähnl. Iambl. protr. 21 ε΄; λγ΄. Diog. La. VIII 34: Τῶν ἰχθύων μὴ ἅπτεσθαι ὅσοι ἱεροί.

Auch in den Speiseverboten der μάγοι bei Hippocr. de m. s. 589 K. sind Fische genannt: Ἀπέχεσθαι ... τρίγλης καὶ μελανούρου, κεστρέος, ἐγχέλυος [1].

In einem Zauberpapyrus (Parthey, Abh. d. Berl. Ak. 1865, phil.-hist. Kl., S. 122 v. 103f.) heißt es: Der angerufene Gott werde alles gewähren χωρὶς ἰχθύων [μό]νων. Vgl. aaO. 128 v. 289 f.: Ἀπεχόμενος ἀπὸ ... πάσης ἰχθυοφαγίας.

Vgl. noch Lucian. Katapl. 7: Ὁ φιλόσοφος Κυνίσκος, ὃν ἔδει τῆς Ἑκάτης τὸ δεῖπνον φαγόντα καὶ τὰ ἐκ τῶν καθαρσίων ᾠὰ καὶ πρὸς τούτοις γε σηπίαν ὠμὴν ἀποθανεῖν [2].

---

[1] Vgl. auch A. Abt, Apol. d. Apul. 39.

[2] Enthaltung vom Fischgenuß bei anderen Völkern: Bei den **Syrern** waren die Fische der Atargatis (Astarte, Derketo, dea Syria) heilig, der sie auch geopfert wurden; von diesen Opfern durften jedoch nur die Priester genießen. Im übrigen aßen die Syrer keine Fische. In älterer Zeit, „bevor die menschenähnliche Göttin in der Religion auftrat", wurde den Fischen göttliche Verehrung zuteil, s. Smith, Rel. d. Sem. 135; 219. — Artemid. on. I 8: Ἰχθύας ἐσθίουσι πάντες πλὴν Σύρων τῶν τὴν Ἀστάρτην σεβομένων. Athen. VIII 37 S. 346 D: Μνασέας δ᾽ ἐν δευτέρῳ περὶ Ἀσίας φησὶν οὕτως·
... τοὺς δὲ ἱερεῖς πᾶσαν ἡμέραν τῇ θεῷ ἀληθινοὺς ἰχθῦς ἐπὶ τὴν τράπεζαν ὀψοποιησαμένους παρατιθέναι, ἑφθούς τε ὁμοίως καὶ ὀπτούς, οὓς δὴ αὐτοὶ καταναλίσκουσιν οἱ τῆς θεοῦ ἱερεῖς. Cornut. th. Gr. c. 6: Ἔοικε δ᾽ αὕτη καὶ ἡ παρὰ Σύροις Ἀταργάτις εἶναι, ἣν καὶ διὰ τοῦ περιστερᾶς καὶ ἰχθύος ἀπέχεσθαι τιμῶσι. Xenoph. anab. I 4, 9 nennt den Fluß Chalos πλήρη .. ἰχθύων μεγάλων καὶ πραέων, οὓς οἱ Σύροι θεοὺς ἐνόμιζον καὶ ἀδικεῖν οὐκ εἴων. Luc. de dea Syr. 14: Ἰχθύας χρῆμα ἱρὸν νομίζουσι καὶ οὔκοτε ἰχθύων ψαύουσι. Porph. de abst. IV 15: Bei den Syrern τὸ μέντοι τῶν ἰχθύων ἀπέχεσθαι ἄχρι τῶν Μενάνδρου χρόνων τοῦ κωμικοῦ διέμεινεν· λέγει γάρ· 'παράδειγμα τοὺς Σύρους λάβε· ὅταν φάγωσ᾽ ἰχθὺν ἐκεῖνοι διά τινα αὑτῶν ἀκρασίαν, τοὺς πόδας καὶ τὴν γαστέρα οἰδοῦσιν'. Clem. Al. protr. II 39, 9 ... τῶν τὴν Φοινίκην Σύρων κατοικούντων, ὧν οἱ μὲν τὰς περιστεράς, οἱ δὲ τοὺς ἰχθῦς οὕτω σέβουσι περιττῶς ὡς Ἠλεῖοι τὸν Δία. Vgl. Plut. sup. 10: Τὴν δὲ Συρίαν θεὸν οἱ δεισιδαίμονες νομίζουσιν, ἂν

Die Unbrauchbarkeit der Fische zum Opfer und die in den oben zusammengestellten Fällen vorhandene Unverwend-

μαινίδας τις ἢ ἀφύας φάγῃ, τὰ ἀντικνήμια διεσθίειν, ἕλκεσι τὸ σῶμα πιμπράναι, συντήκειν τὸ ἧπαρ. Wiedemann, Herod. zweites Buch 117; Hepding, Attis 189; Smith, Rel. d. Sem. 114; 133 ff.; 219; 222; 269 Anm. 608; 345; Cumont *Les relig. orient.* 142; S. Reinach *Cultes mythes et rel.* III 43 ff.; 515. Heilige Fische in Mesopotamien: Smith aaO. 133; 135; 136. In Lydien: Varr. de re rust. III 17, 4; Wiedemann, Herod. zw. Buch 177. In Lykien: Aelian. de nat. an. XII 1. In Karien: Aelian. de nat. an. XII 30. Verbot des Fischgenusses für den 9. Ijjar bei den Babyloniern, s. A. Jeremias, Das alte Test. im Lichte d. alt. Or.[2] 432. Den Juden war der Genuß der flossen- und schuppenlosen Fische verboten (wegen der Ähnlichkeit mit den Schlangen, s. Schurtz, Speiseverb. 22, vgl. u. S. 99 Anm. 1), Levit. XI 10; 12; Deuter. XIV 10. Vgl. Porph. de abst. IV 14: Πᾶσί γε μὴν ἀπηγόρευτο ὑὸς ἐσθίειν ἢ ἰχθύων τῶν ἀφολιδώτων, ἃ σελάχια καλοῦσιν Ἕλληνες. Iulian. c. Christ. 220, 21 Neumann (s. ob. S. 95 Anm. 1); Asmus, Iulians Galiläerschr., Progr. 1904, 28. Auch die Ägypter enthielten sich einiger Fischarten. Plut. de Is. et Os. 18 vom Phallos des Osiris: Εὐθὺς γὰρ εἰς τὸν ποταμὸν ῥιφῆναι καὶ γεύσασθαι τόν τε λεπιδωτὸν αὐτοῦ καὶ τὸν φάγρον καὶ τὸν ὀξύρυγχον, οὓς μάλιστα τῶν ἰχθύων ἀφοσιοῦσθαι. de Is. et Os. 7 S. 353 C: Ἰχθύων δὲ θαλαττίων πάντες μὲν οὐ πάντων ἀλλ' ἐνίων ἀπέχονται, καθάπερ Ὀξυρυγχῖται τῶν ἀπ' ἀγκίστρου. σεβόμενοι γὰρ τὸν ὀξύρυγχον ἰχθὺν δεδίασι μήποτε τὸ ἄγκιστρον οὐ καθαρόν ἐστιν ὀξυρύγχου περιπεσόντος αὐτῷ. Συνῆπται δὲ φάγρον. In früherer Zeit wurden in Ägypten wohl überhaupt keine Fische gegessen; so erklärt es sich, daß in der altägyptischen Schrift das Zeichen des Fisches die Bedeutung 'verabscheuen' haben kann, s. Schurtz aaO. 44 Anm. 27. Die ägyptischen Priester enthielten sich aller Fische. Herod. II 37 von den Priestern: Ἰχθύων δὲ οὔ σφι ἔξεστι πάσασθαι. Plut. qu. conv. VIII 8, 2: Ἰχθύων δὲ καὶ τοὺς ἱερεῖς ἴσμεν ἔτι νῦν ἀπεχομένους. Plut. de Is. et Os. 7: Οἱ δ' ἱερεῖς ἀπέχονται πάντων (sc. τῶν ἰχθύων). de Is. et Os. 32: Οὐχ ἥκιστα δὲ καὶ τὸν ἰχθὺν ἀπὸ ταύτης προβάλλονται τῆς αἰτίας. Porph. de abst. IV 7: Τῶν δὲ κατ' αὐτὴν τὴν Αἴγυπτον ἰχθύων τε ἀπέχοντο πάντων. Vgl. Iulian. or. V 176 B (s. ob. S. 96). — Die ägyptischen Priester genießen auch kein Salz, was ebenso wie die Enthaltung von Fischnahrung mit der Abneigung gegen alles, was vom Meere kommt, motiviert wird, s. Plut. qu. conv. VIII 8, 2; de Is. et Os. 5; 32. Es ist möglich, daß diese Sitte erst entstanden ist, als die Abneigung gegen das Meer (unterstützt durch ätiologische Sagen) allgemein als die Ursache der Enthaltung von Fischnahrung betrachtet wurde. Doch ist es wahrscheinlicher, daß das Salzverbot der ägyptischen Priester auf die Zeiten zurückgeht, in denen das Salz als Speisezutat noch nicht bekannt war. (Vgl. das S. 115 über den Ausschluß des Eisens vom Kulte Gesagte.) So ist auch das Fehlen des Salzes beim griechischen Opfer zu erklären, Athen. XIV 80 S. 661 A. Vgl. V. Hehn, Das Salz 25. Die Enthaltung von

barkeit als Nahrungsmittel geht ohne Zweifel zurück auf den Glauben einer alten Zeit, in der die Fische ganz allgemein als **beseelte, von Göttern oder Geistern bewohnte Tiere** betrachtet wurden [1], die man verehrte oder fürchtete und verabscheute (heilige und unreine Fische) [2]. So ist es zu verstehen, wenn der Fisch bei Hom., Il. *Π* 407, ἱερὸς genannt wird [3], und so ist es zu erklären, daß bei Homer die Fische als Nahrungsmittel äußerst selten genannt sind; sie werden nur in Not, wenn andere Speisen nicht vorhanden sind, gegessen, s. Od. δ 368f.; μ 329ff.; Plat. reip. III 404 B: Οἶσθα γάρ, ὅτι ἐπὶ στρατείας ἐν ταῖς τῶν ἡρώων ἑστιάσεσιν οὔτε ἰχθύσιν αὐτοὺς ἑστιᾷ (sc. ὁ Ὅμηρος), καὶ ταῦτα ἐπὶ θαλάττῃ ἐν Ἑλλησπόντῳ ὄντας κτλ. Vgl. Schol. Hom. Il. *Π* 407 (Maaß Bd VI). Plut. de Is. et Os. 7: ... Ὁμήρῳ μαρτυρεῖ μήτε Φαίακας τοὺς ἁβροβίους μήτε τοὺς Ἰθακησίους ἀνθρώπους νησιώτας ἰχθύσι χρωμένους ποιοῦντι μήτε τοὺς Ὀδυσσέως ἑταίρους ἐν πλῷ τοσούτῳ καὶ ἐν θαλάττῃ πρὶν εἰς ἐσχάτην ἐλθεῖν ἀπορίαν.

Salz findet sich auch bei anderen Völkern, s. Oldenberg, Rel. d. Veda 413). — Cass. Dio LXXVI 12, 2 von den **Kaledoniern** in Britannien: Τῶν γὰρ ἰχθύων ἀπείρων καὶ ἀπλέτων ὄντων οὐ γεύονται. Über **ost- und südafrikanische Völker** s. Schurtz, Speiseverb. 23. Anderes bei Böhm *Symb. Pyth.*, Diss. Berlin 1905, 20. Zahlreiche Belege für die Verehrung der Fische bei den Naturvölkern gibt Frazer *Gold. bough*[2] II 410ff. Vgl. auch A. v. Gennep *Tabou et tot. à Mad.* 289.

[1] Die besonders enge Beziehung der Fische zum Totenkult (vgl. z. B. Iambl. v. P. 109, s. ob. S. 97) hat Böhm aaO. S. 18f. nachgewiesen: in ihnen wurden die Seelen der Verstorbenen oder unterweltliche Götter oder Dämonen wohnend gedacht. Böhm vermutet wohl mit Recht, daß die chthonische Beziehung der Fische darauf zurückzuführen ist, daß diese in alter Zeit zu den Schlangen gerechnet wurden. Über die Bedeutung der Schlangen im Totenkult s. z. B. Rohde, Ps.[4] I 133 Anm. 1; Gruppe, Burs. Jahresb. 137 (1908) 378. Über den Zusammenhang von Schlangen und Fischen hat schon Schurtz, Speiseverb. 22f., gehandelt.

[2] Den Zusammenhang des Fehlens der Fischopfer mit diesen alten Anschauungen vom Tabu der Fische deutet auch Stengel an, *Quaest. sacr.*, Progr. Berlin 1879, 26 (vgl. Lobeck *Agl.* 249). Unwahrscheinlich ist Stengels spätere Erklärung (Kultusaltert.[2] 109): Fische wurden nicht geopfert, weil kein totes Tier an den Altar der Götter gebracht werden dürfe. Die Fische lebend zum Altar zu bringen, bietet im allgemeinen keine Schwierigkeiten.

[3] Vgl. S. Reinach *Cultes m. et rel.* III 44; s. aber W. Schulze *Quaest. ep.* 212, der hier ἱερός mit 'hurtig' übersetzt.

Eustath. Od. μ 330: *Δῆλον δὲ ὡς εἰ μὴ ἀνάγκη ἦν οὐκ ἰχθυοφάγουν οἱ παλαιοί*[1].

Die Heiligkeit der Fische als Grund für die Enthaltung von Fischnahrung ist deutlich ausgesprochen bei Diog. Laert. VIII 34 (s. ob. S. 97). Als heilige Fische galten besonders der *δελφίς* und der *πομπίλος*, Athen. VII 18 S. 282 E;· Ael. de nat. an. XV 23; Schol. Hom. Il. *Π* 407 (Dind. IV; VI), der *ἔλλοψ* und der *ἀνθίας*, Ael. de nat. an. VIII 28; Schol. Hom. aaO., der *λεῦκος* und der *χρύσοφρυς*, Athen. VII 20 S. 284 A C; Schol. Hom. aaO. Bei Eustath. Il. *Π* 407 sind außer diesen noch genannt der *κάλλιχθυς*, der *καλλιώνυμος* und der *γλαῦκος*. Vermutlich wurden diese Tiere von denen, die an ihre Heiligkeit glaubten, nicht gegessen. Von den heiligen Fischen in der Quelle Arethusa bei Syrakus sagt Diodor V 3: *Ταύτην* (sc. *τὴν πηγὴν*) *δ' οὐ μόνον κατὰ τοὺς ἀρχαίους χρόνους ἔχειν μεγάλους καὶ πολλοὺς ἰχθύας, ἀλλὰ καὶ κατὰ τὴν ἡμετέραν ἡλικίαν συμβαίνει διαμένειν τούτους, ἱεροὺς ὄντας καὶ ἀθίκτους ἀνθρώποις.* Vgl. Diod. XXXIV 9. Die Fische (*κεστρεῖς* und *ἐγχέλεις*) in der gleichnamigen Quelle bei Chalkis auf Euboia durften nur von den Priestern gegessen werden, Athen. VIII 2 S. 331 E [2]. Ähnliches ist wohl überall, wo heilige Fische vorhanden sind, vorauszusetzen, s. z. B. Ael. de nat. an. XII 30 [3].

Daß das in alter Zeit für alle Fische geltende Tabu später in vielen Fällen auf bestimmte Arten beschränkt ist, ist nicht auffällig; es ist dies eine der häufig begegnenden Abschwächungen alter strengerer Bräuche [4]. Für jede einzelne dieser Arten aber mit Sicherheit festzustellen, warum gerade ihr Tabu sich erhalten hat, ist nicht möglich. Vermutungen darüber bei Wilamowitz, Gr. Lesebuch II 2 S. 168; Böhm *Symb. Pyth.*, Diss. Berl. 1905, 19.

---

[1] Vgl. Reinach *Cultes m. et rel.* II 33.
[2] Vgl. Hepding, Attis 189.
[3] Vgl. de Visser, Die nicht menschengestalt. Götter d. Gr. 260 s. v. 'Fische'; Hepding, Attis 157; 189; Gruppe, Gr. M. 1295 Anm. 1. — Über heilige Fische bei anderen Völkern s. ob. S. 97 Anm. 2).
[4] Vgl. Böhm aaO. 17.

Übersicht über die einzelnen verbotenen Fische

Ἀκαλήφη. Pythagoreer: Plut. qu. conv. IV 5, 2; Porph. v. P. 45 (s. S. 96).

Ἀνθίας. Heiliger Fisch: Ael. de n. a. VIII 28; Schol. Hom. Il. Π 407 (Dind. IV; VI); Eust. Π 407 (s. S. 100).

Ἰχθύες ἀφολίδωτοι. Juden: Lev. XI 10; 12; Deut. XIV 10; Porph. de abst. IV 14 (s. S. 98 Anm.).

Ἀφύη. Aberglaube (dea Syria): Plut. sup. 10 (s. S. 97 Anm. 2).

Γαλεός. Haloen: Schol. Luc. d. mer. VII 4 (s. S. 96). Eleusinische Mysterien: Aelian. de nat. an. IX 65 (s. S. 96).

Γλαῦκος. Heiliger Fisch: Eust. Il. Π 407 (s. S. 100).

Δελφίς. Heiliger Fisch: Athen. VII 282 E; Eustath. Il. Π 407 (s. S. 100). — Der Delphin war dem Apollon und vielen anderen Göttern heilig, s. Gruppe, Gr. Mythol. 1226; 1899 s. v. Delphin.

Ἔγχελυς. Magoi: Hipp. d. m. s. 589 K. (s. S. 97). — Heilige Aale in der Arethusaquelle bei Chalkis, Athen. VIII 331 E (s. S. 100). Vgl. Gruppe, Gr. M. 1295 Anm. 1.

Ἔλλοψ. Heiliger Fisch: Ael. de nat. an. VIII 28; Eust. Il. Π 407 (s. S. 100).

Ἐρυθρῖνος. Haloen: Schol. Luc. dial. mer. VII 4 (s. S. 96). — Pythagoreer: Diog. La. VIII 19; Iambl. v. P. 109 (s. S. 97).

Κάλλιχθυς. Heiliger Fisch: Eust. Il. Π 407 (s. S. 100).

Καλλιώνυμος. Heiliger Fisch: Eust. Π 407 (s. S. 100).

Κάραβος. Haloen: Schol. Luc. dial. mer. VII 4 (s. S. 96).

Κεστρεύς[1]. Magoi: Hipp. de m. s. 589 K. (s. S. 97). — Heilige *κεστρεῖς* in der Arethusaquelle bei Chalkis, Ath. VIII 331 E (s. S. 100). Vgl. Gruppe, Gr. M. 1295 Anm. 1.

Λεπιδωτός. Ägypter: Plut. de Is. et Os. 18 (s. S. 98 Anm.).

Λεῦκος. Heiliger Fisch: Ath. VII 284 A; Eust. Π 407 (s. S. 100).

Μαινίς. Eleusinische Mysterien (?): Athen. VII 325 C (s. S. 96). — Aberglaube (dea Syria): Plut. sup. 10 (s. S. 97 Anm.). — Die Mainis war der Hekate heilig, s. z. B. Ath. aaO.

---

[1] *Κεστρεύς* und *ὀξύρυγχος* sind nach Ath. VIII 356 A derselbe Fisch.

Μελάνουρος. Trophonioskult: Cratin. b. Athen. VII 325 E (s. S. 95). — Haloen: Schol. Luc. dial. mer. VII 4 (s. S. 96). — Pythagoreer: Plut. de lib. ed. 17; Diog. La. VIII 19; 33; Iambl. v. P. 109 (s. S. 97). — Magoi: Hipp. d. m. s. 589 K. (s. S. 97).

Ὀξύρυγχος. Ägypter: Plut. de Is. et Os. 7; 18 (s. S. 98 Anm.).

Πομπίλος. Heiliger Fisch: Athen. VII 282 E; Ael. de nat. an. XV 23; Schol. Hom. *Π* 407 (Dind. IV; VI); Eust. *Π* 407 (s. S. 100). — Der Pompilos ist der Aphrodite, dem Poseidon, den samothrakischen Göttern, vielleicht auch dem Apollon heilig, s. Gruppe, Gr. Mythol. 1351 Anm. 1.

Σηπία. Aberglaube: Luc. Katapl. 7 (s. S. 97).

Τρίγλη. Priesterin der Hera in Argos: Plut. de soll. an. 35; Ael. de nat. an. IX 65 (s. S. 95 f.). — Trophonioskult: Cratin. b. Athen. VII 325 E (s. S. 95). — Haloen: Schol. Luc. dial. mer. VII 4 (s. S. 96). — Eleusinische Mysterien: Plut. de soll. an. 35; Ael. de nat. an. IX 65; IX 51; Ath. VII 325 C (s. S. 95 f.). — Pythagoreer: Plut. qu. conv. IV 5, 2; Diog. La. VIII 19; 33; Porph. v. P. 45 (s. S. 96 f.). — Magoi: Hipp. de m. s. 589 K. (s. S. 97). — Die Trigle war der Hekate heilig, s. z. B. Gruppe, Gr. M. 1290 Anm. Über ihre Verwendung in der Medizin (z. B. gegen Menstruation) s. Gruppe aaO. 1295 Anm. 1.

Τρυγών. Trophonioskult: Cratin. b. Ath. VII 325 E (s. S. 95).

Φάγρος. Ägypter: Plut. de Is. et Os. 7; 18 (s. S. 98 Anm.).

Χρύσοφρυς. Heiliger Fisch: Ath. VII 284 C; Schol. *Π* 407 (Dind. IV; VI); Eust. *Π* 407 (s. S. 100).

§ 9. Pflanzen

Bohnen[1]. Artemid. I 68 behauptet von der Bohne: Πάσης τελετῆς καὶ παντὸς ἱεροῦ ἀπελήλαται.

Eustath. Il. *N* 589: Γράφουσιν οἱ παλαιοὶ ὅτι τοὺς κυάμους ὡς μέλανας οὐκ ἐσθίουσιν οἱ ἱερεῖς.

Wenn damit auch jedenfalls zu viel gesagt ist, so ist aus

---
[1] S. bes. Böhm *Symb. Pythag.*, Diss. Berl. 1905, 14 ff.

diesen Zeugnissen doch sicher zu schließen, daß es da und dort Kulte gab, in denen der Genuß von Bohnen in bestimmten Fällen (vor heiligen Handlungen usw.) verboten war. So scheint dies in manchen **Amphiaraos**heiligtümern der Fall gewesen zu sein, Didym., Geopon. II 35, 8: Πρῶτος δὲ ἀπέσχετο κυάμων Ἀμφιάραος διὰ τὴν δι' ὀνείρων μαντείαν[1]. Ebenso im Dienst der **Demeter**: Paus. VIII 15, 3 (vom Tempel der **Demeter Eleusinia in Pheneos**): Φενεατῶν δέ ἐστι λόγος, καὶ πρὶν ἢ Ναὸν ἀφικέσθαι καὶ ἐνταῦθα Δήμητρα πλανωμένην. ὅσοι δὲ Φενεατῶν οἴκῳ τε καὶ ξενίοις ἐδέξαντο αὐτήν, τούτοις τὰ ὄσπρια ἡ θεὸς τὰ ἄλλα, κύαμον δὲ οὐκ ἔδωκέ σφισι. κύαμον μὲν οὖν ἐφ' ὅτῳ μὴ καθαρὸν εἶναι νομίζουσιν ὄσπριον, ἔστιν ἱερὸς ἐπ' αὐτῷ λόγος. Paus. I 37, 4 vom Kephissos: ᾠκοδόμηται δὲ κατὰ τὴν ὁδὸν ναὸς οὐ μέγας καλούμενος Κυαμίτου· σαφὲς δὲ οὐδὲν ἔχω λέγειν εἴτε πρῶτος κυάμους ἔσπειρεν οὗτος εἴ τε τινὰ ἐπεφήμισαν ἥρωα, ὅτι τῶν κυάμων ἀνενεγκεῖν οὐκ ἔστι σφίσιν ἐς Δήμητρα τὴν εὕρεσιν· ὅστις δὲ ἤδη τελετὴν Ἐλευσῖνι εἶδεν ἢ τὰ καλούμενα Ὀρφικὰ ἐπελέξατο, οἶδεν ὃ λέγω. Porph. de abst. IV 16: Παραγγέλλεται γὰρ καὶ Ἐλευσῖνι ἀπέχεσθαι ... κυάμων.

Auch die **pythagoreischen** Vorschriften verbieten, Bohnen zu essen. Cic. de div. I 30, 62: *Ex quo etiam Pythagoriis interdictum putatur, ne faba vescerentur, quod habet inflationem magnam is cibus tranquillitati mentis quaerenti vera contrariam.* Diog. La. VIII 19: Καρδίας τ' ἀπέχεσθαι καὶ κυάμων. VIII 24: Τῶν δὲ κυάμων ἀπέχεσθαι διὰ τὸ πνευματώδεις ὄντας μάλιστα μετέχειν τοῦ ψυχικοῦ ... καὶ διὰ τοῦτο καὶ τὰς καθ' ὕπνους φαντασίας λείας καὶ ἀταράχους ἀποτελεῖν. VIII 33 f.: Τὴν δ' ἁγνείαν εἶναι ... διὰ τοῦ καθαρεύειν ... καὶ ἀπέχεσθαι ... κυάμων ... φησὶ δ' Ἀριστοτέλης περὶ τῶν κυάμων παραγγέλλειν αὐτὸν (Pyth.) ἀπέχεσθαι τῶν κυάμων[2]. Plut. qu. conv. VIII 8, 2

---

[1] Vgl. Deubner *De incub.* 15. Daß der Genuß von Bohnen Einfluß auf die Träume habe, war ein weitverbreiteter Glaube, s. z. B. Diog. La. VIII 24 (s. S. 103); Böhm aaO. 16.

[2] Über die Ägypter sagt Plut. aaO. weiter: Οὔτε γὰρ σπείρειν οὔτε σιτεῖσθαι κύαμον Αἰγυπτίους, ἀλλ' οὐδ' ὁρῶντας ἀνέχεσθαί φησιν ὁ Ἡρόδοτος, s. Her. II 37. Plut. de Is. et Os. 5 S. 352 F: Οἱ δ' ἱερεῖς οὕτω δυσχεραίνουσι τὴν τῶν περιττωμάτων φύσιν, ὥστε μὴ μόνον παραιτεῖσθαι τῶν ὀσπρίων τὰ πολλὰ κτλ. Porph. de abst. IV 7, Chairemon über die ägyptischen Priester:

S. 729 A von Pythagoras: Αἰγυπτίων δὲ τοῖς σοφοῖς συγγενέσθαι πολὺν χρόνον ὁμολογεῖται ζηλῶσαί τε πολλὰ καὶ δοκιμάσαι μάλιστα τῶν περὶ τὰς ἱερατικὰς ἁγιστείας, οἷόν ἐστι καὶ τὸ τῶν κυάμων. Plut. de lib. ed. 17: Κυάμων ἀπέχεσθαι. Plut. qu. Rom. 95: Ὡς οἱ Πυθαγορικοὶ τοὺς μὲν κυάμους ἀφωσιοῦντο. Luc. vit. auct. 5, Pythag.: Ψυχήϊον μὲν οὐδὲ ἓν σιτέομαι, τὰ δ᾽ ἄλλα πλὴν κυάμων. Iambl. v. Pyth. 109: Κυάμων ἀπέχεσθαι διὰ πολλὰς ἱεράς τε καὶ φυσικὰς καὶ εἰς τὴν ψυχὴν ἀνηκούσας αἰτίας. Iambl. protr. 21 λζ΄: Κυάμων ἀπέχου. Geop. II 35, 6: Τοὺς δὲ κυάμους ὁ Πυθαγόρας φησὶ μὴ χρῆναι ἐσθίειν. Hippol. refut. VI 27: Κυάμους μὴ ἔσθιε [1].

Den Orphikern war die Bohne ebenfalls eine verbotene Speise, Paus. I 37, 4 (s. ob. S. 103). Vgl. Greg. Naz. or. XXVII 10: Βάλλε μοι Πυθαγόρου τὴν σιωπὴν καὶ τοὺς κυάμους τοὺς Ὀρφικούς.

Vgl. die teils den Orphikern teils den Pythagoreern zugeschriebenen Verse: Δειλοί, πάνδειλοι, κυάμων ἄπο χεῖρας ἔχεσθε — Emped. b. Gell. n. Att. IV 11, 9 (*in Empedocli carmine, qui disciplinas Pythagorae secutus est, versus hic invenitur*) [2]; Didym., Geop. II 35, 8. Vgl. Callim. b. Gell. n. A. IV 11, 2 — und ἶσον τοι κυάμους τε φαγεῖν κεφαλάς τε τοκήων, Heracl. Pont. b. Ioh. Lyd. de mens. IV 42 S. 99 Wünsch; Didym., Geop. II 35, 8; Plut. qu. conv. II 3, 1; Athen. II 65 F; Clem. Al. strom. III 3, 24, 2; Eust. Il. *N* 589. Vgl. Luc. dial. mort. XX 3; gall. 4; Sext. Emp. Πυρρ. ὑπ. III § 224 [3].

Der Grund der Enthaltung vom Genuß der Bohnen ist

Ἀπείχοντο παντὸς λαχάνου τε καὶ ὀσπρίου. Für römischen Gebrauch s. Plut. qu. Rom. 95: Διὰ τί νενόμισται τοὺς ἁγνεύοντας ὀσπρίων ἀπέχεσθαι; Gell. n. Att. X 15, 12 vom Flamen Dialis: *Fabam neque tangere Diali mos est neque nominare*. Fest. 87 M: *Fabam nec tangere nec nominare Diali flamini licet, quod ea putatur ad mortuos pertinere*. Auch die Inder enthielten sich vor heiligen Handlungen des Bohnengenusses, s. Böhm, aaO. 14.

[1] Diesen Zeugnissen gegenüber ist die Behauptung des Aristox. b. Gell. n. A. IV 11, 5: Πυθαγόρας δὲ τῶν ὀσπρίων μάλιστα τὸν κύαμον ἐδοκίμασεν. λειαντικόν τε γὰρ εἶναι καὶ διαχωρητικόν· διὸ καὶ μάλιστα κέχρηται αὐτῷ, nicht glaubwürdig. Vgl. Rohde, Ps.⁴ II 164 Anm. 1; Böhm. aaO. 15.

[2] Vgl. Pauly-Wissowa IV 2511 s. v. 'Empedokles'. Gellius übersetzt übrigens κύαμος hier nicht mit 'Bohne', sondern erklärt es als 'testiculus'; *idcircoque Empedoclen versu isto non a fabulo edendo, sed a rei veneriae prolubio voluisse homines deducere*. [3] Vgl. Lobeck *Agl.* 251 ff.

in ihrer engen Beziehung zum Totenkult zu suchen, s. Rohde, Ps.⁴ II 126 Anm. 1; Böhm aaO. 14¹. Daneben kommt der Glaube an die dämonische Eigenschaft der Bohnen in Betracht: man fürchtete sich vor den zugleich mit ihnen in den Körper kommenden Dämonen, die darin allerhand Krankheiten verursachen, s. Böhm aaO. 15f.²

Inwieweit die zusammengestellten griechischen Bohnenverbote auf alten Volksglauben zurückgehen und inwieweit sie von nichtgriechischen Völkern übernommen sind, kann mit Sicherheit nicht gesagt werden. Vgl. Gruppe, Burs. Jahresber. 137 (1908) 370.

Linsen. Ziehen *L. s.* n. 148, Inschrift aus Lindos (2. Jh. n. Chr.): (v. 2) ἀφ᾽ ὧν χρ[ὴ] πα(ρ)ἰν[α]ι αἰσίως (εἰ)ς τὸ ἱε[ρ]όν· (v. 9): Ἀπὸ φακῆς ἡμερῶν γ´. Vgl. Athen. IV 158 C: Ἀριστοφάνης ... ἐν Ἀμφιαράῳ· ὅστις φακῆν ἥδιστον ὄψων λοιδορεῖς³.

Knoblauch. Ziehen *L. s.* n. 49 v. 2f., Inschrift vom Heiligtum des Men Tyrannos in Sunion (2. Jh. n. Chr.): Καὶ [μηθένα] ἀκάθαρτον προσάγειν· καθαριζέσθω δὲ ἀπὸ σ(κ)όρδων.

Athen. X 422 D: Στίλπων δ᾽ οὐ κατεπλάγη τὴν ἐγκράτειαν καταφαγὼν σκόροδα καὶ κατακοιμηθεὶς ἐν τῷ τῆς μητρὸς τῶν θεῶν ἱερῷ· ἀπείρητο δὲ τῷ τούτων τι φαγόντι μηδὲ εἰσιέναι. Vgl. die Vorschrift der Magoi bei Hippocr. de morbo s. 589 K.: Ἀπέχεσθαι ... σκορόδου⁴.

Zwiebel. Hippocr. de morbo s. 589 K., Vorschrift der Magoi: Ἀπέχεσθαι κρομύου⁵. Vgl. Plut. de Is. et Os. 8 S. 353 F

---

¹ Vgl. Wissowa. Rel. d. Röm. 189; 435; Wünsch, Frühlingsf. d. Insel Malta (Leipz. 1902) 31 ff.; Samter, Neue Jahrb. f. d. kl. Alt. 1905, 1. Abt. S. 42 f. Für andere Völker s. Schröder, Wiener Zeitschr. f. d. Kunde des Morgenl. XV (1901) 187 ff.

² Bohnen als Amulette, Kropatscheck *De amul.*, Diss. Münster 1907, 63.

³ Linsen kathartisch: Menand. fr. 530 v. 23 Kock. Bei den Römern wurden die Linsen zu Totenmahlzeiten verwendet, Plut. Crass. 19; Hehn, Kulturpfl. u. Haust.⁷ 212.

⁴ Über die apotropäische resp. kathartische Bedeutung des Knoblauchs s. Immisch, Theophr. Char. hrsg. v. d. phil. Ges. z. Leipzig 132; Gruppe, Gr. Myth. 889; Kropatscheck *De amul.*, Diss. Münster 1907, 46; 61.

⁵ Sonst galt die Zwiebel gerade als heilkräftig, Rohde, Ps.⁴ II 406.

von den Isispriestern: Οἱ δ᾽ ἱερεῖς ἀφοσιοῦνται καὶ δυσχεραίνουσι τὸ κρόμμυον παραφυλάττοντες ὅτι τῆς σελήνης φθινούσης μόνον εὐτροφεῖν τοῦτο καὶ τεθηλέναι πέφυκεν. ἔστι δὲ πρόσφορον οὔθ᾽ ἁγνεύουσιν οὔθ᾽ ἑορτάζουσι, τοῖς μὲν ὅτι διψῆν, τοῖς δ᾽ ὅτι δακρύειν ποιεῖ τοὺς προσφερομένους.

Malve. Die Malve wurde von den Pythagoreern nicht gegessen. Iambl. v. Pyth. 109: Μαλάχης εἴργεσθαι. Iambl. protr. 21 λη´: Μολόχην ἐπιφύτευε μέν, μὴ ἔσθιε δέ. Vgl. Aelian. var. h. IV 17 von Pythagoras: Ἔλεγε δὲ ἱερώτατον εἶναι τὸ τῆς μαλάχης φύλλον.

Als Grund für dieses Verbot hat Böhm *Symb. Pyth.*, Diss. Berl. 1905, 25 die Beziehung der Pflanze zum Totenkult nach-gewiesen. Vgl. auch Artem. I 77: Τὸ δὲ τῆς μαλάχης ἄνθος καὶ τῆς ῥοδοδάφνης κηπουροῖς καὶ γεωργοῖς μόνοις ἀγαθόν, τοῖς δὲ ἄλλοις μόχθους καὶ ἀποδημίας σημαίνει[1].

Minze. Hippocr. de morbo sacro 589 K., Vorschrift der Magoi für die Kranken: Ἀπέχεσθαι . . . μίνθης.

Hier ist wohl an die Beziehung der Minze zum Totenkult oder an ihre Eigenschaft als dämonische Pflanze zu denken (es wurde in ihr ein Liebesdämon wohnend gedacht), s. Preller-Robert, Gr. Myth.[4] I 829; Gruppe, Gr. M. 852; 1188 Anm. 4.

Apfel. Granatapfel. Schol. Luc. dial. mer. VII 4, die Haloen betreffend: Ἐνταῦθα οἶνός τε πολὺς πρόκειται καὶ τράπεζαι πάντων τῶν τῆς γῆς καὶ θαλάσσης γέμουσαι βρωμάτων πλὴν τῶν ἀπειρημένων ἐν τῷ μυστικῷ, ῥοιᾶς φημι καὶ μήλου.

Clem. Alex. protr. II 19, 3: Ὥσπερ ἀμέλει καὶ αἱ θεσμοφοριάζουσαι τῆς ῥοιᾶς τοὺς κόκκους παραφυλάττουσιν ἐσ-

---

Über ihre häufige Verwendung als Reinigungsmittel s. Rohde aaO.; Gruppe, Gr. M. 889; Kropatscheck *De amul.* Diss. Münster 1907, 67.

[1] Auf den chthonischen Charakter der Malve führt es Böhm aaO. auch zurück, daß sie im allgemeinen als Speise nicht im Gebrauch war. Nur dem gemeinen Mann diente sie als Nahrungsmittel, Hesiod. op. 41; Aristoph. Plut. 543. Vgl. Iw. Müller, Griech. Privataltert.[2] 121. Über die vielseitige Verwendung der Malve in der Medizin s. z. B. Plin. XX 222 ff. Auch kathartisch wird sie gebraucht, s. Plut. conv. sept. sap. 14. Vgl. Kropatscheck *De amul.* Diss. Münster 1907, 53; 65.

θίειν τοὺς ἀποπεπτωκότας χαμαί, ἐκ τῶν τοῦ Διονύσου αἵματος σταγόνων βεβλαστηκέναι νομίζουσαι τὰς ῥοιάς.
Porph., de abst. IV 16: Παραγγέλλεται γὰρ καὶ Ἐλευσῖνι ἀπέχεσθαι . . . ῥοιᾶς τε καὶ μήλων.
Iulian., or. V 176 A von den ἁγιστεῖαι im Attis kult: Καὶ μὴν καὶ τῶν δένδρων μῆλα μὲν ὡς ἱερὰ καὶ χρυσᾶ καὶ ἀρρήτων ἄθλων καὶ τελεστικῶν εἰκόνας καταφθείρειν οὐκ ἐπέτρεψε καὶ καταναλίσκειν, ἄξιά γε ὄντα τῶν ἀρχετύπων χάριν τοῦ σέβεσθαί τε καὶ θεραπεύεσθαι. ῥοιὰς δὲ ὡς φυτὸν χθόνιον παρῃτήσατο.

Die chthonische Beziehung der ῥοιά und die Heiligkeit der Äpfel und ihr Gebrauch in den Mysterien erscheinen hier als Grund für die im Attisdienst geltenden Verbote[1]. Eine derartige Erklärung kann auch für die den Demeterkult betreffenden Vorschriften angenommen werden[2]. Man kann aber auch an etwas anderes denken: der Apfel sowie die Granate wurden als Symbol der Fruchtbarkeit angesehen[3], und man schrieb ihnen bei allen Völkern des Altertums aphrodisische Wirkung zu[4]. Es ist wohl möglich, daß auch bei den oben angeführten kultischen Vorschriften an diese Eigenschaft der genannten Früchte gedacht ist, die ja der geforderten geschlechtlichen Enthaltsamkeit entgegenarbeiten würde[5].

Efeu. Plut. qu. Rom. 112 S. 291 A vom Efeu: Τῶν μὲν Ὀλυμπίων ἱερῶν εἴργεται, καὶ οὔτ᾽ ἐν Ἥρας Ἀθήνησιν οὔτε Θήβησιν ἐν Ἀφροδίτης ἴδοι τις ἂν κιττόν· Ἀγριωνίοις[6] δὲ καὶ Νυκτελίοις[6], ὧν τὰ πολλὰ διὰ σκότους δρᾶται, πάρεστιν.

---

[1] Vgl. Hepding, Attis 156; 203.

[2] Vgl. die Demeter μαλοφόρος, Gruppe, Gr. Myth. 1179 Anm. 1. Maaß, Orph. 116 Anm. 155.

[3] S. Hepding, Att. 106 Anm. 2. Vgl. auch den im Apfelbaum sitzenden Fruchtbarkeitsdämon, Frazer Gold. bough² I 195, und das schwedische Märchen von den 2 Pflegebrüdern, deren Mütter durch den Genuß eines Apfels geschwängert worden waren, Cavallius-Stephens, Schwedische Volkssagen, Deutsch v. Oberleitner, 79. Ähnlich kommt die Geburt des Wolsung zustande, E. Petersen, Die wunderbare Geburt des Heilandes (Religionsgesch. Volksbücher I. Reihe, 17. Heft, Tübingen 1909) 39.

[4] S. Gruppe, Gr. M. 384. Deshalb bestimmt z. B. das solonische Gesetz, Plut. coni. praec. 1 S. 138 D: Τὴν νύμφην τῷ νυμφίῳ συγκατακλίνεσθαι μῆλον κυδώνιον κατατραγοῦσαν.

[5] Über den Apfel als Heilmittel s. Kropatscheck De amul., Diss. Münster 1907, 53. [6] Dionysische Feste, s. z. B. Nilsson, Gr. F. 271; 286 Anm.

Plut. de Daed. 2, Bd. VII 43 Bern.: Οἷον ... οὐ νομίζουσιν
οὐδ᾽ ἀξιοῦσι κοινωνίαν εἶναι πρὸς Διόνυσον Ἥρᾳ· καὶ φυλάσσονται
δὲ συμμιγνύναι τὰ ἱερά, καὶ τὰς Ἀθήνησιν ἱερείας ἀπαντώσας,
φασίν, ἀλλήλαις μὴ προσαγορεύειν, μηδ᾽ ὅλως κιττὸν εἰς τὸ τῆς
Ἥρας εἰσκομίζεσθαι τέμενος [1].

Myrte. Macrob. sat. I 12, 25, vom Kult der Bona Dea
in Rom: ... *quod virgam myrteam in templo haberi nefas sit.*
Plut. qu. Rom. XX 268 D: Διὰ τί τῇ γυναικείᾳ θεᾷ, ἣν Ἀγαθὴν
καλοῦσιν, κοσμοῦσαι σηκὸν αἱ γυναῖκες οἴκοι μυρσίνας οὐκ εἰσφέρουσι ...; ... ἢ πολλῶν μὲν ἁγναὶ μάλιστα δ᾽ ἀφροδισίων
τὴν ἱερουργίαν ἐκείνην ἐπιτελοῦσιν; ... τὴν οὖν μυρσίνην ὡς
ἱερὰν Ἀφροδίτης ἀφοσιοῦνται [2]. Nach Wissowa, Rel. d. Röm. 178
ist diese Fernhaltung der Myrte aus dem Kult der griechischen
Göttin Damia übernommen.

Um eine kultische Ausschließung der Myrte handelt es
sich vielleicht auch in der Inschrift vom Asklepiosheiligtum
in Ptolemais (Menshieh). *Rev. arch.* 1883 II 181 ff. v. 14:
Μυρσίνην δὲ [μὴ εἰσφέρειν?] [3].

---

[1] Vgl. die Bestimmung für den Flamen Dialis, Plut. qu. Rom. 112:
Διὰ τίνα δ᾽ αἰτίαν οὐδὲ κιττοῦ θιγεῖν ἐφεῖτο τῷ ἱερεῖ τοῦ Διός; Gell. n.
Att. X 15, 12: *hederam ... neque tangere Diali mos est neque nominare.*
Fest. 82 M.: *Ederam flamini Diali neque tangere neque nominare fas erat
pro eo quod edera vincit.* Die bindende, hindernde Kraft des Efeus (vgl.
ob. S. 21 Anm. 1 u. 2) hält auch Böhm *Symb. Pyth.*, Diss. Berlin 1905, 29
für den Grund dieser Bestimmung. Wissowa, Rel. d. R. 435 (vgl. 189)
stellt die Vorschrift in eine Linie mit der Bestimmung, daß der fl. Dialis
die zum Totenkult in Beziehung stehende Bohne weder essen noch berühren
noch nennen darf, und mit dem für alle römischen Priester geltenden Verbot
des *feralia attrectare*. Ob eine dieser Erklärungen auch auf die von Plutarch
bezeugte griechische Sitte angewendet werden darf, oder ob der Efeu, weil
in ihm Dämonen wohnend gedacht wurden (Gruppe, Griech. Myth. 785),
in manchen Kulten nicht verwendet worden ist, ist zweifelhaft. Möglich
wäre auch die Erklärung, daß durch den im Dionysosdienst besonders
häufigen Gebrauch von Efeu, der sich allmählich zu einem Charakteristikum
und zu einer Art von Privilegium dieses Kultes entwickelte (vgl. z. B.
Preller-Robert, Gr. Myth.⁴ I 713; Olck b. Pauly-Wissowa V 2835 ff. s. v.
'Epheu'), die Verwendung der Pflanze in anderen Kulten unterdrückt wurde.
Über eine kathartische Verwendung des Efeus s. Maaß, Orph. 36. (?) —
Efeu als Amulett: Kropatscheck *De amul.*, Diss. Münster 1907, 51; 64.

[2] Vgl. W. Mannhardt, Myth. Forsch. 118.

[3] Über die chthonische Bedeutung der μυρσίνη s. A. Abt, Die Apol.

Rebe. Wein. In vielen Kulten durfte Wein nicht zum Opfer verwendet werden[1], auch war in manchen Fällen vor heiligen Handlungen Enthaltung von Weingenuß gefordert. Diese Abneigung gegen den Wein tritt besonders in den Kulten der chthonischen Gottheiten hervor. Porph. de antro nymph. 18: Μέλιτος σπονδὰς τοῖς χθονίοις ἔθυον. Vgl. den sibyllinischen Vers: Νηφαλίων ἀρνῶν τε ταμὼν χθονίοις τάδε ῥέξον, Diels, Sib. Bl. 73, vgl. 70 f.

Für den Demeterkult sind weinlose Spenden bezeugt bei Dion. Hal. I 33 von der Demeter in Pallantion: Τὰς θυσίας αὐτῇ διὰ γυναικῶν τε καὶ νηφαλίους ἔθυσαν, ὡς Ἕλλησι νόμος, ὧν οὐδὲν ὁ καθ᾽ ἡμᾶς ἤλλαξε χρόνος. Prott Fasti sacri n. 3 v. 1, Inschrift aus Athen (1. Jh. n. Chr.): Θεαῖς ... νηφάλιον (deae Eleusiniae Prott). Paus. V 15, 10 (monatliches Opfer in Olympia): Μόναις δὲ ταῖς Νύμφαις οὐ νομίζουσιν οἶνον οὐδὲ ταῖς Δεσποίναις σπένδειν. Den Genuß von Wein vor dem Betreten des Heiligtums verbietet eine wahrscheinlich den Demeterkult betreffende Inschrift aus Delos, Ziehen L. s. n. 90 (vgl. Gött. gel. Anz. 1908 I 1028): Ἀπ᾽ οἴνου μὴ προσιέναι μηδὲ ἐν ἀνθινοῖς. Vgl. auch Hymn. Hom. auf Dem. 206 ff.: Τῇ δὲ δέπας Μετάνειρα δίδου μελιηδέος οἴνου | πλήσασ᾽ · ἡ δ᾽ ἀνένευσ᾽ · οὐ γὰρ θεμιτόν γ᾽ οἱ ἔφασκε | πίνειν οἶνον ἐρυθρόν.

Von Dionysos bezeugt Philoch. b. Schol. Soph. Oid. Kol. 100, daß ihm in Athen νηφάλια ἱερά geopfert wurden. Plut. de tuenda san. praec. XIX 132 E: Καὶ γὰρ αὐτῷ τῷ Διονύσῳ πολλάκις νηφάλια θύομεν. Diese weinlosen Spenden sind wohl nur für die Fälle anzunehmen, in denen der chthonische Charakter des Gottes in den Vordergrund trat, s. Stengel, Kultusalt.[2] 93. Übrigens war ja der altgriechische Dionysos gar nicht Weingott κατ᾽ ἐξοχήν, s. Pauly-Wissowa, Realenc. s. v. Dionysos 1019.

Eumeniden: Aeschyl. Eum. 106 f., Klytaimestra zu den Erinyen: Ἦ πολλὰ μὲν δὴ τῶν ἐμῶν ἐλείξατε, | χοάς τ᾽ ἀοίνους, νηφάλια μειλίγματα. Soph. Oid. Kol. 98 ff.: Οὐ γὰρ ἄν ποτε |

---

d. Apul. 146. Myrte als Amulett: Kropatscheck De amul., Diss. Münster 1907, 54; 65. Vgl. ob. S. 27.

[1] Vgl. Stengel, N. Jahrb. f. Phil. u. Päd. 135 (1887) S. 650 ff.; Gr. Kultusalt.[2] 93 f.

πρώταισιν ὑμῖν ἀντέκυρσ᾽ ὁδοιπορῶν | νήφων ἀοίνοις. Schol. v. 100: Οὐ γὰρ σπένδεται οἶνος αὐταῖς ἀλλ᾽ ὕδωρ καὶ νηφάλιαι καλοῦνται αἱ σπονδαὶ αὐτῶν. Soph. Oid. Kol. 155 ff.: Ἵνα τῷδ᾽ ἐν ἀφθέγκτῳ μὴ προσπέσῃς νάπει ποιάεντι, κάθυδρος οὗ κρατὴρ μειλιχίων ποτῶν ῥεύματι συντρέχει κτλ. V. 481: Oidipus soll zur Spende den Krug füllen ὕδατος, μελίσσης· μηδὲ προσφέρειν μέθυ. Schol. 481: Ἄοινοι γὰρ αἱ θεαί. Paus. II 11, 4, von einem Heiligtum der Eumeniden bei Sikyon: Κατὰ δὲ ἔτος ἕκαστον ἑορτὴν ἡμέρᾳ μιᾷ σφισιν ἄγουσι θύοντες πρόβατα ἐγκύμονα, μελικράτῳ δὲ σπονδῇ καὶ ἄνθεσιν ἀντὶ στεφάνων χρῆσθαι νομίζουσιν.

Νηφάλια ἱερά erhielten auch die **Töchter des Erechtheus**, Philoch. bei Schol. Soph. Oid. Kol. 100.

Über den Kult des **Amphiaraos** berichtet Philostr. v. Ap. II 37: Οὗτος ... μαντευόμενος ἐν τῇ Ἀττικῇ νῦν ὀνείρατα ἐπάγει τοῖς χρωμένοις, καὶ λαβόντες οἱ ἱερεῖς τὸν χρησόμενον σίτου τ᾽ εἴργουσι μίαν ἡμέραν καὶ οἴνου τρεῖς, ἵνα διαλαμπούσῃ τῇ ψυχῇ τῶν λογίων σπάσῃ [1].

Diodor. V 62: Ἔστι δ᾽ ἐν Καστάβῳ τῆς Χερρονήσου ἱερὸν ἅγιον Ἡμιθέας ... ἐν δὲ ταῖς θυσίαις αὐτῆς διὰ τὸ συμβὰν περὶ τὸν οἶνον πάθος τὰς μὲν σπονδὰς μελικράτῳ ποιοῦσι [2].

Vgl. noch die oft[3] weinlosen **Totenspenden**, Eurip. Iph. Taur. 632 ff.: Πολύν τε γάρ σοι κόσμον ἐνθήσω τάφῳ, | ξανθῷ τ᾽ ἐλαίῳ σῶμα σὸν κατασβέσω, | καὶ τῆς ὀρείας ἀνθεμόρρυτον γάνος | ξουθῆς μελίσσης εἰς πυρὰν βαλῶ σέθεν. Porph. de antro nymph. 28: Σπένδειν αὐταῖς τοὺς ψυχαγωγοὺς μέλι κεκραμένον γάλακτι [4].

Aber auch in den Kulten anderer **nicht chthonischer Gottheiten** wird Wein manchmal nicht verwendet.

Daß auf dem **gemeinsamen Altar aller Götter** in **Olympia** keine Weinspenden dargebracht wurden, berichtet Paus. V 15, 10.

---

[1] Vgl. Deubner *De incub.* 17.   [2] Vgl. Deubner *De incub.* 44.

[3] Aber nicht immer, s. z. B. Hom. Od. λ 26 ff.: Ἀμφ᾽ αὐτῷ δὲ χοὴν χεόμην πᾶσιν νεκύεσσιν, | πρῶτα μελικρήτῳ, μετέπειτα δὲ ἡδέι οἴνῳ, | τὸ τρίτον αὖθ᾽ ὕδατι. Il. Ψ 218 ff.; Aeschyl. Pers. 614 f.; Eurip. Iph. Taur. 159 ff. Vgl. Stengel, Kultusalt.[2] 132.

[4] Wasserspenden für die Toten bei den Ägyptern, W. Otto, Priester und Tempel I 98.

Anemoi: Prott *F. s.* n. 3 v. 19 (athenische Inschrift aus dem 1. nachchristl. Jh.): Ἀνέμοις . . . νηφάλιον.

Aphrodite: Polem. b. Schol. Soph. Oid. Kol. 100: Ἀθηναῖοι . . . νηφάλια ἱερὰ θύουσι . . . Ἀφροδίτῃ Οὐρανίᾳ Emped. b. Athen. XII 510 D von Kypris: Τὴν . . . ἱλάσκοντο . . . ξανθῶν τε σπονδὰς μελίτων ῥίπτοντες ἐς οὖδας. Ebenso Porph. de abst. II 21. *Anthol. Pal.* V 226 Παύλου Σιλεντιαρίου: Νηφάλια σπείσω Κύπριδι Μειλιχίῃ. Ob aus Plin. nat. h. XIV § 116 (*Troezenium vinum qui bibant negantur generare*) geschlossen werden darf, daß die troizenische Aphrodite Abneigung gegen den Wein habe (Dümmler b. Pauly-Wissowa s. v. Aphrodite 2740), ist zweifelhaft.

Attis: Arnob. adv. nat. V 6 S. 179 Reiff.: *Vino . . . in eius nefas est sanctum sese inferre pollutis.* Vgl. Hepding, Attis 109; 157.

Eos: Νηφάλια ἱερὰ in Athen, Polem. aaO., wo dasselbe auch für Selene bezeugt ist.

Helios: Polem. b. Schol. Soph. Oid. Kol. 100: Ἀθηναῖοι . . . νηφάλια ἱερὰ θύουσι . . . Ἡλίῳ. Athen. XV 693 E: Παρὰ δὲ τοῖς Ἕλλησι[1] θύοντες τῷ Ἡλίῳ, ὥς φησι Φύλαρχος ἐν τῇ ιβ΄ τῶν ἱστοριῶν, μέλι σπένδουσιν, οἶνον οὐ φέροντες τοῖς βωμοῖς. Weinlose Spenden für Helios erwähnt auch eine Inschrift vom Peiraieus (4. Jh. v. Chr.), Ziehen *L. s.* n. 18 B: Ἡλίῳ . . . νηφάλ[ι]οι τρῖς βωμοί. (Vgl. den Kommentar von Ziehen aaO. 76.)

Mnemosyne: Polem. aaO.: Ἀθηναῖοι . . . νηφάλια ἱερὰ θύουσι Μνημοσύνῃ. Ziehen *L. s.* n. 18 B, Inschrift vom Peiraieus: Μνημοσύνηι . . . νηφάλ[ι]οι τρῖς βωμοί.

Musen: Weinlose Spenden in Athen, Polem. aaO.

---

[1] So schreibt Stengel, N. Jahrb. f. Phil. u. Päd. 135 S. 650. Vielleicht ist aber richtiger τοῖς Ἐμεσηνοῖς (Handschr.: Τοῖς ελλησιν ως) zu schreiben, so Wilamowitz, und Kaibel in seiner Ausgabe. Vgl. Smith, Rel. d. Sem. 167 Anm. 325. Für den ägyptischen Sonnenkult vgl. Plut. de Is. et Os. 6 S. 353 A: Οἶνον δ᾽ οἱ μὲν ἐν Ἡλίου πόλει θεραπεύοντες τὸν θεὸν οὐκ εἰσφέρουσι τὸ παράπαν εἰς τὸ ἱερόν, ὡς οὐ προσῆκον ἡμέρας πίνειν τοῦ κυρίου καὶ βασιλέως ἐφορῶντος· οἱ δ᾽ ἄλλοι χρῶνται μὲν ὀλίγῳ δέ. πολλὰς δ᾽ ἀοίνους ἁγνείας ἔχουσιν, ἐν αἷς φιλοσοφοῦντες καὶ μανθάνοντες καὶ διδάσκοντες τὰ θεῖα διατελοῦσιν.

Vgl. Plut. sept. sap. conv. XIII 156 D: *Αἱ Μοῦσαι καϑάπερ κρατῆρα νηφάλιον ἐν μέσῳ προϑέμεναι τὸν λόγον κτλ.*

Nymphen: *Νηφάλια ἱερά* in Athen, Polem. b. Schol. Soph. Oid. Kol. 100. Paus. V 15, 10: in Olympia *ταῖς Νύμφαις οὐ νομίζουσιν οἶνον . . . σπένδειν.* Porph. de phil. ex or. haur. ed. Wolff 115: *Χεῦε μέλι Νύμφαισι.* Porph. de antro nymph. 17: der Honig *Νύμφαις ὑδριάσι παρατίϑεται.*

Pan und Priapos: *Anthol. Pal.* VI 232 (*Κριναγόρου*): unter den Opfergaben *ἥ τε μελισσῶν ἀμβροσίη.*

Poseidon: Prott *F. s.* n. 3 v. 18, Inschrift aus Athen: *Ποσιδῶνι Χαμαιζήλῳ νηφάλιον.*

Sosipolis: Paus. VI 20, 3 vom Kult des beim Berg Kronion in Elis verehrten Sosipolis: *Καϑαγίζουσαι δὲ καὶ ϑυμιάματα παντοῖα αὐτῷ ἐπισπένδειν οὐ νομίζουσιν οἶνον.*

Zeus: Paus. I 26, 5, vom Altar des Zeus Hypatos auf der Akropolis in Athen: *Ἔνϑα ἔμψυχον ϑύουσιν οὐδέν, πέμματα δὲ ϑέντες οὐδὲν ἔτι οἴνῳ χρήσασϑαι νομίζουσιν.* Prott *F. s.* n. 3 v. 12, athenische Inschrift (1. Jh. n. Chr.): *Διὶ Γεωργῶι . . . παγκαρπίαν νηφάλιον.* Hiller v. Gärtringen, Sitzungsber. d. K. preuß. Ak. XLIII (1906) 786, Inschrift aus Paros (ca. 600 v. Chr.): *Βωμὸς Διὸς Ἐ[νδένδ]ρο τῶν ἀπὸ Μ[αν]δρο|ϑέμιος. μέλιτι | σπένδεται.*

Νηφάλια wurden auch bei Reinigungsopfern angewendet, Ap. Rhod. Arg. IV 712 f.: (Reinigung von Jason und Medeia durch Kirke) *ἡ δ' εἴσω πελάνους μείλικτρά τε νηφαλίῃσιν | καῖεν ἐπ' εὐχωλῇσι παρέστιος.* Schol. 712: *Ἡ δὲ Κίρκη πέμματά τινα ἐπέκαιεν ὕδωρ ἐπιχέουσα κατὰ τὸν νόμον.*

Auch die Pythagoreer enthielten sich des Weingenusses, Diog. La. VIII 13: *. . . λιτὸν ὕδωρ πίνουσιν.* VIII 19: *Οἴνου δὲ μεϑ' ἡμέραν μὴ γεύεσϑαι.* Iambl. v. P. 107: *Μήτε οἶνον ὅλως πίνειν.* Vgl. Philostr. v. Ap. I 8 [1].

---

[1] Über Philosophen, die sich ein Jahr lang des Weins enthalten *τιμῶντες ἐγκρατείᾳ τὸν ϑεόν*, s. Plut. de cohib. ira 16. Vgl. noch die koische Inschrift, Prott *F. s.* n. 8A v. 16: — — —]*ινόη γυναικὸς* [— — — nach der Lesung von Hicks *Journ. of hell. st.* IX 326: ο]*ἶνο(υ) ἢ γυναικὸς* — Es handelt sich hier aber wahrscheinlicher um eine Keuschheitsvorschrift für Priester; R. Herzog, der die Inschrift nachgeprüft hat, liest *ενοη*, also vielleicht [*ἄρσ*]*ενο(ς) ἢ γυναικός.* Nicht hierher gehört Ziehen *L. s.* n. 73,

Über den Grund dieser Bräuche lassen sich verschiedene
Vermutungen äußern. Das Verbot des Weingenusses könnte

Inschrift aus Delphi, die nach Keramopulos so zu lesen ist: Τὸν Ϝοῖνον μὲ
φάρεν ἐς τοῦ δρόμου· αἰ δέ κα φάρει, hιλαξάστο τὸν θεὸν hōι κα κεραίεται
καὶ μεταθυσάτο κἀποτεισάτο πέντε δραχμάς. ἐς τοῦ δρόμου erklärt Keramopulos: in den Dromos. Herr Professor Herzog macht mich aber darauf
aufmerksam, daß das delphische ἐς die Bedeutung des attischen ἐκ hat; der
Sinn der Inschrift ist also vielleicht der: in dem δρόμος wurde ein Gott
(oder mehrere Götter) verehrt, dem Wein geopfert wurde. Das Verbot besagt nun: Wer von dem (als Opfergabe auf dem Altar stehenden) Wein
wegnimmt (stiehlt), versöhne den Gott, dem der Wein gespendet wurde,
und opfere nachher und bezahle 5 Drachmen. (Auffällig ist aber die geringe Strafe für das immerhin schwere Vergehen.) Über Enthaltung von
Wein bei Zauberhandlungen s. Deubner *De inc.* 17; Abt, Apol. d. Apul. 40. —
Kultische Ausschließung des Weines bei anderen Völkern: Römer:
Plin. n. h. XIV 88: *Romulum lacte, non vino libasse indicio sunt sacra
ab eo instituta quae hodie custodiunt morem. Numae regis Postumia lex
est: 'vino rogum ne respargito', quod sanxisse illum propter inopiam rei
nemo dubitet.* (Daß im alten römischen Kultus der Wein überhaupt nicht
verwendet worden sei, bezweifelt mit Recht Wissowa, Rel. d. R. 346.) Am
Bundesfest des Iuppiter Latiaris durfte Wein nicht geopfert werden,
Wissowa aaO. 109 Anm. 3. Macrob. sat. I 12, 25 vom Kult der Bona
Dea: ... *quod vinum in templum non suo nomine soleat inferri, sed vas,
in quo vinum inditum est, mellarium nominetur et vinum lac nuncupetur.*
Vgl. Plut. qu. Rom. 20; Diels, Sib. Bl. 71 Anm. 1. Plut. qu. Rom. 112
S. 290 E vom Flamen Dialis: Διὰ τίνα δ' αἰτίαν οὐδὲ κιττοῦ θιγεῖν
ἐφεῖτο τῷ ἱερεῖ τοῦ Διὸς οὐδ' ὁδὸν διελθεῖν ἀναδενδράδος ἄνωθεν διατετα
μένης; ... καὶ γὰρ τὸ ὑπ' ἄμπελον ὑποπορεύεσθαι τὴν ἀναφορὰν ἐπὶ τὸν
οἶνον εἶχεν, ὡς οὐ θεμιτὸν τῷ ἱερεῖ μεθύσκεσθαι. Gell. n. Att. X 15, 13:
Propagines e vitibus altius praetentas non succedit. Vgl. dazu Frazer
Gold. bough[2] I 359: Das Verunreinigende ist dabei *the spirit of the vine,
embodied in the clusters of grapes*; vgl. Frazer aaO. 358; 367. (Eine ganz
andere Erklärung gibt Wünsch, Hess. Bl. f. Volksk. VIII (1909) 129.) Über
die chthonische Bedeutung der Rebe s. Abt, Apol. d. Apul. 73 Anm. 10; 163
Anm. 11. — Ägypter: Chairem. b. Porph. de abst. IV 6 S. 237f. Nauck[2],
von den Priestern: Οἴνον γὰρ οἱ μὲν οὐδ' ὅλως, οἱ δὲ ὀλίγιστα ἐγεύοντο.
Plut. de Is. et Os. 6: Οἱ δὲ βασιλεῖς καὶ μετρητὸν ἔπινον ἐκ τῶν ἱερῶν
γραμμάτων, ὡς Ἑκαταῖος ἱστόρηκεν, ἱερεῖς ὄντες· ἤρξαντο δὲ πίνειν ἀπὸ
Ψαμμητίχου, πρότερον δ' οὐκ ἔπινον οἶνον οὐδ' ἔσπενδον ὡς φίλιον θεοῖς,
ἀλλ' ὡς αἷμα τῶν πολεμησάντων ποτὲ τοῖς θεοῖς. Auch als Blut des Osiris
wird der Wein bezeichnet, s. A. Wiedemann, Herod. zweites Buch 173;
R. Reitzenstein, Hell. Wundererz. 103 Anm. 2. Prott *Fasti sacr.* n. 3 v. 4,
Inschrift aus Athen: Νέφθυϊ καὶ Ὀσίριδ[ι] ... σπένδων μελίκρατον.
Der Isismyste muß 10 Tage lang vor der Einweihung *invinius* sein,

in manchen Fällen aus dem rein äußerlichen Grunde gegeben
sein, um zu verhüten, daß Betrunkene zum Gottesdienst kommen.
Vgl. Plut. qu. R. 45: Διὰ τί τῶν Οὐενεραλίων τῇ ἑορτῇ πολὺν
οἶνον ἐκχέουσιν ἐκ τοῦ ἱεροῦ τῆς Ἀφροδίτης; ... ἢ καὶ τοῦτο
σύμβολόν ἐστι τοῦ χρῆναι νήφοντας ἑορτάζειν ἀλλὰ μὴ μεθύοντας.
Plut. qu. Rom. 112 (s. ob. S. 113 Anm.). Andererseits lag es
wegen der Wirkung des Weines besonders nahe, ihm dämonische Kräfte zuzuschreiben [1] und ihn deshalb im Kult

Apul. met. XI 23. Vgl. ob. S. 110 Anm. 4; 111 Anm. 1. — Syrer: s. ob.
S. 111 Anm. 1. — Den Juden war im Krieg der Weingenuß und das
Weinopfer verboten, Schwally, Sem. Kriegsalt. 57; 74; 106. Vgl. auch
Deuter. XX 6 (Kautzsch): „Und jedermann, der einen Weinberg gepflanzt
und noch nicht zu nutzen angefangen hat, trete ab und kehre heim", nach
Schwally aaO. 81, weil der Betreffende „mit anderen Geistern als Jahve zu
tun hat". Die israelitischen Priester durften während ihrer Dienstzeit keinen
Wein trinken, Lev. X 8ff.; Schürer, Gesch. d. jüd. Volkes[3] II 283. Über
die Rechabiten, die keinen Wein trinken und keinen Weinberg pflanzen,
s. Jerem. XXXV v. 6ff.; Hieronym. ep. 58 (ad Paulinum) cap. 5 (Sanctorum
patr. op. sel. ed. Hurter XI 198). Über ähnliche Sitten der jüdischen Sekte
der Nasiräer und ebenso der Araber s. Smith, Rel. d. Sem. 258. Vgl.
noch die Enthaltung vom Weingenuß bei den Brahmanen, Reitzenstein, Hell.
Wundererz. 44, im Islam und in vielen christlichen Sekten alter Zeit,
Gruppe, Gr. Myth. 1623 Anm. 2.

[1] Auch wegen seiner Ähnlichkeit mit dem Blut (s. ob. 81 Anm. 3).
Androcydes schreibt an Alexandros den Großen (Plin. nat. h. XIV § 58):
Vinum poturus rex memento bibere te sanguinem terrae. Vgl. das ob.
S. 113 Anm. über ägyptische Anschauungen Gesagte. Den Manichäern
galt der Wein als *fel principum tenebrarum*, Augustin. de mor. Man. c.
XVI § 44 (*Patrol.* XXXII 1364). Auf den dämonischen Charakter des Weines
deuten auch die mancherlei besonderen Kräfte, die ihm zugeschrieben werden,
s. z. B. Ioh. Lyd. de mens. IV 8 S. 73 Wünsch: Τῇ πρώτῃ τοίνυν ὡς
ἔφημεν τῶν Καλενδῶν ἐθέσπιζον οἱ ἱερεῖς κατὰ τοὺς Σιβυλλίους χρησμοὺς
ὑπὲρ ὑγείας χρῆναι πάντας ἀπὸ πρωῒ πρὸ πάσης ἑτέρας τροφῆς ἀπογεύεσθαι
ἀκράτου οἴνου εἰς ἀποτρόπαιον ποδαλγίας. Theophr. h. pl. IX 18, 10: Ἐν
Ἡρακλείᾳ δὲ ὥς φασι τῆς Ἀρκαδίας οἶνός ἐστιν, ὃς τοὺς μὲν ἄνδρας πινόμενος
ἐξίστησι, τὰς δὲ γυναῖκας ἀτέκνους ποιεῖ. Ebenso macht nach Plin. n. h.
XIV § 116 der troizenische Wein zeugungsunfähig. Vielleicht ist aus
diesem Grund den Frauen vielfach der Weingenuß verboten, Athen. X 429A;
Plin. n. h. XIV § 89. Im Gegensatz zu Theophr. aaO. sagt Plin. n. h. XIV
116 von einem arkadischen Wein, er bringe den Frauen Fruchtbarkeit. Vgl.
dazu einen Fruchtbarkeitsritus des Kantons Aargau in der Schweiz, wo den
Mädchen, welche über 24 Jahre alt sind, Wein in den Schoß gegossen wird
(E. Hoffmann-Krayer, Schweizerisches Archiv f. Volkskunde XI (1907) 265 f.).

nicht zuzulassen. Dies könnte auch der Grund für seinen
Ausschluß beim Opfer sein. Die weinlose Spende kann aber
auch als festgehaltener Rest primitiver Sitte erklärt werden,
s. A. B. Cook *Journ. of. hell. stud.* XV (1895) 21; Stengel,
Kultusalt.[2] 93 Anm. 1; Nilsson, Gr. F. 135; Wissowa, Rel. d.
R. 109 Anm. 3. Vgl. Porph. de abst. II 20: Τὰ μὲν ἀρχαῖα
τῶν ἱερῶν νηφάλια παρὰ πολλοῖς ἦν[1].

§ 10. Metalle

In vielen Kulten bestanden Vorschriften, die Geräte aus
gewissen Metallen ausschlossen. Die meisten dieser Verbote
beziehen sich auf Gegenstände aus Eisen und Erz, einige
auch auf solche aus Gold. Soweit sie nicht lediglich auf
dem Festhalten am Ritual alter Zeiten, die diese Metalle
noch nicht kannten, beruhen[2], sind sie aus dem Glauben an
den dämonischen Charakter der Metalle zu erklären[3]. Vgl.
z. B. Aristot. b. Porph. v. P. 41: Τὸν δ' ἐκ χαλκοῦ κρουομένου
γενόμενον ἦχον φωνὴν εἶναί τινος τῶν δαιμόνων ἐναπειλημμένου
τῷ χαλκῷ.

Die Abneigung gegen den Gebrauch des Eisens ist angedeutet bei Hesiod. op. 742 f.: Μηδ' ἀπὸ πεντόζοιο θεῶν ἐν
δαιτὶ θαλείῃ | αὖον ἀπὸ χλωροῦ τάμνειν αἴθωνι σιδήρῳ [4].

---

[1] Als ein „Zurückgreifen auf altertümliche Sitten" erklärt Schwally,
Sem. Kriegsalt. 74, auch das israelitische Verbot des Weingenusses im Krieg
(s. S. 114 Anm.).

[2] Vgl. W. Kroll, Antiker Abergl. 6; H. Schurtz, Speiseverbote 12;
Hepding, Attis 161; Wissowa, Rel. d. Röm. 30; Schwally, Semit. Kriegsaltert. 74; Cumont *Textes et monum.* I 238 Anm. 1; Frazer *Gold. bough*[2]
I 344 ff.; Pradel, Griech. u. südit. Gebete 127 Anm. 1; Hesselmeyer, Korre-
spondenzblatt f. d. höh. Schul. Württ. 1907, 305 ff.; R. Engelmann, Berl.
Phil. Wochenschr. 1908, 862. So bedienen sich z. B. die ägyptischen Priester
des neuen Reiches nicht der modernen Kleidung ihrer Zeit, sondern tragen
den Schurz des alten oder mittleren Reiches, Erman, Äg. Rel. 74. Vgl.
S. 98 Anm. und oben auf dieser Seite.

[3] S. Böhm *Symb. Pyth.* Diss. Berlin 1905, 28; Abt, Die Apologie des
Apul. 85 f.; 174 Anm. 3; Wünsch, Arch. f. Rel.-Wiss. XII (1909) 21; Tambornino *De ant. daemon.* 83 f.

[4] Vgl. Sikes *Class. Rev.* VII (1893) 390 f.

Plut. praec. ger. reip. 26 S. 819 E: *Χρυσὸν μὲν εἰς ἔνια τῶν ἱερῶν εἰσιόντες ἔξω καταλείπουσι, σίδηρον δ' ὡς ἁπλῶς εἰπεῖν εἰς οὐδὲν συνεισφέρουσιν.*

Von dem Archon, der das jährliche Opfer für die bei **Plataiai** Gefallenen bringt, sagt Plut. Arist. 21: *Ἐπὶ πᾶσι δὲ τῶν Πλαταιέων ὁ ἄρχων, ᾧ τὸν ἄλλον χρόνον οὔτε σιδήρου ϑιγεῖν ἔξεστιν κτλ.*

Plut. qu. Rom. 40 von seiner Heimat Chaironeia: *Διὸ καὶ παρ' ἡμῖν τὸ μὲν στεφανηφορεῖν καὶ κομᾶν καὶ μὴ σιδηροφορεῖν . . . ἴδια λειτουργήματα τοῦ ἄρχοντός ἐστι.*

Ziehen *L. s.* n. 117 v. 15 f., Inschrift von **Eresos** (2. Jh. v. Chr.): *Μη]δὲ εἰς τὸν ναῦον εἰσφέρην σίδαρον μηδὲ χαλκὸν πλὰν νομίσματος.*

Auch die den **Demeterdienst** betreffende **koische Inschrift** (3. Jh. v. Chr.) Herzog, Arch. f. Rel.-Wiss. X (1907) 402 (vgl. 410), Seite B v. 1 ff., enthält derartige Bestimmungen: *[αἰ δέ κά τις ἐς τὸν ναὸν ἀνὴρ ξίφος ἢ μάχαιρ]αν ἐσενέγκηι ἰδιωτικὰν ἢ γυνὰ [περόναν? — — — καϑαράτω καὶ περιρα]νάτω χρυσίωι καὶ προσπερμείαι. . . . . (5) [αἰ δέ κά τι σιδάριον ἐσενέγκηι?] ποιησαμένα ἃ πόλις ἢ πριαμένα, καϑαράτω [καὶ περιρανάτω χρυσίωι κ]αὶ προσπερμείαι καὶ τελεσάτω δὶ τελέωι ἐπι[πόκωι καϑὰ — — γέγραπτ]αι*[1].

---

[1] Vgl. die Darbringung der Sühnopfer durch die **Arvalbrüder** *ob ferrum inlatum* bzw. *elatum scripturae et scalpturae*, Pauly-Wissowa, Realenc. II 1480 s. v. *Arvales fratres.* Solche Bestimmungen waren im römischen Kult nichts Außerordentliches, s. bes. Ruggiero *Diz. epigr.* s. v. *ferrum.* In der lex sacra von **Furfo**, CIL IX n. 3513, wird besonders bemerkt: *Utei tangere sarcire tegere devehere defigere mundare ferro oeti promovere referre liceat fasque esto.* Beim **Fetialenopfer** wird das Ferkel mit dem silex getötet, Serv. Aen. VIII 641. Vgl. Pauly-Wissowa s. v. *Fetiales* 2262. Der **Flamen Dialis** ließ sich sein Haar mit einem bronzenen Messer scheren, Serv. Aen. I 448. Vgl. Ioh. Lyd. de mens. I 35 Wünsch: *Ὅτι ἐπὶ τοῦ Νουμᾶ καὶ πρὸ τούτου οἱ πάλαι ἱερεῖς χαλκαῖς ψαλίσιν, ἀλλ' οὐ σιδηραῖς ἀπεκείροντο.* — Ob aus Ov. fast. VI 230 geschlossen werden kann, daß die Flaminica zum Schneiden der Nägel kein Stahlmesser benutzen durfte (Ruggiero aaO.), ist zweifelhaft. — Vgl. auch Macrob. sat. V 19, 13: *Sed † Carmini curiosissimi et docti verba ponam, qui in libro de Italia secundo sic ait: 'prius itaque et Tuscos aeneo vomere uti, cum conderentur urbes, solitos, in Tageticis eorum sacris invenio et in Sabinis ex aere cultros, quibus sacerdotes tonderentur'.* Vgl. noch Plin. n. h.

Über den kretischen Kult des Menedemos s. Ov. Ib. 449 f.: *Vulnera totque feras, quot dicitur ille tulisse, | cuius ab inferiis culter abesse solet.* Schol. 451 (ed. Ellis 78): *Callimachus dicit, quod in insula Cretensi sit sacrificium Menedemo heroi nec ferro quicquam inmolari, quia is plurimis vulneribus in bello Troiano periit.*

Auch die im Attiskult übliche Selbstverstümmelung der Gallen geschah nicht mit einem Messer, sondern mit einem scharfen Stein oder einer testa Samia, s. Hepding, Attis 161 [1].

Viel seltener ist das Verbot, Gold in das Heiligtum zu bringen. Plut. praec. ger. reip. 26 S. 819 E: Χρυσὸν μὲν εἰς ἔνια τῶν ἱερῶν εἰσιόντες ἔξω καταλείπουσι.

Ziehen L. s. n. 58 v. 22, Mysterieninschrift von Andania (ca. 90 v. Chr.): Μὴ ἐχέτω δὲ μηδεμία χρυσία.

Ziehen aaO. n. 63 v. 1 ff., Inschrift von Lykosura (3. Jh. v. Chr.): Μὴ ἐξέστω παρέρπην ἔχοντας ἐν τὸ ἱερὸν τᾶς Δεσποίνας μὴ χρ[υσ]ία ὅσα μὴ ἰ[ν ἀνά]θεμα.

Eph. Arch. 1908 S. 95, Inschrift aus der Gegend von Patrai: [— — — Δα]ματρίοις τὰς γ[υ]ν[αῖ]κες μήτε χρυσίον ἔχεν πλέον ὀδελοῦ ὀλκάν [2].

XXXVI § 100, vom *pons sublicius*, der *sine ferreo clavo* gebaut ist (vgl. Dion. Hal. III 45).

[1] H. P. Smith, Arch. f. Rel.-Wiss. 1909, 415, weist auf einige jüdische Parallelen hin: Verbot der Verwendung eiserner Werkzeuge zum Altarbau, Exod. XX 25; Deut. XXVII 5; Jos. VIII 31, desgl. beim salomonischen Tempelbau, I. Kön. VI 7. Die Beschneidung wurde bei den Juden mit Steinmessern vollzogen, Exod. IV 25; Josua V 2 f. Ebenso auch bei vielen anderen Völkern, Andree, Ethnogr. Par. N. F. 205. Bei den Juden hat sich dieser Gebrauch bis ins 18. Jahrhundert vereinzelt erhalten, Andree aaO. 168. — Vgl. den arabischen Brauch, Herod. III 8: Σέβονται δὲ Ἀράβιοι πίστις ἀνθρώπων ὅμοια τοῖσι μάλιστα. ποιεῦνται δὲ αὐτὰς τρόπῳ τοιῷδε· τῶν βουλομένων τὰ πιστὰ ποιέεσθαι ἄλλος ἀνήρ, ἀμφοτέρων αὐτῶν ἐν μέσῳ ἐστεώς, λίθῳ ὀξέϊ τὸ ἔσω τῶν χειρῶν παρὰ τοὺς δακτύλους τοὺς μεγάλους ἐπιτάμνει τῶν ποιευμένων τὰς πίστις. — In Ägypten wird beim Einbalsamieren ein Steinmesser (λίθος Αἰθιοπικός) benutzt, Her. II 86; Diodor. I 91, 4. Vielleicht gehört in diesen Zusammenhang auch die skythische Sitte, Herod. IV 71: Die Skythen geben dem toten König allerhand ins Grab mit ... καὶ τῶν ἄλλων ἁπάντων ἀπαρχὰς καὶ φιάλας χρυσέας· ἀργύρῳ δὲ οὐδὲν οὐδὲ χαλκῷ χρέωνται.

[2] Vgl. Diod. Sic. XXXVI 13: Βαττάκης, ein phrygischer Priester der Magna Mater, kommt nach Rom; ἐφόρει δὲ ἐσθῆτα καὶ τὴν περὶ τὸ σῶμα

Auch diese Vorschriften sind wohl auf die Furcht vor dämonischer Verunreinigung zurückzuführen. Vgl. Aristot. b. Iambl. v. P. 84: *Χρυσὸν ἐχούσῃ μὴ πλησιάζειν ἐπὶ τεχνοποιίᾳ.* Ebenso protr. XXI λε'. Später erkannte man die ursprüngliche Bedeutung nicht mehr und sah in diesen Verboten Bestimmungen zur Einschränkung des weiblichen Luxus [1].

§ 11. Ausschluss der Fremden [2]

Daß es nicht ohne weiteres als selbstverständlich angesehen wurde, daß die Fremden an den Opfern der Einheimischen teilnehmen, zeigen die Worte des Orestes bei Eurip. El. 795 f.: *Εἰ δὲ ξένους ἀσιοῖοι συνθύειν χρεών, Αἴγισθ', ἕτοιμοι κοὐκ ἀπαρνούμεσθ', ἄναξ.* Im allgemeinen aber scheinen sie zu den Opfern zugelassen worden zu sein [3]; doch war in der Regel die Beteiligung eines Proxenos notwendig, s. Ziehen, Rhein. Mus. N. F. LIX (1904) 399 ff.[4] Ebenso war das Betreten der Tempel den Fremden wie es scheint in den meisten Fällen gestattet. Für Athen bezeugt dies [Demosth.] LIX 85: *Ἐφ' ᾗ γὰρ ἂν μοιχὸς ἁλῷ γυναικί, οὐκ ἔξεστιν αὐτῇ ἐλθεῖν εἰς οὐδὲν τῶν ἱερῶν τῶν δημοτελῶν, εἰς ἃ καὶ τὴν ξένην καὶ τὴν δούλην ἐλθεῖν ἐξουσίαν ἔδοσαν οἱ νόμοι καὶ θεασομένην καὶ ἱκετεύσουσαν εἰσιέναι.*

Daneben sind jedoch auch Fälle überliefert, in denen es den Fremden verboten war, an gottesdienstlichen Handlungen teilzunehmen oder überhaupt das Heiligtum zu betreten.

ἄλλην κατασκευὴν ἐξηλλαγμένην καὶ ὑπὸ τῶν Ῥωμαίων ἐθῶν οὐκ ἐπιχωρουμένην· χρυσοῦν τε γὰρ στέφανον εἶχεν ὑπερμεγέθη καὶ στολὴν ἀνθίνην διάχρυσον.

[1] Über die Verwendung des Goldes zu Reinigungen s. ob. S. 33.

[2] Vgl. Lobeck *Agl.* 14 ff.; 271 ff.; P. Foucart *Rev. arch.* XV (1867) 216; Ders. *Des assoc. rel.* 149; Gruppe, Gr. Kulte u. Mythen I 155; Dittenberger *Ind. schol.* Halle 1889/90 S. X f.; Ziehen *L. s.* 285 ff.

[3] Vgl. z. B. u. S. 119 Anm. 2.

[4] Vgl. auch Ziehen, Burs. Jahresb. 140 (1908) 60 f. — Daß dabei dem Proxenos oblag, die *prima libamina* (*κατάργματα*) zu vollziehen (Dittenberger *Syll.*² n. 484 Anm. 5; Stengel, Kultusalt.² 106), ist nicht sicher erwiesen, s. Ziehen, Rh. M. aaO. Vgl. noch Stengel, Arch. f. Rel.-Wiss. XIII (1910) 88 f.

In Olympia mußten die Fremden vor dem Eintritt in den Tempel des Zeus ein Reinigungsopfer darbringen, Ziehen *L. s.* n. 60 (2. Jh. v. Chr.): Ὁ δέ κα ξένος ἐπεὶ μ(ό)λοι ἐν τ᾽ ἱα[ρὸν — — καδδ]ίχος[1] καθ(θ)ύσας ἐπὶ τῶι βομῶι.

Isae. or. VIII 16: Τῷ Διί τε θύων τῷ Κτησίῳ (in Athen), περὶ ἣν μάλιστ᾽ ἐκεῖνος θυσίαν ἐσπούδαζε καὶ οὔτε δούλους προσῆγεν οὔτε ἐλευθέρους ὀθνείους.

Prott *Fasti s.* n. 4, v. 24 ff., Opferordnung von Mykonos (*primae aetatis Romanae*): Ὑπ(ὲ)[ρ] καρπῶν Διὶ Χθονίωι Γῆι Χθονίηι δερτὰ μέλανα ἐτήσι(α)· ξένωι οὐ θέμις[2].

Ziehen *L. s.* n. 96, Inschrift aus Amorgos (3. Jh. v. Chr.): Μὴ ἐξεῖναι κα[τέρ]χεσθαι[3] εἰς τὸ Ἡραῖ[ον] ξένωι μηδενί, ἐπιμελε[ῖσ]θαι δὲ τὸν νεωκ[όρο]ν καὶ ἐξείργειν.

Herod. VI 81 erzählt von dem spartanischen König Kleomenes im Tempel der Hera in Argos: Βουλόμενον δὲ αὐτὸν θύειν ἐπὶ τοῦ βωμοῦ ὁ ἱερεὺς ἀπηγόρευε, φὰς οὐκ ὅσιον εἶναι ξείνῳ αὐτόθι θύειν.

Von demselben Kleomenes und dem Adyton der Athena Polias in Athen sagt Herod. V 72: Ὡς γὰρ ἀνέβη ἐς τὴν ἀκρόπολιν μέλλων δὴ αὐτὴν κατασχήσειν ἤιε ἐς τὸ ἄδυτον τῆς θεοῦ ὡς προσερέων· ἡ δὲ ἱερείη ἐξαναστᾶσα ἐκ τοῦ θρόνου, πρὶν ἢ τὰς θύρας αὐτὸν ἀμεῖψαι, εἶπε ὦ ξεῖνε Λακεδαιμόνιε, πάλιν χώρεε μηδὲ ἔσιθι ἐς τὸ ἱερόν· οὐ γὰρ θεμιτὸν Δωριεῦσι παριέναι ἐνθαῦτα.

Die Furcht vor Verunreinigung durch Fremde zeigt auch die Bestimmung für die Pythia in Delphi, Plut. de def. or. 51 S. 438 C: Τούτων ἕνεκα καὶ συνουσίας ἁγνὸν τὸ σῶμα καὶ τὸν βίον ὅλως ἀνεπίμικτον ἀλλοδαπαῖς ὁμιλίαις καὶ ἄθικτον φυλάττουσι τῆς Πυθίας.

Michel *Rec. d'inscr.* n. 476, Inschrift aus Olymos (Ende des 2. Jh. v. Chr.), v. 2 ff.: Ἐπειδὴ καθήκει ὑπάρχειν τ[ὴν μετουσίαν τοῖς τε οὖσιν Ὀλυ]μεῦσιν κοινῶν ἱερῶν κατ᾽ ἀνδρογένειαν,

---

[1] So ergänzt Ziehen und vergleicht Hesych. s. v. κάδδιχον· ἡμίεκτον ἢ μέτρον· καὶ οἱ τοῖς θεοῖς θυόμενοι ἄρτοι κάδδιχοι.

[2] Bei allen übrigen in der Inschrift genannten Opfern ist ein solches Verbot nicht angeführt.

[3] Dittenberger *Syll.*[2] n. 565 schreibt κα[τάρ]χεσθαι, aber s. Ziehen aaO.

τοῖς τε οὖσιν ἀπογόνοις τῶν ἐπικληρωθέντων διὰ τὴν προϋπάρ[χουσαν αὐτοῖς ἐκ προγόνων πολι]τείαν, ἔτι δὲ καὶ τοῖς τετιμημένοις ἢ μετουσίαν εἰληφόσιν, ὁμοίως δὲ καὶ τοῖς γεγενημένοις υἱοθέτοις [τῶν προγεγραμμένων, κατὰ δὲ τα]ὐτὰ καὶ τοῖς ἐψηφισμένοις ὑπὸ τοῦ δήμου καὶ διὰ τὴν υἱοθεσίαν μετειληφόσιν ἢ καὶ μεταλαμβάνουσιν τῶ[ν κοινῶν ὄντων ἱερῶν, ὅμως δέ τι]νες, κατ' οὐθένα τρόπον τῶν προγεγραμμένων ὑπαρχούσης αὐτοῖς τῆς μετουσίας τῶν ἱερῶν, μεταλαμβάνου[σιν τῶν ἱερῶν τῶν περὶ τὸν Ἀπόλλωνα κα]ὶ τὴν Ἄρτεμιν. Vgl. Le Bas *Voyage arch.* II 3 S. 105.

Diod. XV 49, 2: Οἱ δὲ τὴν Ἑλίκην οἰκοῦντες, ἔχοντες παλαιὸν λόγιον ὅτι τότε κινδυνεύσουσιν ὅταν Ἴωνες ἐπὶ τοῦ βωμοῦ τοῦ Ποσειδῶνος θύσωσιν, ἀναλογιζόμενοι τὸν χρησμὸν ἀντέλεγον τοῖς Ἴωσι περὶ τῶν ἀφιδρυμάτων, λέγοντες μὴ κοινὸν τῶν Ἀχαιῶν, ἀλλ' ἴδιον αὐτῶν εἶναι τὸ τέμενος.

Plut. qu. Rom. 16: Διὸ καὶ παρ' ἡμῖν ἐν Χαιρωνείᾳ πρὸ τοῦ σηκοῦ τῆς Λευκοθέας ὁ νεωκόρος λαβὼν μάστιγα κηρύσσει· μὴ δοῦλον εἰσιέναι μὴ δούλαν, μὴ Αἰτωλὸν μὴ Αἰτωλάν.

Vom Orakel des Amphiaraos in Oropos sagt Herod. VIII 134: Θηβαίων οὐδενὶ ἔξεστι μαντεύεσθαι αὐτόθι.

Von einem unbekannten Heiligtum in Paros stammt die Vorschrift, Ziehen *L. s.* n. 106 (5. Jh. v. Chr.) nach der Ergänzung von Herzog, Philol. LXV (1906) 630 ff.: Χσείνωι Δωριῆι οὐ θέμι[ς] οὔτε δ[ούλ]ωι· ἀκούρηι ἀστῶι ἔ[στι] (sc. παριέναι).

Auch im Gesetz von Eresos, Ziehen *L. s.* n. 117 v. 10 (2. Jh. v. Chr.) ist wohl richtig ergänzt: Ξένοις] δὲ μὴ εἰστείχην μηδὲ προδόταις.

Vielleicht enthielt auch die koische Demeterinschrift (3. Jh. v. Chr.), Herzog, Arch. f. Rel.-Wiss. X (1907) 403 (vgl. 414) B v. 45 f., eine Bestimmung, welche die Teilnahme der Fremden am Opfer verbot oder von besonderen Bedingungen abhängig machte.

Dittenberger *Syll.*[2] n. 430 v. 11 ff., Inschrift vom Peiraieus (3. Jh. v. Chr.): Καὶ ὅταν θύωσι Πειραιεῖς ἐν τοῖς κοινοῖς ἱεροῖς, νέμειν καὶ Καλλιδάμαντι μερίδα, καθάπερ καὶ τοῖς ἄλλοις Πειραιεῦσιν, καὶ συνεστιᾶσθαι Καλλιδάμαντα μετὰ Πειραιέων ἐν ἅπασι τοῖς ἱεροῖς, πλὴν εἴ που αὐτοῖς Πειραιεῦσιν νόμιμόν ἐστιν εἰσιέναι, ἄλλωι δὲ μή.

Michel *Rec. d' inscr. gr.* n. 435, Inschrift aus Lindos (3. Jh. v. Chr.), v. 38 ff.: .... ἄνδρες ἀγαθοὶ ἐγένο[ν]το συ[ν]διαφυλάξαντες Λινδίο[ι]ς ὅπως ... [μ]ὴ μετέχωντι τῶν ἐν Λίνδωι ἱερῶν οἳ μὴ καὶ πρότερον μετεῖχον. Vgl. Foucart *Rev. arch.* XV (1867) 216.

Plut. Aristid. 20, von den Griechen nach der Schlacht bei Plataiai: Περὶ δὲ θυσίας ἐρομένοις αὐτοῖς ἀνεῖλεν ὁ Πύθιος, Διὸς Ἐλευθερίου βωμὸν ἱδρύσασθαι, θῦσαι δὲ μὴ πρότερον ἢ τὸ κατὰ τὴν χώραν πῦρ ἀποσβέσαντας ὡς ὑπὸ τῶν βαρβάρων μεμιασμένον ἐναύσασθαι καθαρὸν ἐκ Δελφῶν ἀπὸ τῆς κοινῆς ἑστίας.

Plut. qu. Rom. 40 von Chaironeia: Διὸ καὶ παρ' ἡμῖν τὸ μὲν στεφανηφορεῖν καὶ κομᾶν καὶ μὴ σιδηροφορεῖν μηδὲ τοῖς Φωκέων ὅροις ἐμβαίνειν ἴδια λειτουργήματα τοῦ ἄρχοντός ἐστι.

Hier seien auch noch die **Sonderbestimmungen für Fremde in den Weidevorschriften** erwähnt, Ziehen *L. s.* n. 62 v. 11 ff., Inschrift vom Heiligtum der **Athena Alea in Tegea** (4. Jh. v. Chr.): Ἰν Ἀλέαι μὲ νέμεν μέτε ξένον μέτε Ϝαστὸν εἰ μὲ ἐπὶ θοίναν ἥκοντα· τοῖ δὲ ξένοι καταγομένοι ἐξεῖναι ἀμέραν καὶ νύκτα νέμεν ἐπιζύγιον· εἰ δ' ἂν πὰρ τάνυ νέμε, τὸ μὲν μέζον πρόβατον δραχμὰν ὀφλὲν κτλ.

Eine Inschrift von **Ios** bestimmt, Ziehen *L. s.* n. 99 (ca. 400 v. Chr.): Ξένο[ς πρό]βατα μὴ νεμέτ[ω πλέ]ον πένθ' ἡμερέ[ων· ἢν δ]ὲ νέμηι, ὀφε[λέτω] κτλ.

Auch ein Amphiktionendekret aus **Delphi** (178/7 v. Chr.), Ziehen *L. s.* n. 76 v. 28, scheint für die Benutzung der ἱερὰ χώρα eine besondere Vorschrift für Fremde zu geben.

Wer in die **eleusinischen Mysterien** eingeweiht werden wollte, mußte Grieche sein. Isocr. IV 157: Εὐμολπίδαι δὲ καὶ Κήρυκες ἐν τῇ τελετῇ τῶν μυστηρίων διὰ τὸ τούτων (sc. τῶν Περσῶν) μῖσος καὶ τοῖς ἄλλοις βαρβάροις εἴργεσθαι τῶν ἱερῶν ὥσπερ τοῖς ἀνδροφόνοις προαγορεύουσιν. Liban. Κορ. λόγ. 356 Zle. 9 ff. ed. Reiske Bd. IV: Οὗτοι γὰρ τά τ' ἄλλα καθαροῖς εἶναι τοῖς μύσταις ἐν κοινῷ προαγορεύουσιν, οἷον τὰς χεῖρας, τὴν ψυχήν, τὴν φωνὴν Ἕλληνας εἶναι. Origen. c. Cels. III 59: Οἱ μὲν γὰρ εἰς τὰς ἄλλας τελετὰς καλοῦντες προκηρύττουσι τάδε· ὅστις χεῖρας καθαρὸς καὶ φωνὴν συνετός. Schol.

Apollod. bibl. II 5, 12 § 122: *Ἦν δὲ οὐκ ἐξὸν ξένοις τότε μυεῖσθαι.*
Vgl. auch das Sprichwort: *Ἀττικοὶ τὰ Ἐλευσίνια,* Zenob. cent.
II 26 (Leutsch Bd I 39); Diogen. II 38 (Leutsch I 201). Als
eine kaum glaubliche Ausnahme erwähnt Luc. Scyth. 8 die
Einweihung eines Fremden: *Τὰ τελευταῖα καὶ ἐμυήθη μόνος
βαρβάρων Ἀνάχαρσις, δημοποίητος γενόμενος, εἰ χρὴ Θεοξένῳ
πιστεύειν καὶ τοῦτο ἱστοροῦντι περὶ αὐτοῦ.*

Auch in die samothrakischen Mysterien scheinen
in früherer Zeit Fremde nicht aufgenommen worden zu sein,
Diod. V 48, 4 von Jasion: *Δοκεῖ δ' οὗτος πρῶτος ξένους μυῆσαι
καὶ τὴν τελετὴν διὰ τοῦτο ἔνδοξον ποιῆσαι.*

Aber nicht nur fremde Personen wurden ausgeschlossen,
es kam auch vor, daß ausländische Geräte für Kult-
zwecke nicht verwendet werden durften. Herod. V 88 vom
Heiligtum der Damia und Auxesia in Ägina: *Ἀττικὸν
δὲ μήτε τι ἄλλο προσφέρειν πρὸς τὸ ἱρὸν μήτε κέραμον, ἀλλ' ἐκ
χυτρίδων ἐπιχωριέων νόμον τὸ λοιπὸν αὐτόθι εἶναι πίνειν.* Vgl.
auch Chrysipp. b. Athen. IV 137 F: *Ἐν Ἀθήναις δὲ ἱστοροῦσιν
οὐ πάνυ ἀρχαίων δυεῖν γινομένων δείπνων ἐν Λυκείῳ τε καὶ
Ἀκαδημείᾳ, τοῦ μὲν εἰς τὴν Ἀκαδήμειαν εἰσενέγκαντος ὀψοποιοῦ
λοπάδα πρὸς ἑτέραν τινὰ χρείαν τὸν κέραμον κατᾶξαι πάντα
τοὺς ἱεροποιοὺς ὡς οὐκ ἀστείας παρεισδύσεως γινομένης, δέοντος
ἀπέχεσθαι τούτων τῶν μακρόθεν*[1].

---

[1] Bei den Römern waren die Fremden meist vom Kult ausgeschlossen,
s. Diels, Sib. Bl. 96f.; Appel *De Rom. precat.* 82. Vgl. auch Phlegon,
Androgynenorakel v. 42 (Diels, Sib. Bl. 114): *Μὴ γὰρ ἀπιστόφιλος θυσίαισιν
ἀνὴρ παρεπέσθω.* Fest. 82 M.: *Exesto, extra esto. Sic enim lictor in
quibusdam sacris clamitabat: hostis, vinctus, mulier, virgo exesto; scilicet
interesse prohibebatur.* Die Vorschriften vom Tempel in Jerusalem
überliefert Joseph. ant. XV 417: *Ἐν μέσῳ δὲ ἀπέχων οὐ πολὺ δεύτερος*
(sc. *περίβολος), προσβατὸς βαθμίσιν ὀλίγαις, ὃν περιεῖχεν ἑρκίον λίθινον δρυ-
φάκτου γραφῇ κωλῦον εἰσιέναι τὸν ἀλλοεθνῆ θανατικῆς ἀπειλουμένης τῆς
ζημίας.* Dies wird bestätigt durch eine dort gefundene Inschrift, Dittenberger *Or. Gr. inscr.* n. 598: *Μηθένα ἀλλογενῆ εἰσπορεύεσθαι ἐντὸς τοῦ
περὶ τὸ ἱερὸν τρυφάκτου καὶ περιβόλου. ὃς δ' ἂν ληφθῇ, ἑαυτῶι αἴτιος ἔσται
διὰ τὸ ἐξακολουθεῖν θάνατον.* S. auch Jos. bell. Jud. V 194; VI 124. Die
Juden meiden den Verkehr mit Andersgläubigen möglichst, Jos. b. J. II 488;
Aristeas ep. § 142 Wendland; deshalb benutzen sie auch in den Gymnasien
kein fremdes Öl, Jos. ant. XII 120; vit. 74; bell. Jud. II 591. Jos. b. J.
II 129 von den Essenern: ... *εἰς ἴδιον οἴκημα συνίασιν, ἔνθα μηδενὶ*

Für manche dieser Vorschriften, hauptsächlich unter denen, die nur bestimmte, besonders genannte Fremde ausschließen, mögen besondere, sich nur auf den speziellen Fall beziehende Gründe, z. B. in früherer Zeit geführte Kriege, vorhanden sein [1]. Für die meisten Fälle aber ist die Tatsache maßgebend, daß in ältester Zeit Fremde am Kult zweifellos nicht teilnehmen durften. *Peregrinis antiquissimo quidem tempore ut nullam omnino necessitudinem intercessisse cum republica, sic ne ad sacra quidem civitatis communia aditum patuisse consentaneum est*, Dittenberger Ind. schol. Halle 1889/90 S. X [2]. Gerade im Kult ist der Ausschluß der Fremden besonders verständlich; sie stehen unter dem Einfluß fremder, für Andere schädlicher Dämonen, ihre Teilnahme am Gottesdienst bedeutet also eine Verunreinigung [3].

Diese alte Übung hat sich nun in manchen Kulten teils unverändert, teils modifiziert erhalten.

§ 12. Ausschluss der Sklaven

Auch den Sklaven war wohl ursprünglich jede Teilnahme am öffentlichen Kult versagt [4]. Der Grund ist derselbe, wie

---

τῶν ἑτεροδόξων ἐπιτέτραπται παρελθεῖν. Ebenso strenge Ansichten berichtet Herod. II 41 von den Ägyptern: Οὔτ' ἀνὴρ Αἰγύπτιος οὔτε γυνὴ ἄνδρα Ἕλληνα φιλήσειε ἂν τῷ στόματι οὐδὲ μαχαίρῃ ἀνδρὸς Ἕλληνος χρήσεται οὐδ' ὀβελοῖσι οὐδὲ λέβητι, οὐδὲ κρέως καθαροῦ βοὸς διατετμημένον Ἑλληνικῇ μαχαίρῃ γεύσεται. Chairem. b. Porph. de abst. IV 7 von den ägyptischen Priestern: Τῶν μὲν οὖν ἐκτὸς Αἰγύπτου γιγνομένων βρωμάτων τε καὶ ποτῶν οὐ θέμις ἦν ἅπτεσθαι. Vgl. Erman, Äg. Rel. 181; Christ-Schmid, Gesch. d. griech. Lit.[5] II 7. Vgl. auch das bei den Negern Westafrikas bestehende Verbot, einen Weißen zu sehen, Schurtz, Speiseverb. 37, und das *tabou de l'étranger* bei den Eingeborenen in Madagaskar, A. v. Gennep *Tabou et tot. à Mad.* 40ff.

[1] Vgl. Herzog, Philol. LXV 635; Ziehen *L. s.* 287.
[2] Ähnlich Lobeck *Agl.* 273.
[3] Vgl. auch Frazer *Gold. bough*[2] I 298: *To guard against the baneful influence exerted voluntarily or involuntarily by strangers is therefore an elementary dictate of savage prudence.*
[4] Am häuslichen Kult nahmen sie teil, s. Büchsenschütz, Besitz und Erwerb im gr. Alt. 160; Stengel, Gr. Kultusalt.[2] 107. Bei der Aufnahme

beim Ausschluß der Fremden, die Sklaven waren ja größtenteils Ausländer[1]. Dazu kommt, daß sie nicht als vollwertige Menschen betrachtet wurden. Später scheint ihnen aber das Betreten der Tempel im allgemeinen gestattet gewesen zu sein, [Demosth.] LIX 85: . . . τῶν ἱερῶν τῶν δημοτελῶν, εἰς ἃ καὶ τὴν ξένην καὶ τὴν δούλην ἐλθεῖν ἐξουσίαν ἔδοσαν οἱ νόμοι. Auch zu den Opfern werden sie wohl in der Regel zugelassen worden sein[2], vgl. z. B. die θεοίνια an den ländlichen Dionysien, Schömann-Lipsius, Gr. Alt.[4] II 511. Sie konnten sogar in die eleusinischen Mysterien eingeweiht werden, s. z. B. [Demosth.] LIX 21[3].

In einigen Fällen jedoch ist der ursprüngliche Brauch, die Sklaven vom Gottesdienst auszuschließen, erhalten geblieben.

Isae. VIII 16 von Athen: Τῷ Διί τε θύων τῷ Κτησίῳ, περὶ ἣν μάλιστ᾿ ἐκεῖνος θυσίαν ἐσπούδαζε καὶ οὔτε δούλους προσῆγεν οὔτε ἐλευθέρους ὀθνείους.

Macareus bei Athen. VI 262 C: . . . ὅτι ὁπόταν τῇ Ἥρᾳ θύωσιν οἱ Κῷοι οὔτε εἴσεισιν εἰς τὸ ἱερὸν δοῦλος οὔτε γεύεται τινος τῶν παρεσκευασμένων. Vgl. Athen. XIV 639 D.

Auch an den athenischen Thesmophorien nahmen die Sklaven nicht teil, Aristoph. Thesm. 294: Δούλοις γὰρ οὐκ ἔξεστ᾿ ἀκούειν τῶν λόγων[4]. Isae. VI 50: Ἡ δὲ τούτων μήτηρ, οὕτως ὁμολογουμένη οὖσα δούλη καὶ ἅπαντα τὸν χρόνον αἰσχρῶς βιοῦσα, ἣν οὔτε παρελθεῖν εἴσω τοῦ ἱεροῦ ἔδει οὔτ᾿ ἰδεῖν τῶν ἔνδον οὐδέν, οὔσης τῆς θυσίας ταύταις ταῖς θεαῖς ἐτόλμησε συμπέμψαι τὴν πομπὴν καὶ εἰσελθεῖν εἰς τὸ ἱερὸν καὶ ἰδεῖν ἃ οὐκ ἐξὸν αὐτῇ.

---

wurden sie durch die καταχύσματα gereinigt, Samter, Familienf. 2 ff. (vgl. 98 ff.); Hock, Griech. Weihegebr. 92. (Anders Büchsenschütz aaO.; Gruppe, Burs. Jahresber. 137 (1908) 342.) Vgl. ob. 13; 33.

[1] Vgl. Wissowa, Rel. d. Röm. 333 Anm. 6. — Nicht zufällig ist der Ausschluß der Fremden und der Sklaven mehrfach in enger Verbindung nebeneinander genannt.

[2] Büchsenschütz aaO. 149. Anders Stengel, Gr. Kultusalt.[2] 107: „Sklaven waren in der Regel ausgeschlossen". Aber in den wenigen Zeugnissen, in denen über den Ausschluß von Sklaven berichtet ist, scheint dieser eher als Ausnahme betrachtet zu sein.

[3] Vgl. Lobeck Agl. 18 ff.; Rohde, Ps.[4] I 286 Anm. 1.

[4] Vgl. die Bemerkung zu v. 293 f. in der Ausgabe von van Leeuwen.

Plut. qu. R. 16 berichtet im Anschluß an einen römischen Brauch, wonach den Sklavinnen das Betreten des Heiligtums der **Mater Matuta** verboten war, was an den Matralia dadurch symbolisch zum Ausdruck gebracht wurde, daß eine Sklavin hineingeführt und dann unter Rutenstreichen hinausgejagt wurde[1]: *Διὸ καὶ παρ' ἡμῖν ἐν Χαιρωνείᾳ πρὸ τοῦ σηκοῦ τῆς Λευκοθέας ὁ νεωκόρος λαβὼν μάστιγα κηρύσσει ʻμὴ δοῦλον εἰσιέναι μὴ δούλαν, μὴ Αἰτωλὸν μὴ Αἰτωλάν'.*

Vom Kult der **Eumeniden** in **Athen** berichtet Phil. Iud. quod omn. prob. lib. 20: *Τὴν ἐπὶ ταῖς σεμναῖς θεαῖς πομπὴν ὅταν στέλλωσι, δοῦλον μηδένα προσλαμβάνειν τὸ παράπαν, ἀλλὰ δι' ἐλευθέρων ἕκαστα τῶν νενομισμένων ἀνδρῶν τε καὶ γυναικῶν ἐπιτελεῖν, καὶ οὐχ οἵων ἂν τύχῃ, ἀλλὰ βίον ἐζηλωκότων ἀνεπίληπτον.*

Von einem Opfer für **Phorbas** auf **Rhodos** berichtet Dieuchidas b. Athen. VI 263 A: *Ἐλεύθεροι γάρ εἰσιν οἱ διακονοῦντες, δούλῳ δὲ προσελθεῖν οὐκ ἔστιν ὅσιον.*

Ziehen *L. s. n.* 106, Inschrift von **Paros** (5. Jh. v. Chr.), nach der Ergänzung von Herzog, Philol. LXV (1906) 630ff.: *Χσείνωι Δωριῆι οὐ θέμι[ς] οὔτε δ[ούλ]ωι· ἀκούρηι ἀστῶι ἔστι* (sc. *παριέναι*).

Plut. Aristid. 21, über die Gedenkfeier für die bei **Plataiai** Gefallenen: *Δούλῳ γὰρ οὐδενὸς ἔξεστι τῶν περὶ τὴν διακονίαν ἐκείνην προσάψασθαι διὰ τὸ τοὺς ἄνδρας ἀποθανεῖν ὑπὲρ ἐλευθερίας*[2].

§ 13. Ausschluss der Weiber

In manchen Kulten war das Betreten des Heiligtums oder die Teilnahme an gottesdienstlichen Handlungen nur den Männern oder nur den Weibern gestattet. Wenn dieser Be-

---

[1] Vgl. Wissowa, Rel. d. Röm. 98.

[2] Die Teilnahme der **römischen** Sklaven am Kult war viel geringer als bei den Griechen, s. Diels, Sib. Bl. 96; Wissowa, Rel. d. R. 51; 333 Anm. 6; Samter, Familienfeste 31; Appel *De Rom. prec.* 82. Vgl. z. B. Serv. Aen. VIII 179: Ausschluß der Sklaven im Kult des **Hercules**. Gell. n. Att. X 15, 11, vom **Flamen Dialis**: *Capillum Dialis nisi qui liber homo est non detonset.*

stimmung von einer Person des in dem betreffenden Fall vom Kult ausgeschlossenen Geschlechts zuwidergehandelt wurde, so konnte dies als eine 'Verunreinigung' des Heiligtums angesehen werden (besonders deutlich z. B. Plut. quaest. Gr. 40, s. u. S. 128). Um eine Verunreinigung im Sinne des bisher Besprochenen wird es sich aber hier schwerlich handeln.

Bei der **Fernhaltung der Weiber** liegt der Hauptgrund des Ausschlusses abgesehen von einzelnen Fällen, in denen er im Wesen der betreffenden Gottheit begründet sein mag (wie etwa im Kult des Kriegsgottes Ares), wohl in der niederen Einschätzung des weiblichen Geschlechts[1]. —

Paus. V 13, 10, vom **Zeusaltar in Olympia**: Ἄχρι μὲν δὴ τῆς προθύσεως ἔστιν ἀναβῆναι καὶ παρθένοις καὶ ὡσαύτως γυναιξίν, ἐπειδὰν τῆς Ὀλυμπίας μὴ ἐξείργωνται· ἀπὸ τούτου δὲ ἐς τὸ ἀνωτάτω τοῦ βωμοῦ μόνοις ἔστιν ἀνδράσιν ἀνελθεῖν. An den **olympischen Spielen** durften Frauen nicht anwesend sein, Paus. V 6, 7: . . . ὀνομάζεται δὲ Τυπαῖον τὸ ὄρος. κατὰ τούτου τὰς γυναῖκας Ἠλείοις ἐστὶν ὠθεῖν νόμος, ἢν φωραθῶσιν ἐς τὸν ἀγῶνα ἐλθοῦσαι τὸν Ὀλυμπικὸν ἢ καὶ ὅλως ἐν ταῖς ἀπειρημέναις σφίσιν ἡμέραις διαβᾶσαι τὸν Ἀλφειόν. Menand. π. ἐπιδεικτ. ed. Walz *Rhet. Gr.* IX 205: Ἐν ἐνίαις δὲ πανηγύρεσιν οὐδὲ γυναῖκες φαίνονται, ὥσπερ ἐν Ὀλυμπίᾳ. Dieses Verbot galt aber, wenigstens in späterer Zeit, nur für verheiratete Frauen, Paus. VI 20, 9: Παρθένους δὲ οὐκ εἴργουσι θεᾶσθαι. „Diese Sitte entspricht dorischen Anschauungen, nach denen den Mädchen bekanntlich im Umgang mit Männern mehr Freiheit eingeräumt war als den Frauen", Hitzig und Blümner zu Paus. VI 20, 9; ähnlich Schömann-Lipsius, Gr. Alt.[4] II 63. Man könnte auch daran denken, daß dem Ausschluß gerade der verheirateten Frauen die Furcht vor einer schädlichen Wirkung der Schwangeren (s. ob. S. 31 Anm. 1) zu Grunde liege[2].

Ioh. Lyd. de mens. IV 154 Wünsch von **Kronos**: Ἐν δὲ

---

[1] Doch könnte hier auch der Gedanke an die durch Menstruation und Schwangerschaft verursachte Unreinheit in Betracht gezogen werden, vgl. Hesiod. op. 753 ff. (s. ob. S. 37); CIL VI n. 579 (ob. S. 37 Anm. 3); unt. S. 128 Anm. 2; W. Heine, Japan (Dresden 1880) 46: Den Frauen ist das Himmelreich ungleich schwerer zugänglich als den Männern, „da sie von Natur mit allen Sünden (!) behaftet sind". [2] Vgl. Anm. 1.

τῷ κατ᾽ αὐτὸν ἱερῷ, ὥς φησι Φύλαρχος ἐν τῇ ἑπτακαιδεκάτῃ καὶ Μένανδρός γε τῇ πρώτῃ, οὔτε γυνὴ οὔτε κύων οὔτε μυῖα εἰσῄει.
Callim. hymn. I 10 ff. an Zeus: Ἐν δέ σε Παρρασίῃ Ῥείη τέκεν, ἧχι μάλιστα | ἔσκεν ὄρος θάμνοισι περισκεπές· ἔνθεν ὁ χῶρος | ἱερός, οὐδέ τί μιν κεχρημένον Εἰλειθυίης | ἑρπετὸν οὐδὲ γυνὴ ἐπιμίσγεται, ἀλλά ἑ Ῥείης | ὠγύγιον καλέουσι λεχώιον Ἀπιδανῆες.

Artemid. on. IV 4: *Γυνὴ ἔδοξεν εἰς τὸν νεὼν τῆς Ἀρτέμιδος τῆς Ἐφεσίας εἰσεληλυθέναι·* οὐκ εἰς μακρὰν ἀπέθανε· θάνατος γὰρ ἡ ζημία τῇ εἰσελθούσῃ ἐκεῖ γυναικί. Doch scheint an bestimmten Festtagen[1] auch den Frauen der Eintritt gestattet gewesen zu sein, Dion. Hal. ant. IV 25, 4: ... ἱερὰ κατεσκεύασαν ἀπὸ κοινῶν ἀναλωμάτων· Ἴωνες μὲν ἐν Ἐφέσῳ τὸ τῆς Ἀρτέμιδος, Δωριεῖς δ᾽ ἐπὶ Τριοπίῳ τὸ τοῦ Ἀπόλλωνος. ἔνθα συνιόντες γυναιξὶν ὁμοῦ καὶ τέκνοις κατὰ τοὺς ἀποδειχθέντας χρόνους συνέθυον καὶ συνεπανηγύριζον.

Strab. XIV 682 C berichtet von Kypros: Ἡ δ᾽ ἀκρώρεια καλεῖται Ὄλυμπος, ἔχουσα *Ἀφροδίτης Ἀκραίας* ναόν, ἄδυτον γυναιξὶ καὶ ἀόρατον.

Auch von dem dem Apollon geweihten Gebiet von Kirrha waren die Frauen ausgeschlossen, wenn anders die Ergänzung von Ziehen *L. s.* n. 75 v. 23 f. (380 v. Chr.) richtig ist: [μηδὲ γυναῖκα] ἐνοικε[ῖν μ]ηδεμίαν.

Prott *Fasti* s. n. 4 v. 8 f. Inschrift von Mykonos (*primae aetatis Romanae*): *Ποσειδῶνι Φυκίῳ* ἀμνὸς λευκὸς ἐνόρχης· γυναικὶ οὐ θέμις.

Paus. III 22, 6: Ἐν δὲ αὐταῖς *Γερόνθραις Ἄρεως* ναὸς καὶ ἄλσος· ἑορτὴν δὲ ἄγουσι τῷ θεῷ κατὰ ἔτος, ἐν ᾗ γυναιξίν ἐστιν ἀπηγορευμένον ἐσελθεῖν ἐς τὸ ἄλσος. Vgl. Teles 24 v. 11 f. ed. Hense[2]: Οὐδὲ γὰρ νῦν εἰς τὸ θεσμοφόριον ἐξουσίαν ἔχω, οὐδ᾽ αἱ γυναῖκες εἰς τὸ τοῦ Ἐνναλίου[2].

---

[1] Anders löst den scheinbaren Widerspruch Ziehen *L. s.* 307 Anm. 22; er nimmt an, daß ähnlich wie in der Inschrift von Eresos (s. u. S. 128) den Frauen der Eintritt in das τέμενος erlaubt (Dion. Hal.), der Zutritt zum Tempel aber verboten gewesen sei (Artemidor).

[2] Vgl. auch Tomtom bei Maimonides, Moreh Nebuchim III 37, wo vorgeschrieben ist, ein Weib dürfe sich vor dem Planeten Mars nur in kriegerischer Rüstung präsentieren; s. A. Hauber, Zeitschr. d. d. morg. Ges. LXIII (1909) 458.

Ziehen *L. s.* n. 117 v. 18ff., Inschrift aus Eresos (von einem Heiligtum der Themis? 2. Jh. v. Chr.): Μὴ εἰστείχην δὲ μηδὲ γυν[αῖκ]α εἰς τὸν ναῦον [1] πλὰν τᾶς ἱερέας καὶ τᾶς προφήτιδος. Auch im Kult des Herakles im ionischen Erythrai scheint ursprünglich den Weibern der Zutritt versagt gewesen zu sein; denn es ist wohl eine Umbildung dieses älteren Brauches, wenn Paus. VII 5, 8, erzählt: Ἔσοδός τε δὴ ταῖς Θρᾴσσαις ἐς τὸ Ἡράκλειόν ἐστι γυναικῶν μόναις. Der Grund zu dieser besonderen Vergünstigung war nach Pausanias der, daß die thrakischen Weiber einst zum Besten des Staates ihr Haar opferten, was die einheimischen zu tun verweigert hatten [2].

Apollon. histor. mirab. III, *Scr. rer. mir.* ed. Westermann 105: Τὸν μὲν οὖν Ἑρμότιμον Κλαζομένιοι τιμῶσι μέχρι τοῦ νῦν καὶ ἱερὸν αὐτοῦ καθίδρυται, εἰς ὃ γυνὴ οὐκ εἰσέρχεται.

Plut. qu. Gr. 40 von Tanagra: Τοῦ δ' Εὐνόστου τὸ ἡρῷον καὶ τὸ ἄλσος οὕτως ἀνέμβατον ἐτηρεῖτο καὶ ἀπροσπέλαστον γυναιξίν, ὥστε ... καὶ λέγειν ἐνίους, ... ἀπηντηκέναι αὐτοῖς τὸν Εὔνοστον ἐπὶ θάλατταν βαδίζοντα λουσόμενον, ὡς γυναικὸς ἐμβεβηκυίας εἰς τὸ τέμενος.

---

[1] Das Betreten des Tempels ist ihnen verboten, dagegen ist ihnen der Eintritt in das τέμενος gestattet (v. 5ff.), *praeceptum quod videam singulare est*, Ziehen aaO. 307. Vgl. ob. S. 127 Anm. 1. Es ist wohl möglich, daß in manchen von den Fällen, in denen Vorschriften für den Besuch des ναός überliefert sind, für das Betreten des τέμενος andere weniger strenge Satzungen galten. Der Grundgedanke ist dabei derselbe wie in der ob. S. 126 angeführten Vorschrift für den Altar des Zeus in Olympia. Vgl. auch Joseph. ant. XV 418 über den Tempel in Jerusalem: Εἶχεν δ' ὁ μὲν ἐντὸς περίβολος κατὰ μὲν τὸ νότιον καὶ βόρειον κλίμα τριστοίχους πυλῶνας ἀλλήλων διεστῶτας, κατὰ δὲ ἡλίου βολὰς ἕνα τὸν μέγαν, δι' οὗ παρῄειμεν ἁγνοὶ μετὰ γυναικῶν. ἐσωτέρω δὲ κἀκεῖνον γυναιξὶν ἄβατον ἦν τὸ ἱερόν. ἐκείνου δ' ἐνδοτέρω τρίτον, ὅπου τοῖς ἱερεῦσιν εἰσελθεῖν ἐξὸν ἦν μόνοις. In Japan ist es den Frauen verboten, den Fuji-yama, auf dessen Gipfel eine Göttin verehrt wird, höher als bis zu einer halbwegs gelegenen Hütte zu besteigen, E. v. Hesse-Wartegg, China und Japan [2] 602.

[2] Vgl. Sil. It. Pun. III 22, vom Tempel des Hercules in Gades: *Femineos prohibent gressus.* Macrob. sat. I 12, 28: *Unde et mulieres in Italia sacro Herculis non licet interesse.* Vgl. Wissowa, Rel. d. R. 227. Auch sonst findet sich Ausschluß der Weiber im römischen Kult; so durfte kein Weib dem Opfer für Silvanus beiwohnen, s. Wissowa aaO. 176; vgl. ob. S. 37 Anm. 3. Vgl. auch Fest. 82M. (s. ob. S. 122 Anm. 1).

Philostr. Heroic. 215 Kayser, von der Insel **Leuke** im schwarzen Meer: Τὴν μὲν (sc. κόρην) προσέταξε (sc. ὁ Ἀχιλλεὺς) φυλάττειν ἑαυτῷ ἐν τῇ νῇ δι', οἶμαι, τὸ μὴ ἐσβατὸν εἶναι γυναιξὶ τὴν νῆσον.

Von einem τέμενος des **Orpheus in Thrakien** sagt Conon XLV 36 Höfer: Ἔστι δὲ γυναιξὶ παντελῶς ἄβατον.

Ziehen *L. s.* n. 79, Inschrift von einem **Heiligtum der Kabiren in Elateia** (5. Jh. v. Chr.): Ἐν τῶι Ϝαναϰείοι θύοντα σκανὲν· γυναῖκα μὲ παρίμε[ν]. Auf **kabirische Mysterien** bezieht sich vielleicht eine **parische Inschrift**[1] von einem Heiligtum des **Hypatos** (*summi montis numen* Z.), Ziehen *Leg. s.* n. 105 (5. Jh. v. Chr.): [ὅ]ρος Ὑπάτο· ἀτ[ελ]έστοι οὐ θέμ[ι]ς οὐδὲ γυναι[κ]ί.

[Aristot.] mirab. 106: In **Tarent** findet an einem bestimmten Tag ein Opfer für die **Agamemnoniden** statt, bei welchem den Frauen nicht erlaubt ist, von den dazu geschlachteten Opfertieren zu kosten.

Über den Ausschluß der Frauen von den Mysterien des **Mithras** s. Cumont *Textes et mon. fig. rel. aux myst. de Mithra* I 329 f.[2]

---

[1] S. Ziehen *L. s.* S. 285.

[2] Die Behauptung des Herodot (II 35) über die ägyptischen Priester: Ἱερᾶται γυνὴ μὲν οὐδεμία οὔτε ἔρσενος θεοῦ οὔτε θηλέης, ἄνδρες δὲ πάντων τε καὶ πασέων, ist von Wiedemann, Her. zweit. Buch 151 f. als unrichtig nachgewiesen. Dagegen war dies bei den Germanen der Fall: „Der eigentliche Kult scheint überall, auch für die Verehrung weiblicher Gottheiten, in den Händen von Männern gewesen zu sein", H. Fischer, Deutsche Altertumskunde 114. Über äthiopische Anschauungen s. Heliod. Aethiop. X 4 S. 276 Bekker: Κήρυκες οὖν αὐτίκα διήγγελλον τὴν γραφήν, μόνῳ τῷ ἄρρενι γένει τὴν ὑπάντησιν (sc. τοῦ βασιλέως) ἐπιτρέποντες, γυναιξὶ δὲ ἀπαγορεύοντες· ἅτε γὰρ τοῖς καθαρωτάτοις καὶ φανοτάτοις θεῶν Ἡλίῳ τε καὶ Σελήνῃ τῆς θυσίας τελουμένης, ἐπιμίγνυσθαι τὸ θῆλυ γένος οὐ νενόμιστο, τοῦ μή τινα καὶ ἀκούσιόν ποτε γενέσθαι μολυσμὸν τοῖς ἱερείοις. Ausschluß der Frauen von vielen christlichen Heiligtümern s. Collin de Plancy *Dictionnaire critique des reliques et des images miraculeuses* (Paris 1821—22) I 134 f.; 169; 197; II 24; 142; 342; 428; III 189 f. Vgl. noch Smith, Rel. d. Sem. 228: „Bei den Kaffern ist die Viehhürde heilig; Weiber dürfen sie nicht betreten."

§ 14. Ausschluss der Männer

Nur in wenigen Kulten sind die Männer von einem Heiligtum oder von der Teilnahme an sakralen Handlungen ausgeschlossen. Am häufigsten ist dies der Fall im Dienst der Demeter.

Paus. VIII 36, 6, berichtet von Megalopolis: Μετὰ τοῦτό ἐστι Δήμητρος καλουμένης ἐν ἕλει ναός τε καὶ ἄλσος· τοῦτο σταδίους πέντε ἀπωτέρω τῆς πόλεως, γυναιξὶ δὲ ἐς αὐτὸ ἔσοδός ἐστι μόναις.

Paus. II 35, 8, vom Tempel der Demeter Chthonia in Hermione: Αὐτὸ (sc. τὸ βρέτας) δὲ ... ἐγὼ μὲν οὐκ εἶδον, οὐ μὴν οὐδὲ ἀνὴρ ἄλλος οὔτε ξένος οὔτε Ἑρμιονέων αὐτῶν.

Herod. VI 134 f.: Timo, eine ὑποζάκορος τῶν χθονίων θεῶν, hat dem Miltiades geraten, in das Heiligtum der Demeter Thesmophoros auf Paros einzudringen. Die Parier schicken Boten nach Delphi: Ἔπεμπον δὲ ἐπειρησαμένους, εἰ καταχρήσονται τὴν ὑποζάκορον τῶν θεῶν ὡς ... τὰ ἐς ἔρσενα γόνον ἄρρητα ἱρὰ ἐκφήνασαν Μιλτιάδῃ.

An den athenischen Thesmophorien dürfen keine Männer teilnehmen, Aristoph. Thesm. 1148 ff.: Ἥκετε δ' εὔφρονες, ἵλαοι, | πότνιαι, ἄλσος ἐς ὑμέτερον· | οὗ δὴ ἀνδράσιν οὐ θέμις εἰσορᾶν | ὄργια σέμν', ἵνα λαμπάσι φαίνετον ἄμβροτον ὄψιν. Vgl. Thesm. 628: Ἵνα μὴ 'πακούσῃς ὢν ἀνήρ. Ziehen L. s. n. 33 v. 5 ff. (Vorschriften über die Benutzung des Thesmophorions im Peiraieus; 4. Jh. v. Chr.): Μηδ[ὲ] πρὸς τοὺς βωμοὺς μηδὲ τὸ μέγαρον προσίωσιν ἄνευ τῆς ἱερέας [ἀλ]λ' ἢ ὅταν ἡ ἑορτὴ τῶν Θεσμοφορίων καὶ Πληροσίαι καὶ Καλαμαίοις καὶ τὰ Σκίρα καὶ εἴ τινα ἄλλην ἡμέραν συνέρχονται αἱ γυναῖκες κατὰ τὰ πάτρια.

Fernhaltung der Männer ist vermutlich auch für die an anderen Orten gefeierten Thesmophorien[1] anzunehmen. Cic. Verr. IV 99, berichtet von Katana in Sizilien: *In eo sacrario intimo signum fuit Cereris perantiquum, quod viri non modo cuiusmodi esset, sed ne esse quidem sciebant; aditus enim in id sacrarium non est viris; sacra per mulieres et virgines confici solent.* Auch in Aipeia in Messenien wurden

---

[1] S. Nilsson, Gr. Feste 313 ff.

Thesmophorien (oder ein ähnliches Fest) nur von Weibern gefeiert, Ziehen L. s. n. 59. Dasselbe war der Fall an der thesmophorienartigen Kalathosfeier in Alexandria, Callim. h. in Dem. 118. Vgl. Nilsson, Gr. Feste 351.

Teles 24, 11 ed. Hense [2]: Οὐδὲ γὰρ νῦν εἰς τὸ θεσμοφόριον ἐξουσίαν ἔχω.

An einem siebentägigen der Demeter Mysia bei Pellene gefeierten Fest durften die Männer nicht an allen Tagen teilnehmen, Paus. VII 27, 10: Τρίτῃ δὲ ἡμέρα τῆς ἑορτῆς ὑπεξίασιν οἱ ἄνδρες ἐκ τοῦ ἱεροῦ, καταλειπόμεναι δὲ αἱ γυναῖκες δρῶσιν ἐν τῇ νυκτὶ ὁπόσα νόμος ἐστὶν αὐταῖς· ἐξελαύνονται δὲ οὐχ οἱ ἄνδρες μόνον, ἀλλὰ καὶ τῶν κυνῶν τὸ ἄρρεν [1].

Ein spartanisches Gesetz bestimmt für ein Opfer für Demeter, Ziehen L. s. n. 57 v. 10: Ἄρσης δὲ οὐδεὶ(ς παρ)έ[σ]ται.

Dion. Hal. I 33, vom Kult der Demeter in Pallantion: Τὰς θυσίας αὐτῇ διὰ γυναικῶν τε καὶ νηφαλίους ἔθυσαν, ὡς Ἕλλησι νόμος, ὧν οὐδὲν ὁ καθ' ἡμᾶς ἤλλαξε χρόνος.

Auch von dem mystischen Mahl der Frauen an den attischen Haloen sind die Männer ausgeschlossen, Schol. Luc. dial. mer. VII 4 (S. 280 Rabe): Μόναι δὲ γυναῖκες εἰσπορευόμεναι ἐπ' ἀδείας ἔχουσιν ἃ βούλονται λέγειν. Die Beamten, die die Tische gedeckt haben, müssen sich entfernen: Παρατιθέασι δὲ τὰς τραπέζας οἱ ἄρχοντες καὶ ἔνδον καταλιπόντες ταῖς γυναιξὶν αὐτοὶ χωρίζονται ἔξω διαμένοντες.

Von einem Heiligtum der Kore in Megalopolis berichtet Paus. VIII 31, 8: Ἐς τοῦτο τὸ ἱερὸν γυναιξὶ μὲν τὸν πάντα ἐστὶν ἔσοδος χρόνον, οἱ δὲ ἄνδρες οὐ πλέον ἢ ἅπαξ κατὰ ἔτος ἕκαστον ἐς αὐτὸ ἐσίασι.

Paus. II 11, 3: Ἐκ Σικυῶνος δὲ τὴν κατ' εὐθὺ ἐς Φλιοῦντα ἐρχομένοις καὶ ἐν ἀριστερᾷ τῆς ὁδοῦ δέκα μάλιστα ἐκτραπεῖσι στάδια Πυραία καλούμενόν ἐστιν ἄλσος, ἱερὸν δὲ ἐν αὐτῷ Προστασίας Δήμητρος καὶ Κόρης· ἐνταῦθα ἐφ' αὑτῶν οἱ ἄνδρες ἑορτὴν ἄγουσι, τὸν δὲ Νυμφῶνα καλούμενον ταῖς γυναιξὶν ἑορτάζειν παρείκασι. Καὶ ἀγάλματα Διονύσου καὶ Δήμητρος καὶ Κόρης τὰ πρόσωπα φαίνοντα ἐν τῷ Νυμφῶνί ἐστιν. Vielleicht waren auch hier ursprünglich die Männer ganz ausgeschlossen.

---

[1] Ein ähnlich radikales Verfahren s. u. S. 133 Anm. 1.

Ausschluß der Männer im Kult des Dionysos:
Diod. IV 3: *Διὸ καὶ παρὰ πολλαῖς τῶν Ἑλληνίδων πόλεων διὰ τριῶν ἐτῶν βακχεῖά τε γυναικῶν ἀθροίζεσθαι καὶ ταῖς παρθένοις νόμιμον εἶναι θυρσοφορεῖν καὶ συνενθουσιάζειν εὐαζούσαις καὶ τιμώσαις τὸν θεόν· τὰς δὲ γυναῖκας κατὰ συστήματα θυσιάζειν τῷ θεῷ καὶ βακχεύειν.*

Von einem dionysischen Mysterienlokal[1] in Bryseai am Taygetos sagt Paus. III 20, 3: *Καὶ Διονύσου ναὸς ἐνταῦθα ἔτι λείπεται καὶ ἄγαλμα ἐν ὑπαίθρῳ, τὸ δὲ ἐν τῷ ναῷ μόναις γυναιξὶν ἔστιν ὁρᾶν· γυναῖκες γὰρ δὴ μόναι καὶ τὰ ἐς τὰς θυσίας δρῶσιν ἐν ἀπορρήτῳ.*

Auf Ausschluß der Männer im elischen Dionysoskult deutet Plut. qu. Gr. 36.

In Methymna auf Lesbos sind die Männer vom zweiten Teil einer Dionysosfeier, einer Pannychis, ausgeschlossen, Ziehen *Leg. s. n.* 121 v. 6 ff.: [*ὁ δὲ γυναι*]*κονόμος ἔστω μὲν Μαθυ*[*μναῖος — — καὶ μ*]*ὴ νεώτερος ἐτέων τεσ*[*σαράκοντα· μενέτω*] *δὲ ὑπὸ τὰν πάννυχιν ἔ*(*ξ*)*ω — — — —*[2] *δύο καὶ ἐπιμελή*[*σθ*]*ω* [*ὅ*]*πω*[*ς — — — κ*]*αὶ μήδεις ἀνὴρ ἕτερος εἰσ*[*έρπῃ*].

Vgl. Strab. IV 198C. (vgl. ob. S. 32 Anm. 3): Keltische Weiber dienen auf einer Insel, welche die Männer nicht betreten dürfen, einem Gott, den Strabon deshalb Dionysos nennt[3].

Über die Ausschließung der Männer im Dienst der der Demeter ähnlichen Damia-Bona Dea[4] s. Macrob. sat. I 12, 27: *Haec apud Graecos* ἡ θεὸς γυναικεία *dicitur, quam Varro Fauni filiam tradit adeo pudicam, ut extra* γυναικωνῖτιν *numquam sit egressa nec nomen eius in publico fuerit auditum nec*

---

[1] Nilsson, Gr. Feste 298.

[2] ἔ(ξ)ω (sc. τοῦ ἀνακτόρου oder ähnl.) schreibt Ziehen und verweist auf den ähnlichen Brauch an den attischen Haloen, s. ob. S. 131. Nilsson, Griech. Feste 282 f.: ἔ[σ]ω [τῶν θυρωμάτων τῶν?] δύο: bei der Geheimfeier „ist der Gynaikonom anwesend, um Ausschreitungen vorzubeugen".

[3] Vgl. noch Liv. XXXIX 13, 8, über den *lucus Similae* in Rom: *Primo sacrarium id feminarum fuisse nec quemquam eo virum admitti solitum. tres in anno statos dies habuisse, quibus interdiu Bacchis initiarentur, sacerdotes in vicem matronas creari solitas.*

[4] Vgl. Wissowa, Rel. d. Röm. 177; Nilsson, Gr. Feste 416.

virum umquam viderit vel a viro visa sit, propter quod nec vir templum eius ingreditur [1].

Auch zu dem nur einmal jährlich geöffneten heiligen Bezirk der **Hippodameia** in **Olympia** scheinen nur Frauen Zutritt gehabt zu haben, Paus. VI 20, 7: Ἐς τοῦτο (sc. τὸ Ἱπποδάμειον) ἅπαξ κατὰ ἔτος ἕκαστον ἔστι ταῖς γυναιξὶν ἔσοδος, αἳ θύουσι τῇ Ἱπποδαμείᾳ καὶ ἄλλα ἐς τιμὴν δρῶσιν αὐτῆς. [Plut.] parall. 17 vom trojanischen Kultbild der **Athena**: Ἐν Ἰλίῳ τοῦ ναοῦ τῆς Ἀθηνᾶς ἐμπρησθέντος προσδραμὼν Ἶλος τὸ διοπετὲς ἥρπασε παλλάδιον καὶ ἐτυφλώθη· οὐ γὰρ ἐξῆν ὑπ᾽ ἀνδρὸς βλέπεσθαι· ὕστερον δ᾽ ἐξιλασάμενος ἀνέβλεψεν· ὡς Δέρκυλλος ἐν πρώτῳ κτίσεων. Vgl. Herodian. V 6, 3.

Sonst hören wir von einer Fernhaltung der Männer nur noch bei Paus. VIII 48, 5, der vom Kult des **Ares Gynaikothoinas** in **Tegea** berichtet: Τὰς γυναῖκας δὲ τῷ Ἄρει θῦσαί τε ἄνευ τῶν ἀνδρῶν ἰδίᾳ τὰ ἐπινίκια, καὶ τοῦ ἱερείου τῶν κρεῶν οὐ μεταδοῦναι σφᾶς τοῖς ἀνδράσιν. ἀντὶ τούτων μὲν τῷ Ἄρει γέγονεν ἡ ἐπίκλησις. Gerade im Kult des Kriegsgottes Ares ist der Ausschluß der Männer besonders auffallend; anderwärts sind in seinem Dienst die Weiber ausgeschlossen, s. ob. S. 127. Der tegeatische Ritus erklärt sich aber als Umbildung des Brauches, wonach die zu Hause gebliebenen Weiber dem Ares, der den in den Krieg gezogenen Männern den Sieg verleihen soll, ein Opfer bringen.

Über den Grund für den Ausschluß der Männer in den übrigen oben besprochenen Kulten läßt sich nichts bestimmtes sagen. Der Hinweis darauf, daß Demeter als Göttin der Frucht-

---

[1] Besonders bei der jährlichen Nachtfeier der **Bona Dea** war den Männern der Zutritt verboten, s. Pauly-Wissowa, Realenc. III 689 s. v. Bona Dea; Plut. qu. R. 20: Οὐ γὰρ μόνον ἐξοικίζουσι τοὺς ἄνδρας, ἀλλὰ καὶ πᾶν ἄρρεν ἐξελαύνουσι τῆς οἰκίας, ὅταν τὰ νενομισμένα τῇ θεῷ ποιῶσι. Sogar männliche Bildnisse wurden dabei verhängt, Senec. ep. XCVII 2; Iuven. VI 340. — In diesen Zusammenhang gehört vielleicht auch die von Maimonides überlieferte Vorschrift des Tomtom, daß ein Mann sich nur mit einem buntscheckigen Weiberrock bekleidet vor den Planeten Venus stellen dürfe, s. A. Hauber, Zeitschr. d. d. morg. Ges. LXIII (1909) 458. Über ein zu Ehren einer germanischen Göttin gefeiertes Fest, von dem die Männer ausgeschlossen waren, s. K. Weinhold, Zur Gesch. d. heidn. Ritus, Abh. d. Berl. Ak. 1896, 20.

barkeit den Frauen besonders nahe stehe, daß im Kult des
Dionysos der Gott „dem vollen Wortsinne nach als 'Stier des
Landes' gedacht sei", bietet keine sichere Erklärung. Möglich ist auch die Vermutung, daß diese Bräuche auf eine Zeit
zurückgehen, in der das Weib eine herrschende Stellung
einnahm [1].

§ 15. Verunreinigung durch Exkremente. Weideverbote.

Um eine rein natürliche Verunreinigung des Heiligtums
handelt es sich bei der **Verunreinigung durch Exkremente**. Innerhalb der heiligen Bezirke, vor allem in den
Tempeln selbst, durften die natürlichen Bedürfnisse nicht verrichtet werden.

Ziehen *L. s.* n. 1 v. 8 ff., Inschrift von der Akropolis
in Athen (ca. 485 v. Chr.), nach der Ergänzung von G. Körte,
Götting. gel. Anz. 1908, I 839: Τὸς ἱε[ροφ]γõντα[ς] μ[ὲ] ὀρε̃ν
με[ταχσὺ τõ ν]εὸ καὶ τõ πρὸ[ς ἕο μεγάλ]ο β[ο]μõ [μεδ̕ ἕκτο]θεν
τ[õ ν]εὸ ἐντὸς τõ Κ[εκροπίο μεδ̕ ἀν]ὰ πᾶν τὸ Ηεκατόμπ[εδ]ον,
μεδ̕ ὔνθο[ν] ἐγβ[άλ(λ)εν. ἐὰν δ]έ τις τούτον τι δρᾶ[ι εἰδὸς
ἒ]χσ[ε]ναι θοᾶ[ν μέ]χρι τριõν ὀβελõν τοῖσι ταμ[ίασι] [2].

Plut. de stoic. repugn. 22 S. 1045 A: Ἔτι δὲ μᾶλλον
ἀφεκτέον εἶναι τοῦ πρὸς βωμὸν οὐρεῖν ἢ ἀφίδρυμα θεοῦ.

Vgl. Diogenian. VIII 4 (Leutsch Band I): Ῥοδίων χρησμός· ἐπὶ τῶν περιεργότερον πυνθανομένων. Ῥόδιοι γὰρ τῇ
Ἀθηνᾷ ἔθυον. οὐκ ἦν δὲ αὐτοῖς ἀμίδας εἰσφέρειν ἔθος. ἠρώτησαν οὖν, εἰ τοῦτο δέοι ποιῆσαι. συγκατένευσεν. ἀνεπυνθάνοντο
πάλιν, χαλκῆν ἢ ὀστρακίνην; ἀπεφήνατο, οὐδετέραν. Ähnl. Phot.
und Suid. s. v. Ῥοδίων χρησμός.

Hesiod. op. 757 ff.: Μηδέ ποτ̕ ἐν προχοῇς ποταμῶν ἅλαδε
προρεόντων | μηδ̕ ἐπὶ κρηνάων οὐρεῖν, μάλα δ̕ ἐξαλέασθαι· | μηδ̕
ἐναποψύχειν· τὸ γὰρ οὔ τοι λώιόν ἐστιν. Der Fluß ist gleichsam der heilige Bezirk des Flußgottes [3].

---

[1] Maaß, Orph. 168 Anm. 70.
[2] Vgl. Archäol. Anz. 1906, 24, Inschrift aus Milet: Οἱ ὧδε χέζοντες ἐνέωρα
μη ορθοῖεν. Der sakrale Charakter der Inschrift ist jedoch nicht erwiesen.
[3] Herod. I 138 von den Persern: Ἐς ποταμὸν δὲ οὔτε ἐνουρέουσι οὔτε

Auch anderweitige Verunreinigung durch Exkremente war verboten:

Ziehen L. s. n. 51 v. 6, Inschrift vom Heiligtum des Apollon Lykeios in Argos: Μηδὲ κόπρον ἐσ[άγειν].

Ziehen n. 75 v. 21, Amphiktioneninschrift von Delphi (380 v. Ch.): [ἐπὶ] τᾶς ἱερᾶς γᾶς (Kirrha) κόπρον μὴ ἄγεν μηδεμίαν [1].

Ziehen n. 110, Inschrift aus Thasos (4. Jh. v. Chr.): [ὁ ἀνε]ραιρημένος τὸν κῆ[πον] (sc. τοῦ Ἡρακλέους) [τὸ χωρί]ον καθαρὸν παρέξει [καὶ κεκλειμένας τὰς] πύλας [2] ὅπου ἡ κόπρος [ἐξεβάλλ]ετο· ἢν δέ τις ἐγβάλλη]ι τῶν δούλων κόπρον εἰς] τὸ χωρίον, εἶναι τὸ ἄγγος τοῦ ἀναιρερημένου τὸν κῆπο[ν καὶ τὸν ἰδόντα τὸν] δοῦλον μαστιγώσαντα ἀθώιον εἶναι· ὅπως δὲ τὸ

ἐμπτύουσι, οὐ χεῖρας ἐναπονίζονται οὐδὲ ἄλλον οὐδένα περιορῶσι, ἀλλὰ σέβονται ποταμοὺς μάλιστα. Vgl. B. W. Leist, Altarisches Ius Civile I 55. — Vgl. Pers. sat. I 113: *Pinge duos anguis: pueri, sacer est locus, extra | meite.* CIL IX n. 782, Inschrift aus Luceria: *In hoce loucarid stircus ne [qu]is fundatid.* CIL III 1966, Inschr. mit dem Bilde der mehrgestaltigen Hekate aus Salona in Dalmatien: *Quisque in eo vico stercus non posuerit aut non cacaverit aut non miaverit, habeat illas propitias; si neglexerit, viderit.* Ähnl. CIL III 14599; VI 13740. — S. auch Joseph. b. Jud. II 149 von den Essenern: Καίπερ δὴ φυσικῆς οὔσης τῆς τῶν λυμάτων ἐκκρίσεως ἀπολούεσθαι μετ᾽ αὐτὴν καθάπερ μεμιασμένοις ἔθιμον. — Wenn Hesiod. op. 727 ff. verbietet, der Sonne zugewendet zu harnen, so handelt es sich dabei um die Verhinderung einer Beleidigung des Gottes durch die Entblößung; deshalb harnt (v. 731) ἑζόμενος δ᾽ ὅ γε θεῖος ἀνήρ, πεπνυμένα εἰδώς, | ἢ ὅ γε πρὸς τοῖχον πελάσας εὐερκέος αὐλῆς. Vgl. Plin. n. h. XXVIII 69: *Magi vetant eius* (sc. *urinandi*) *causa contra solem lunamque nudari aut umbram cuiusquam ab ipso respergi. Hesiodus iuxta obstantia reddi suadet, ne deum aliquem nudatio offendat.* — Dieselbe Vorschrift bei den Pythagoreern, Diog. Laert. VIII 17: Πρὸς ἥλιον τετραμμένον μὴ ὀμιχεῖν. Ähnl. Iambl. protr. XXI ιε′. — Vgl. Gell. n. Att. X 15, 20, vom Flamen Dialis: *Tunica intima nisi in locis tectis non exuit se, ne sub caelo, tamquam sub oculis Iovis, nudus sit.* Plut. qu. Rom. 40: Διὰ τί τῷ ἱερεῖ τοῦ Διὸς οὐκ ἔξεστι ἐν ὑπαίθρῳ ἀλείφεσθαι; . . . ἢ καθάπερ ἐν ναῷ καὶ ἱερῷ γυμνοῦν ἑαυτὸν ἀθέμιτόν ἐστιν, οὕτω τὸν ὑπαίθρον ἀέρα καὶ τὸν ὑπουράνιον, ὄντα καὶ θεῶν καὶ δαιμόνων μεστόν, ἐξευλαβοῦντο; διὸ καὶ τὰ πολλὰ τῶν ἀναγκαίων ὑπὸ στέγῃ δρῶμεν ἐπικρυπτόμενοι καὶ ἐπικαλυπτόμενοι ταῖς οἰκίαις πρὸς τὸ θεῖον.

[1] Ebenso gut möglich ist die zweite Ergänzung: ἐκ τ. ἱ. γ.: Der Dünger des Tempelviehs darf nicht fortgeschafft werden, s. Ziehen aaO.

[2] Τὸ χωρίον ist der benachbarte Bezirk des Asklepios, das Tor gehört zu einem anstoßenden Privathaus.

χωρίον καθ[αρὸν] παρέχηι, ἐπιμέλεσθαι τὸν ἀγορηνόμον καὶ τὸν ἱερέα τοῦ Ἀσκληπιοῦ τοὺς ἑκάστοτε ἐόντας.

Ziehen *L. s.* n. 111 v. 2 ff., Inschrift aus Chios (ca. 400 v. Chr.): Βολῆς γνώμ[η· ἐν τ]οῖς ἄλσεσιν μ[ὴ ποιμ]αίνεν μηδὲ κοπρ[εόε]ν.

Ziehen n. 104, Inschrift aus Paros (5. Jh. v. Chr.): Ὃς ἂν βάλληι τὰ ἐκ[α]θάρματ[α] ἄνωθεν τῆς ὁδῶ, μίαν καὶ πεντήκοντα δραχμ[ὰ]ς ὀφελέ[τ]ω τῶι θέ[λ]οντι πρ[ῆ]χ[σαι — — —. Doch ist die Deutung der ἐκαθάρματα als gebrauchte Reinigungsmittel (καθάρματα), die als unrein weggeworfen wurden[1], wahrscheinlicher, s. Ziehen aaO.

Damit das Heiligtum nicht verunreinigt werde, schreibt eine Inschrift (5. Jh. v. Chr.) von der heiligen Höhle der Nymphen bei Anaphlystos in Attika vor, die Därme der Opfertiere außerhalb der Höhle vom Kot zu reinigen und diesen wegzuschaffen, Ziehen *L. s.* n. 8: Τἄντερ' ἔχσο κλύζε(ν) καὶ τὸν ὄνθον νίζεν ἐ[ς τὸν ποταμόν?][2].

Es ist möglich, daß bei den Weideverboten[3] vereinzelt der Gesichtspunkt der Verunreinigung des τέμενος durch Mist mit maßgebend war (so vielleicht in der Inschrift von Chios; Ziehen n. 111, s. u.). Im allgemeinen aber, besonders wenn Tempelvieh vorhanden war, wird der Grund darin zu suchen sein, daß man die Tempelweide nicht von fremdem Vieh abfressen lassen wollte. Doch kann man auch daran denken, daß durch die Weideverbote die Berührung des heiligen Viehs mit fremdem vermieden werden sollte (so Ziehen n. 76, s. u.).

Ziehen *Leg. sacr.* n. 111 v. 2 (vgl. Ἀθηνᾶ XX (1908) 187), Inschrift aus Chios (ca. 400 v. Chr.): [ἐν τ]οῖς ἄλσεσιν μ[ὴ ποιμ]αίνεν μηδὲ κοπρ[εόε]ν.

Ziehen *L. s.* n. 100 v. 2 ff., Inschrift aus Ios (4. Jh. v. Chr.): [κηρῦξαι] δὲ τοὺς ἱεροποι[ὸ]ς ἅ[παντας το]ὺς νέμοντας ἱερὰ καῦσαι[4] [πάντα ἢ μ]ὴ νέμεν ὀμόσα[ι δὲ καὶ ἄλλ]ο μὴ νεμῆν.

---

[1] S. z. B. Schömann-Lipsius, Gr. Alt.[4] II 375 f.
[2] Schluß ergänzt von Herzog.
[3] S. bes. A. Wilhelm, Jahresh. d. österr. arch. Inst. VIII (1905) 10 ff.
[4] Mit Brandzeichen versehen.

Ziehen *L. s.* n. 117 v. 21, Inschrift aus Eresos (2. Jh. v. Chr.): [μὴ πο]τίζην δὲ μηδὲ κτήνεα μηδὲ βοσκήματα ἐν τῶ τεμένει.

Dittenberger *Syll.*² n. 929 v. 81 f., Inschrift aus Itanos und Magnesia (2. Jh. v. Chr.): Νόμοις γὰρ ἱεροῖς καὶ ἀραῖς καὶ ἐπιτίμοις ἄνωθεν διεκεκώλυτο ἵνα μηθεὶς ἐν τῶι ἱερῶι τοῦ *Διὸς τοῦ Δικταίου* μήτε ἐννέμηι μήτε ἐναυλοστατῆι μήτε σπείρηι μήτε ξυλεύηι.

Dittenberger *Syll.*² n. 531 v. 35 ff., Inschrift aus Amorgos (3. Jh. v. Chr.): Πρόβατα [δὲ μὴ ἐξ]έστω ἐ[πιβό]σκε[ι]ν ε[ἰς] τὸ τέμενος μηδενί· εἰὰν δ[έ τις βό]σκηι, ἔστω πρόβατα [ἱ]ε[ρὰ] τοῦ *Διὸς τοῦ Τεμενίτου*.

Dittenberger *Syll.*² n. 561 v. 4 ff., Inschrift aus Knidos (3. Jh. v. Chr.): Ὅπω[ς] ἁγνεύηται τ[ὸ ἱαρὸ]ν τοῦ *Διονύσ[ου το]ῦ Βάκχου* . . . [μηδ]ένα μη[δὲ ποιμαίνε]ν.

Ziehen *L. s.* n. 145 v. 30 ff., Inschrift aus Ialysos vom Heiligtum der Alektrona (3. Jh. v. Chr.): Εἰ δέ κα πρόβατα ἐσβάληι, ἀποτεισάτω ὑπὲρ ἑκάστου προβάτου ὀβολὸν ὁ ἐσβαλών.

Ziehen *L. s.* n. 87 v. 11, Inschrift von einem Apollonheiligtum auf Euboia (ca. 400 v. Chr.): Ἐὰν δὲ βόσκων ἢ εἰρελῶν (= εἰσελῶν, sc. ἁλοῖ), στερέσθω τοῦ βοσκήματος.

Ziehen *L. s.* n. 76, Amphiktionendekret aus Delphi (178/7 v. Chr.), v. 19 f.: Τᾶς ἱερᾶς χώρας ὑπάρχειν τόπον ταῖς ἱεραῖς βόοις καὶ ἵπποις κτλ. v. 24 ff.: — — —να (25) ταῖς ἱεραῖς βόοις καὶ ἵπποις ἔστω ποτ — — — (26) ποτάγειν τὰ ἰδιωτικὰ θρέμματα [ἐν τὰν κράναν] (27) τὰν ποτὶ τᾶι Κεραμείαι οὖσαν το — — (Ziehen: *Duobus modis conexus restitui potest: aut v. 26 et 27 is fons significatus erat, quo privata pecora adducere liceret, et supra v. 24 extr. et 25 fons bobus equisque sacris reservandus, aut demum v. 26 sq. de tali fonte agitur et scribendum est* [καὶ μὴ ἐνταῦθα] ποτάγειν τὰ ἰδιωτικὰ θρ. [μηδ' ἐν τὰν κράναν] τὰν ποτὶ κτλ.) [1].

Die besonderen Weidevorschriften für Fremde s. ob. S. 121 [2].

---

[1] Zur Reinhaltung der Quellen eines Heiligtums vgl. auch IG XII 5, 1 n. 569.

[2] Vgl. noch ein arabisches Weideverbot, Marti, Gesch. d. isr. Rel.⁴ 31.

Register

Adonis 82_4. 83_1. 87
Agamemnoniden 129
'Ἁγνεία. ἁγνεύειν 1_1
Ägypter 8. 14_1. 18. 20. 20_3. 30. 36.
   43_4. 44_2. 51_3. 61_1. 63. 65_4. 66_2. 80_1.
   81_4. $84_{1,2}$. 85. 90_2. 98 A. 103. 110_4.
   111_1. 113 A. $115_2^.$. 117_1. 123 A. 129_2.
   Vgl. 'Isis'
Aigai 9_2
Aigina 122
Aipeia 130
Aitne 72
Akron 40_2
Akropolis 31. 32. 58. 87. 93. 134
Alektrona 23. 83. 91. 137
Alexander 16
Alexandria 18. 22. 23. 31_1. 131
Alkmaioniden 73
Alopeke 10
Amorgos 119
Amphiaraos 6. 103. 105. 110. 120
Amphidromien 26
Anaphlystos 136
Anblick verunreinigt 52. 57. 69. 70
Andania 13. 17. 18. 19. 22. 23. 61. 117
Anemoi 111
Anigros 39
'Ἀνϑινά 19
Apfel 106
Aphrodite 82. 83. 83_1. 87. 94. 107.
   111. 127

Apollon 7. 15. 16. 23. 23_1. 32. 40. 58.
   59. 66. 76. 77. 83. 89. 91. 93. 119.
   120. 127. 135. 137. Vgl. 'Delphi'.
   Römisch: 10_2. 23_2. 60_1. 76_1
Araber 35. 38. 44 A. 50_3. 51_3. 56_1. 63.
   81_3. 114 A. 117_1. 137_2
'Ἀρδάνια 47
Ares 55. 126. 127. 133
Arethusa auf Euboia 100, bei Syra-
   kus 100
Argos 7. 25. 83_1. 91. 96. 119. 135
Artemis 14. 29. 66. 88. 120. 127.
   Römisch: 91_1
Asklepios 8. 9_2. 10_2. 16. 21. 22. 30.
   32. 36. 39. 42. 56. 58. 88. 108. 135_2
Astypalaia 7
Athen 7. 18. 31. 32. 40. 56. 58. 62. 76.
   77. 82. 87. 89. 107. 109. 111. 112.
   113 A. 119. 122. 124. 125. 130. 134
Athena 8. 14. 16. 23. 29. 32. 55_3. 56.
   76. 77. 87. 89. 119. 121. 134. Vgl.
   'Akropolis'
Äthiopen 129_2
Attis 84. 96. 107. 111. 117
Auxesia 122

Babylonier 12_9. 14_1. 45_2. 51_3. 63. 86.
   90_2. 98 A.
Barfüßigkeit 23
Bedecken des Leichnams 45_2. 53
Begräbnis 50, vor Sonnenaufgang 52

…Reinheitsvorschriften im griechischen Kult   139

Beischlaf 54_2. 104_2. 107. 112_1. Vgl.
  'Hochzeit'
Blätter 44
Blut 81_3. 90_3. 114_1
Bohne 102
Bona Dea 108. 113 A. 132. 133
Britomartis 23
Bryseai 132
Buphonia 90
Buzygenverwünschung 45_2

Chaironeia 116. 120. 121. 125
Chariten 83. 88
Χέρνιβον 12. 47
Chios 136
Choen 54. 57
Christen 11 A. 15_3. 36. 39. 114 A. 129_2
Cypresse 45_1. 47

Damia 108. 122. 132. Vgl. 'Bona Dea'
Delos 8. 16. 20_3. 23. 32. 59. 77. 93. 109
Delphi 7. 23. 40. 66. 67. 76. 113 A.
  119. 121. 127. 130. 135. 137
Delubrum 10_2
Demeter 17. 19. 22. 23. 31_1. 33. 46.
  49. 59. 60. 61. 92_4. 103. 109. 116.
  117. 120. 124. Vgl. 'Andania'.
  'Eleusinische Mysterien'. 'Haloen'.
  'Thesmophorien'
Despoina 17. 19. 21. 22. 23. 31. 117
Deutsche (Germanen) 24 A. 31_1. 35.
  44_1. 45_2. 63. 129_2. 133_1
Didyma 91
Dionysos 20. 81. 108_1. 109. 131. 132.
  137. Vgl. 'Haloen'
Dositheaner 79 A.

Efeu 107
Ei 81
Eileithyia 31_1
Eilioneia 25
Einbalsamieren 58_3
Eisen 115
Elateia 14. 129
Eleusinische Mysterien 9. 14. 31. 72.
  78. 93. 96. 103. 107. 121. 124

Elis 132
Empedokles 40_2. 104
Ἔμψυχα 76
Ἐγχυτρίστριαι 51
Ἐνιαύσια 57
Entblößung 24. 27. 135 A.
Enyo 84
Eos 111
Ephesos 14. 39. 127
Epidauros 9. 32. 58. 88
Epimenides 40. 73
Erechthiden 110
Eresos 23. 29. 56. 57. 61. 116. 120.
  127_1. 128. 137
Erythrai 128
Erz 115
Esel 91
Essener 21 A. 78_2. 122_1 135 A.
Euboia 56. 137
Eumeniden 54. 67. 109. 125
Eunostos 128
Eupatriden 74
Euthynen 59
Ἐξηγηταὶ πυθόχρηστοι 75
Exkremente 134

Fackel 27_2. 44. 45_1. 51
Faden 6
Farbe s. 'Weiß'. 'Rot'. 'Schwarz'
Fehlgeburt 26. 29
Feigheit 41_1
Feuer 12. 27. 47. 72
Filz 61
Fische 95, einzelne 101
Flamen Dialis 14_1. 18_5. $21_{1.2}$. $60_{1.2}$.
  81_3. 88 A. 91_1. 104 A. 108_1. 113 A.
  116_1. 125_2. 135 A.
Flaminica 22_1. 61_1. 116_1
Fleischenthaltung 76
Fliegen 93
Flötenspiel 12
Fremde vom Kult ausgeschlossen 118
Fristen 33. 36. 61

Gades 16. 19. 22. 23. 128_2
Galle 81

Galloi 60. 94
Ge 119
Gebärmutter 81
Geburt 25
Gehirn 80
Genetyllis 25
Gerippe 49
Germanen s. Deutsche
Geronthrai 127
Gnostiker 40
Gold 33_2. 72. 117. 118
Grab 53
Granatapfel 106
Grenzstein 6
Gürtel 22
Gythion 8

Haar 22
Hahn 93. 94
Haloen 82. 93. 96. 106. 131
Haus verunreinigt 28. 46. 69
Heilig-unrein 3
Hekate 25. 102. 135 A
Helike 120
Helios 94. 111
Hemithea 84. 110
Hephaistos 72
Hera 22. 81. 87. 96. 107. 108. 119. 124. Römisch: 22 A. 22_2. 87_2
Herakleia bei Amorgos 88, H. Pontika 59
Herakles 16. 18. 19. 22. 23. 84. 93_1. 128. 128_6. Römisch: 92_3. 93_2. 128_2
Hermes 54. 75. 83. 94
Hermione 130
Hermotimos 128
Herz 80
Hippodameia 133
Hirsch 92
Hochzeit 48. 54_2. Vgl. 'Beischlaf'
Homer 5. 99
Hund 25_3. 92
Hypatos 129

Jäger 79_1
Ialysos 23. 83. 91. 137

Japaner 17_2. 18_3. 19 A. 32_1. 35. 44_1. 59_1. 63. 79_1. 128_1
Ἱερὸς ἰχϑύς 99
Inder 12_7. 14_1. 18_1. 32_1. 34_2. 35. 38. 41_1. 43_4. 50_2. 58_3. 60_1. 62_1. 63. 80_1. 90_2. 104 A.
Indianer 15_1. 80_1
Indonesier 22_2
Ios 121. 136
Isis 17. 20_3. 22_2. 80_1. 84. 88. 89. 106. 113 A.
Islam 63. 81_3. 86. 114 A.
Itanos 137
Juden 10_2. 14_1. 15_3. 18_3. 21 A. 24 A. 29. 34_3. 35. 38. 41_1. $46_{1.2}$. 49_3. 50_2. 53_2. 55_2. 60_1. 61_2. 62_2. 63. 69_1. 73. 81_3. 85. $95_{1.2}$. 98 A. 114 A. 115_1. 117_1. 122_1. 128_1
Iulis 48. 53. 57

Kabiren 28. 52. 75. 129. Vgl. 'Samothrake'
Καλαμάτα 130
Kaledonien 99 A.
Kappadokien 51_3. 53_1
Karien 98 A.
Käse 88. 89_1
Kastabos 84. 110
Καταχύσματα s. 'οὐλαί'
Katana 130
Kelten 32_3. 35. 132
Κήρυγμα 7. 12
Kilikien 9_2
Kimbern 24 A.
Klazomenai 128
Kleidung 15. 27. 37. 43. 50. 68
Kleonai 40. 66_1
Knidos 137
Knoblauch 105
Komana 84
Kore 131. Vgl. 'Andania'. 'Haloen' 'Thesmophorien'
Korinth 17. 87_2
Korope 16
Korybantiasmos 42

Kos 33. 46. 49. 60. 61. 83_1. 112_1.
116. 120. 124
Κράμβη 25
Krankheit 39
Kranz 12. 28. 44_2
Kreta 23. 51_3. 72. 85. 117
Krieg 73
Kronion 77. 112
Kronos 76. 93. 126
Kuh 90_2
Κύμβαλα 47
Kypros 83_1. 85. 127
Kyrene 88

Λακωνικαί 18. 61
Lebadeia 16. 19. 58
Leber 81_2
Leinwand 19
Leuke 129
Leukothea 120. 125
Λίχνον 27
Lindos 30. 56. 88. 105. 121
Linsen 105
Lorbeer 45. 47. 74_4
Lydien 98 A.
Lykien 98 A.
Lykosura 17. 19. 21. 22. 23. 31. 117
Lymax 25

Ma 84
Magna Mater 24 A. 72_1. 96. 105
Magnesia 137
Makedonien 74
Malve 106
Manichäer 80_1. 81_4. 114_1
Männer vom Kult ausgeschlossen 130
Mauer 6
Megalopolis 130
Megara 82. 83_1
Melampus 42
Melite 46
Men 7. 30. 36. 56. 71. 84. 105
Menedemos 117
Menshieh s. Ptolemais
Menstruation 36. 126_1
Mesopotamien 98 A.

Messene 60
Metalle 115
Methymna 132
Μήτρα 81
Metropolis 83_1
Metzger 79_1
Milet 40. 134_2
Minäer 50_3. 56_1
Minze 106
Mithras 17. 20_3. 129
Mnemosyne 111
Mongolen 63
Moralische Reinheit 4. 8
Mord 64
Musen 111
Mykonos 119. 127
Myrte 27. 44. 108
Mysien 80_1
Mytilene 83. 94

Nacktheit 24. 26. 135 A.
Nasiräer 114 A.
Νηφάλια 109
Nephthys 113 A.
Neuplatoniker 78_2
Neupythagoreer 78_2
Numidien 10_2
Nymphen 25. 77. 83. 89. 112. 136

Ölbaum 44
Ὀλολύζειν 12
Olymos 119
Olympia 77. 109. 110. 112. 119. 126. 133
Onthyrion 83_1
Opfergerät 13
Opfertier rein 12. 13
Orchomenos 14. 53_6
Origanon 44
Oropos 6. 120
Orpheus 129
Orphiker 20. 47 A. 78. 81. 103
Osiris 58_3. 113 A.
Ὄσπρια 103_2
Ὠτίς 94
Οὐλαί 5_5. 13. 33. 123_4

Pagasai 13
Pallantion 109. 131
Pan 112
Panathenäen 16
Paros 112. 120. 125. 129. 130. 136
Parrhasia 127
Patrai 17. 117
Pech 28. 54
Peiraieus 111. 120. 130
Pelargikon 7
Pellene 92_4. 131
Pergamon 16. 18. 21. 22. 29. 56
$\Pi\varepsilon\varrho\iota\varrho\varrho\alpha\nu\tau\acute{\eta}\varrho\iota\alpha$ 7
Perser 16_2. 34_1. 35. 38. 41_1. 43_4. 47_1. 50_3. 55_2. 60_1. 63. 66_2. 80_1. 92_2. 94. 94_4. 134_3
Pessinus 84
Pferd 91
Pflanzen 102
$\Phi\alpha\iota\kappa\acute{\alpha}\sigma\iota\nu$ 18. 61
Phaistos 9
Pharmakoi 40. 73_1
Pheneos 103
Phigalia 25
Phönizier 19_4. 61_1. 85. 90_2
$\Phi\acute{o}\nu o\varsigma\ \grave{\alpha}\kappa o\acute{\iota}\sigma\iota o\varsigma,\ \acute{\varepsilon}\kappa o\acute{v}\sigma\iota o\varsigma$ 64
Phorbas 125
Phryger 8. 11 A. 15. 19_2. 88. 90 A.
Phytaliden 74
Plataiai 18. 116. 121. 125
$\Pi\lambda\eta\varrho o\sigma\acute{\iota}\alpha\iota$ 130
$\Pi\nu\iota\kappa\tau\acute{\alpha}$ 81_3
Polynesien 41_1. 63
Poseidon 58. 95. 112. 120. 127
Priapos 112
Priene 16
Priester 13. 18. 33. 59. 77. 102
Proitiden 42
$\Psi\nu\chi\alpha\gamma\omega\gamma o\acute{\iota}$ 75
Ptolemais (Menshieh) 8. 30. 36. 56. 108
Pyraia 131
Pythagoreer 15. 20. 21. 23. 28. 32. 44. 45. 47 A. 55. 61_2. 78. 80. 81. 89. 90. 93. 96. 103. 104. 106. 112. 135 A.
Pythia 119

$'P\acute{\alpha}\mu\nu o\varsigma$ 54
Rebe 44. 109
Rechabiten 114 A.
Reinigungsopfer 7. 12. 25. 112. 119
Rharhia 59
Rhea 9. 24. 127
Rheneia 32. 59
Rhodos 125. 134
Rind 89
Ring 21
Römer 10_2. 11_3. $12_{1.10}$. 14_1. 15_3. $18_{1.3}$. 20_3. $21_{1.2}$. $22_{1.2}$. 23_2. $28_{4.5}$. 31_1. 35. $36_{1.2}$. 37_5. 41_1. $43_{1.2}$. 48. 48_2. 50_2. 52_3. 54_2. 56_1. 57_3. 58_2. 59_5. $60_{1.2}$. 61_1. 62_4. 63. $74_{1.4}$. 76_1. 80_1. 81_3. 82_4. 86. 87_2. 89_4. 91_1. 92_3. 93_2. $95_{1.2}$. 104 A. 105_3. 108. 113. 116_1. 122_1. 125. 125_2. 128_6. 132_3. 133_1. 135 A.
Rot 18_3. 44
Rot und weiß 18_3

Salz 98 A.
Samos 22
Samothrake 28_1. 72. 122
Schaf 89
Schlaf 15. 29
Schlange 99_1
Schminke 17_1
Schuhe 23. 55. 57. 61
Schwangere 30_2. 31_1. 50_4. 126. 126_1
Schwarz und weiß 73
Schwarzpappel 44
Schwefel 42. 69
Schwein 12. 82
Seil 6
Selbstmord 45_2. $46_{2.3}$
Sikyon 82. 110
Silber 117_1
$\Sigma\kappa\iota\varrho\alpha$ 130
Sklaven 123
Skythen 51_3. 63. 85. 117_1
Sonne 52
Sosipolis 77. 112
Sparta 18. 40. 53_6. 61. 64. 87. 131
Specht 95_1

Sprechen 69
Stein 117
Stier 89
Stierblut 90_3
Sunion 7. 30. 36. 56. 71. 84. 105
Syrer 11 A. 60. 80_1. 85. 94. 97_2. 111_1. 114 A.

Tabu 3
Tanagra 128
Tarent 129
Tarsos 18
Taube 82_3. 94
Tegea 121. 133
Thasos 83. 88. 89
Theben 107
Themis 23_1. Vgl. 'Eresos'
Therapeuten 78_2
Thesmophorien 19. 106. 124. 130
Θεσμός 49_2
Θνησείδια 20. 55. 57
Thrakien 129
Tiere 76
Tithorea 84. 88. 89
Tod 26. 43
Totenopfer 57. 59_5. 110
Tötung 64, durch Tiere oder leblose Gegenstände 64_4
Traum 68_1. 103
Troja 23

Troizen 111. 114_1
Trophonios 16. 19. 58. 95
Τρυγών 94

Verhüllung des Mörders 70
Vögel 93

Wahnsinn 41
Weiber vom Kult ausgeschlossen 125
Weidevorschriften 121. 136
Wein 109
Weiß 16. 18. 44_2
Weiß und rot 18_3
Weiß und schwarz 73
Wöchnerin 25
Wolle 6. 20. 28

Ὕσωπος 48

Zagreus 17. 31. 45. 53. 78
Zauber 11_1. 17_2. 20_3. 21_1. 22_1. 24 A. 24_4. 33_3. 38. 40. 80_1. 86_1. 89. 90_3. 92. 93. 94 A. 97. 105. 106. 113 A. 135 A.
Zeus 8. 13. 16. 17. 18. 23. 25. 28. 31. 45. 52. 53. 55. 68. 74. 75. 77. 78. 112. 119. 124. 126. 137. Römisch: 88 A. 113 A. Vgl. 'Flamen Dialis' und 'Flaminica'
Zweig 44
Zwiebel 105

Berichtigung

Die Anm. 2 der S. 103 gehört nicht zu κυάμων in der letzten Zeile von S. 103, sondern zu κυάμων in der 4. Zeile von S. 104.

Inhaltsverzeichnis

                                                        Seite

Einleitung 1

§ 1. Allgemeine Reinheitsvorschriften 6
Reinheit beim Betreten eines Heiligtums 6, bei heiligen Handlungen (Gebet, Opfer) 11. Vorschriften für Priester 13.

§ 2. Kleidung 15
Forderung reiner Kleidung 15, weißer Kleidung 16. Vorschriften für Priester 18. Ἀνθινά verboten 19. Stoff (Leinwand, Wolle) 19. Keine Ringe 21. Keine Gürtel 22. Aufgelöste Haare 22. Keine Schuhe 23.

§ 3. Geburt 25
Unreinheit der Wöchnerin 25. Fehlgeburt 26. Unreinheit des Kindes 26, des Hauses 28. Vorschriften für den Besuch der Heiligtümer 29. Keine Geburt im Heiligtum 31. Vorschriften für Priester 33. Dauer der Unreinheit 33. Nichtgriechische Völker 35.

§ 4. Menstruation 36
Unreinheit der Menstruierenden. Vorschriften für den Besuch der Heiligtümer 36. Erste Menstruation 37. Nichtgriechische Völker 38.

§ 5. Krankheit 39
Verunreinigung durch Krankheit 39, besonders durch Wahnsinn 41. Krankheit bringt keine kultische Verunreinigung 43.

§ 6. Tod 43
Unreinheit des Toten 43. Verunreinigung durch Berührung 45. Begräbnis 50. Grab 53. Choen 54. Unreinheit des toten Tieres 55. Vorschriften für den Besuch der Heiligtümer 55. Keine Leiche im Heiligtum 58. Vorschriften für Priester 59. Dauer der Unreinheit 61. Nichtgriechische Völker 63.

§ 7. Mord 64
Jede Tötung verunreinigt 64. Priester 66. Geschichtliche und mythische Beispiele von verunreinigten Mördern und deren Reinigung 66. Verunreinigung durch Berührung mit einem Mörder 68. Ausschluß des Mörders vom Kult 71. Das Töten im Kriege 73. Reinigung des Mörders 74.

§ 8. Tiere 76
Allgemeine Verbote, Tiere zu opfern oder ihr Fleisch zu genießen 76, Eier zu essen 81. Spezielle Verbote einzelner Tiere: Schwein 82; Ziege 87; Schaf 89; Rind 89; Pferd 91; Esel 91; Hirsch 92; Hund 92; Fliegen 93; Vögel 93; Fische 95.

§ 9. Pflanzen 102
Bohnen 102; Linsen 105; Knoblauch 105; Zwiebel 105; Malve 106; Minze 106; Apfel, Granatapfel 106; Efeu 107; Myrte 108; Rebe, Wein 109.

§ 10. Metalle 115
Eisen und Erz vom Kult ausgeschlossen 115; Gold verboten 117.

§ 11. Ausschluß der Fremden 118
§ 12. Ausschluß der Sklaven 123
§ 13. Ausschluß der Weiber 125
§ 14. Ausschluß der Männer 130
§ 15. Verunreinigung durch Exkremente. Weideverbote 134
Alphabetisches Register 138